校企合作双元开发新形态信息化教材
高等职业教育农林牧渔类专业高素质人才培养系列教材

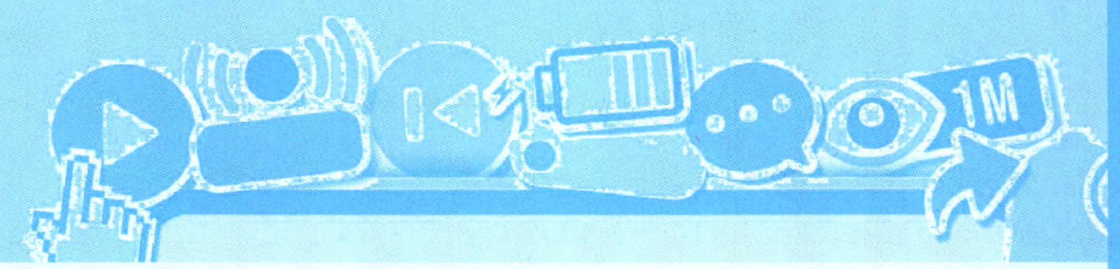

农业企业经营与管理

主　编　蒲小彬　刘　雯
副主编　彭　静　彭方颖　魏祥龙　拥　初

西南交通大学出版社
·成　都·

图书在版编目（CIP）数据

农业企业经营与管理 / 蒲小彬，刘雯主编. -- 成都 ：西南交通大学出版社，2024. 10. -- ISBN 978-7-5774-0154-6

Ⅰ. F306

中国国家版本馆 CIP 数据核字第 2024SU3527 号

Nongye Qiye Jingying yu Guanli

农业企业经营与管理

主　编／蒲小彬　刘　雯

策划编辑／郭发仔　罗在伟
责任编辑／秦　薇
责任校对／左凌涛
封面设计／吴　兵

西南交通大学出版社出版发行
（四川省成都市金牛区二环路北一段 111 号西南交通大学创新大厦 21 楼　610031）
营销部电话：028-87600564　　028-87600533
网址：https://www.xnjdcbs.com
印刷：四川煤田地质制图印务有限责任公司

成品尺寸　185 mm × 260 mm
印张　18.75　　字数　467 千
版次　2024 年 10 月第 1 版　　印次　2024 年 10 月第 1 次

书号　ISBN 978-7-5774-0154-6
定价　49.80 元

课件咨询电话：028-81435775
图书如有印装质量问题　本社负责退换

前言 PREFACE

党的二十大报告提出：“加快建设农业强国，扎实推动乡村产业、人才、文化、生态、组织振兴。”在 2022 年 12 月召开的中央农村工作会议上，习近平总书记强调，全面推进乡村振兴，加快建设农业强国，是党中央着眼全面建成社会主义现代化强国做出的战略部署。农业企业作为现代农业的重要载体，是推动乡村全面振兴和农业农村现代化的主力军，是建设农业强国的重要力量。

本教材旨在培养学生掌握现代农业企业经营管理的先进理念、科学方法和实用技能，使他们能够运用所学知识分析和解决农业企业面临的实际问题。通过系统学习，学生将具备胜任农业企业经营管理岗位的能力，为推动农业企业转型升级、促进农业产业链和价值链协同现代化、推进乡村振兴贡献智慧和力量。

编写原则：

（1）实践导向：本教材以农业企业实际经营与管理活动为依据，注重理论联系实际，培养学生的实践操作能力。

（2）系统性：本教材遵循农业企业经营与管理的内在逻辑，系统阐述农业企业各环节的管理理论与方法。

（3）适应性：本教材紧密结合我国农业企业发展现状，关注农业企业未来发展趋势，提高学生的适应能力。

（4）创新性：本教材注重农业企业管理的新理念、新技术、新模式，培养学生的创新精神。

特色创新：

（1）案例教学：本教材精选了大量农业企业典型案例，引导学生分析实际问题，提高学生解决问题的能力。

（2）任务驱动：本教材以农业企业经营管理任务为导向，激发学生的学习兴趣，培养学生的职业素养。

（3）理论与实践相结合：本教材将农业企业管理理论与实际操作相结合，突出实践，强调创新能力和实际应用能力的培养。

（4）跨学科知识整合：本教材融合了经济学、管理学、农学等多学科知识，拓宽学生视野。

教材定位：

本教材适用于现代农业经济管理、农村新型经济组织管理、现代农业技术、作物生产与经营管理等高等职业教育专科专业和智慧农业技术、现代农业经营与管理等高等职业教育本科专业教学，也可作为农业企业经营管理人员的培训教材和自学参考书。

我们希望这本《农业企业经营与管理》教材能够为农业职业教育和农业企业发展贡献力量，培养出更多具备农业企业经营与管理能力的高技能人才。

编写分工：

本教材是集体智慧的结晶，由成都农业科技职业学院蒲小彬、刘雯担任主编，彭静、彭方颖、魏祥龙、拥初（德格县农牧与科技局）担任副主编，康芸宾、王靖、潘小梅、杨敏、招华任（温氏食品集团股份有限公司）、任伟（四川省新品川农业有限公司）、卢声权（四川桃溪谷农业开发有限公司）参与编写。内容共分为三个模块、十二个项目，项目一、项目二、项目十由蒲小彬、任伟编写；项目三、项目八由刘雯、拥初编写；项目四由王靖、潘小梅、杨敏、招华任编写；项目五、项目十二由彭方颖编写；项目七、项目九由彭静、卢声权编写；项目六由康芸宾编写；项目十一由魏祥龙编写，由蒲小彬、刘雯负责大纲的编写与内容设计，蒲小彬、刘雯、彭方颖进行统稿。

衷心致谢：

本教材在编写过程中，参考了近年来出版的相关书刊，发表的论文以及网络上的资料，在此表示衷心感谢。

由于编者水平和时间有限，书中疏漏和不妥之处在所难免，恳请广大读者批评指正。信息反馈邮箱：puxiaob@126.com。

编　者

2024 年 9 月

目录 CONTENTS

模块一　走进农业企业

模块二　经营管理农业企业

模块一　走进农业企业

项目一 揭开神秘面纱——认识农业企业

【内容介绍】

本项目讲述了农业企业的历史演变、发展现状以及不同类型的农业企业及其特征。内容涵盖农业企业从传统农业生产方式到现代化、产业化的发展过程，以及农业企业在当前经济中的地位、发展趋势和面临的机遇与挑战。此外，本项目还介绍了种植型企业、养殖型企业、加工型企业、销售型企业和综合型企业等不同类型的农业企业，以及农业生产的特点、市场需求的多样性、资源依赖性和技术创新的需求等方面的内容。

【学习导航】

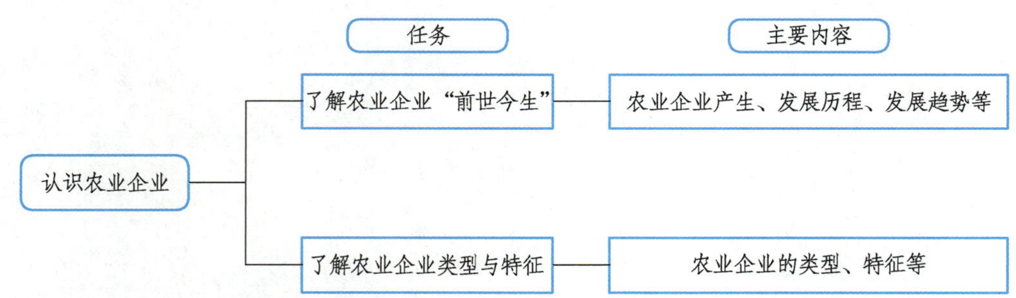

任务1　了解农业企业“前世今生”

1. 了解农业企业在不同历史阶段的发展脉络；
2. 分析农业企业在现代经济中的地位和作用；
3. 探讨农业企业面临的主要机遇和挑战；
4. 了解农业企业的政策支持及未来发展趋势。

情境导入

假设你是一个农业博物馆的工作人员，近期你有一个重要任务是协助博物馆策划一场特别的展览，主题为“农业企业的前世今生”。这个展览将展示农业企业如何从传统的耕作方式演变到现代化的经营模式，以及这一过程中所采用的技术创新、市场适应和政策变迁。你需要将复杂的历史信息转化为生动有趣的展览内容，以便公众能够快速了解农业企业的发展脉络和当前面临的挑战。

学习任务

通过探索农业企业的发展历程、变革及其对现代社会的影响，我们可以了解农业企业从原始农业到现代农业转型的历史脉络，分析不同历史阶段农业企业的经营模式、技术创新和市场变化。此外，我们还将关注农业企业在全球化和信息化背景下的机遇和挑战，探讨未来农业企业的发展趋势和可持续发展策略。

一、农业的起源

根据古人类学家的研究，人类的历史大约可以追溯到300万年以前，而农耕的历史大约只有1万年。在出现农耕以前数百万年的漫长岁月里，人类的祖先依赖采集和渔猎为生。在采集和渔猎过程中，人类逐渐学会了用人工的方法改善野生植物的生长环境或者模仿自然的生长过程以增加采集物的数量。以后又进一步学会了人工驯化野生动植物并加以饲养和种植，从而逐渐掌握了畜牧和农耕技术，原始农业因此产生和发展。

二、农业企业的产生

农业企业和其他企业一样，都是社会分工和生产力发展到一定阶段的产物。人类从原始社会到封建社会的漫长历史过程中，在经济上一直是自然经济占统治地位，主要以家庭或以手工劳动为基础的作坊进行社会生产。企业一词同市场经济的发展相联系，被认为是资本主义生产方式后出现的。而对于现代企业，一般被认为是伴随 19 世纪 40 年代铁路企业的兴起。农业企业是农业商品经济发展的产物，是在西方资本主义产业革命后，为了适应工商业的发展才大量出现的。随着西方资本主义农业的发展，农业企业的组织形式也在不断发展和变化。对于直接从事农业生产的企业而言，西方资本主义国家先后出现了农场公司、合作农场、家庭农场等。这些农场都是比较典型的农业企业。到了 20 世纪 50 年代，西方资本主义国家的市场经济已经高度发达，经济上的分工协作更加深入，农业企业的规模不断增大，农业上的一体化经营迅速发展起来，农业企业的经营范围也在不断扩大。

在 20 世纪 50 年代以前，农业企业不太关心农业产前和产后部门的发展。而在第二次世界大战（二战）以后，由于农业的快速增长，农业企业面临着消费饱和、生产过剩等问题。这个时候，大约动物性生产的 80%、植物性生产的 30% 只有通过加工才能销售出去。这样，农业企业经营理念也发生了变化，它必须把自己和农产品加工企业紧密结合在一起。所以，随着经济现实的变化，很多人也把农产品加工企业称为涉农企业。也就是说，农业企业的理解范围进一步扩大了。为了适应农业一体化的客观需要，西方发达国家出现了四种企业组织模式：

（1）农工综合体。就是有关农业企业以合同的形式联结起来，形成利益共同体。这种综合体多数以一两家农业企业为核心组成，利用合同把生产、交易和分配过程连为一体。

（2）产供销联合型合作社。在这种以合作社形式组织的产供销联合中，农业企业既是农产品生产者，又是加工或销售的合作社社员。合作社的活动对促进农村发展起着极为重要的作用。这两种企业组织模式是以生产协作的角度划分，而下面两种模式则是以企业资本构成的角度划分，二者的理解重点有所不同。

（3）非农资本开办的农业公司。这种由工业、商业和金融资本直接开办的农业公司，一般均为大型专业化饲养企业，是典型工厂化的农产品生产和加工企业，大多数是与农业有关的农产品加工业或饲料加工业公司。

（4）多种资本控股型合作联营公司。这是由工业、商业、金融资本和农业企业相互控股组成的混合公司。例如法国的国有矿化公司所组成的综合体，其参与主体包括几十家工矿企业、商业运输公司、银行服务和几百家合作社，经营范围很广，从农产品生产、加工、收购、销售、出口到矿山开发、化肥、农药、机械制造和科研服务等。

我国的农业企业也是生产力发展到一定阶段的产物。新中国成立前，我国生产力水平较低，小农经济占优势地位，所以农业企业的数量很少。新中国成立后，公有制农业企业得到了快速发展，即国有农业企业和集体农业企业。按照企业的性质，这两类农业企业不能称为企业（因它们不能自负盈亏、自主经营），但作为对农业企业历史考察，还是把它们当作企业看待。

国有农业企业主要是国有农垦企业。新中国成立后，面临百废待兴的局面，中央抽调解放军官兵以军垦的方式建立起了新中国首批国营农场，后来各地方又以转业军人和城市知识青年为主体建立了我国的国有农垦企业。这些国有农垦企业在当时生产了大量国民经济发展紧缺及社会需要的粮、棉、油、糖、天然橡胶和其他工业原料，为新中国的经济发展做出了巨大贡献。2020 年，我国共有国有农场 1 828 个，职工人数 247.1 万人，耕地面积 6 516.6 千公顷，农业总产值 4 230.3 亿元，农场农业机械总动力 320.9 亿瓦，农作物总播种面积 6 850.8 千公顷，粮食作物播种面积 4 807.8 千公顷，粮食作物产量为 3 562.7 万吨，猪牛羊肉产量为 129.0 万吨，水产品总产量达 176.7 万吨。

我国集体农业企业的建立和发展经历了不同道路。从 1953 年开始，政府领导农民走互利合作的道路。到 1956 年底，全国建立了 54 万个高级农业合作社（集体农业企业）。1958 年，有 74 万个集体农业企业合并成 2.6 万多个人民公社。根据统计资料，1980 年我国有 54 183 个农村人民公社，70 多万个生产大队，556.2 万个生产队。如果我们把农村人民公社看作农业企业，那么全国有 54 183 个集体农业企业。党的十一届三中全会以后，我国进行了农村改革，走上了联产承包的道路，人民公社体制终止。这使我国农业企业开始走上了多样化的发展道路。许多农业企业打破了所有制、地区和行业的界限，出现了多层次、多形式、多部门的农业企业组织形式。20 世纪 90 年代以后，我国逐渐兴起了农业产业化经营，这对我国农业企业的发展和组织形式的变化产生了很大的影响。直接从事农业生产的狭义农业企业和农业的上游、下游产业的涉农企业紧密程度逐渐加深，产供销、贸工农一体化迅速发展。

案例链接：

创建中国第一个农业开发股份公司

——通海垦牧股份公司向大农业进军，向荒滩涂挑战

1901 年，当张謇创办的大生纱厂基本稳定，取得较好的经济效益后，他决定向大农业进军，向黄海海滨茫茫荒滩发起挑战，实现他的另一个梦想。

1894 年，张謇从北京回到家乡南通，1895 年创办大生纱厂的同时，其与张之洞谈到国家前途和如何使国家强盛起来时，就谈到应从中国国情出发。中国是世界上最大的农业国之一，必须以农业为本，大力发展农业并改造传统农业。他说："立国之本不在兵也，立国之本不在商也，在乎工与农，而农尤为要。"

1897 年他在上呈朝廷《请兴农会奏》时，即建议成立垦牧公司来开垦海滨沿江的荒滩。1899 年（光绪二十五年）春，他先后为两江总督刘坤一、老师翁同龢起草《开垦荒滩奏略》和《农工商标本急策》，再度建议"召佃开垦，成集公司，机器耕种"开发荒滩。

他强调发展大农业，开荒种植，扩大生产是他实施"父教育、母实业"总体战略的重要一环，他指出："实业在农工商，在大农大工大商"，农工商相互支持，相互促进，共同发展，经济才能有更大的发展，"中国但能农工商并举，何至有忧贫之事哉。此则养民之大经养民之妙术，不仅为御侮计，御侮自在其中矣。"（注：我国著名的历史学家吴承明曾说："实业"一词实为张謇所创。）我们的理解，"实业"涵盖了工、农、商和交通运输以及基础事业等，字简意明地说明了经济发展中有关因素协调、平衡、促进的辩证关系。

张謇力主大面积植棉也是为了他所创办的大生纱厂建立原料基地，他在 1911 年通海垦牧公司第一次董事会上说："因捻纱厂工商之事也，不兼农事，本末不备，辄毅然担任期辟此地，广植棉产，以厚纱厂自助之力。"

张謇办成大生纱厂后，纱厂根基逐渐稳固，盈利较多，具备了一定的实力，他立即将眼光同时转向了农垦。1895 年的夏天，因为办团练，他到东海边时，曾看到通海沿海交界的地方有大片的荒滩地，他主动向两江总督刘坤一提议并商量多次，刘坤一同意后，张謇替他拟写《拟变通开垦海门荒滩奏略》上报朝廷，得到批准。1900 年张謇立即着手兴办，首先派了陆军学堂的毕业生江导岷、章亮元、洪杰到滩地测量，完成图绘后，制订了公司章程和招佃章程（修改

了 6 次）。1901 年 6 月通海垦牧公司正式宣告成立，公司宗旨非常明确："务使旷土生财，齐民扩业"；"为国家赠岁入之赀，收本富之利"；"务使公司获最优之利，庶他州县易于兴起"。

张謇面对黄海"一片荒滩，弥亘极望，仰惟苍天白云，俯有海潮往来"，开始了他从发展工业又扩展到发展农业的实践。

张謇是我国农业近现代化最早的倡导者，也是通海农垦、淮南盐垦现代化最早的发起人和组织者，通海垦牧公司（股份制）是中国历史上第一个农业开发股份公司。

（资料来源：中国民主建国会网站，张绪武，网址：https://www.cndca.org.cn/mjzy/lsgc/shgc/517388/index.html）

三、企业与农业企业

企业是指从事生产、流通或服务等活动，为满足社会需求进行自主经营、自负盈亏，实行独立核算，具有法人资格的经济组织。企业的基本特征是：企业必须依法设立，符合国家法律规定的企业设立条件和设立程序；企业是以盈利为目的，独立核算，要求以收抵支，取得盈利；企业是从事生产经营或提供服务的经济实体；企业必须有自己的名称、组织机构和活动场所，具有法人资格，能独立承担民事责任。在现代社会中，企业是社会的经济细胞和国民经济的基本单位，同时又是市场经济活动的主体。

传统意义上的农业企业，是指以动植物和微生物为劳动对象，以土地为基本生产资料，通过人工培育和饲养动植物，以获得人类必需消费品的生产经营企业。基于对"十字形大农业"和农业产业化的理解，农业企业的范围就更大了。现代农业企业，则包括与农业产前、产后、产中有关的所有企业，也可以称为涉农企业或企业关联企业。凡是直接或间接为农业生产服务的企业都可被认为是农业企业。

项目 1　农业企业的发展趋势

四、农业企业的发展趋势

1. 科技化和智能化

（1）随着 5G、物联网、大数据等技术的发展，农业企业正加速向智慧农业转型，实现精准种植、智能养殖和智能农机作业。

（2）采用无人机、卫星遥感等先进技术进行农田监测，为决策提供数据支持。

（3）利用 AI 技术预测气候变化、病虫害等，以便提前采取措施。

2. 可持续化和生态化

（1）除了生态农业和有机农业，农业企业也开始探索循环农业、低碳农业等新的可持续发展模式。

（2）强化土壤和水资源的保护，推广节水灌溉、土壤修复等技术。

（3）提高废弃物资源化利用率，如将农作物秸秆转化为生物质能源。

3. 规模化和专业化

（1）鼓励和支持农业企业通过合并、收购等方式实现规模化发展，提高市场份额。

（2）深化农业专业化分工，培养一批具有专业技能和管理经验的农业人才。

4. 市场多元化和国际化

（1）深化农产品国际贸易合作，拓展海外市场，提高国际竞争力。

（2）针对不同市场需求，开发多元化的农产品和服务，满足消费者的多样化需求。

5. 产业链整合和延伸

（1）加强与上下游企业的合作，构建紧密的产业链合作关系，实现资源共享和优势互补。

（2）向农产品深加工、农产品流通等领域延伸，提高产品附加值和市场竞争力。

6. 品牌化和差异化

（1）注重品牌建设和维护，提升品牌知名度和美誉度。

（2）通过产品创新、包装设计等方式打造差异化的农产品，满足消费者的个性化需求。

7. 社会化和合作化

（1）推动农业企业与农户、合作社等建立紧密的合作关系，共同应对市场风险和挑战。

（2）探索共享农业、社区支持农业等新型经营模式，实现资源的高效利用和价值的共创共享。

8. 政策和资本支持

（1）关注政府政策动态，争取税收优惠、财政补贴等政策支持。

（2）加强与金融机构的合作，拓宽融资渠道，降低融资成本。

9. 创新和转型

（1）鼓励农业企业加大研发投入，推动技术创新和产品升级。

（2）顺应市场趋势和消费者需求变化，及时调整业务模式和经营策略。

10. 数字化和互联网化

（1）利用大数据、云计算等技术优化生产管理和市场营销流程，提高效率。

（2）通过电商平台、社交媒体等渠道拓展销售渠道，提高市场覆盖率。

这些趋势反映了农业企业在应对经济、技术和社会变化方面的积极努力和探索。随着科技的进步和市场的发展，农业企业将面临更多的机遇和挑战，需要不断创新和转型以适应时代的需求。

【任务实践】

农业企业发展历程、现状与未来趋势调研

1. 任务描述

通过实地考察、访谈和数据分析，了解农业企业的发展历程、现状和未来趋势，增强学生对农业企业的认识和理解。

2. 任务步骤

（1）分组与选题：将学生分成若干小组，每组选择一个具有代表性的农业企业进行深入

研究。选题范围可以包括传统农业企业、现代农业企业、农业科技企业等。

（2）收集资料：通过查阅相关文献、企业年报、新闻报道等途径，收集关于所选农业企业的历史、现状和发展趋势的信息。

（3）访谈调研：与所选农业企业的相关负责人或员工进行访谈，了解企业的发展历程、成功经验、面临的挑战等问题。通过访谈，深入了解企业的内部运营和管理模式。

（4）数据分析：对所收集的资料进行整理和分析，运用统计方法、图表等形式展示企业的历史数据和发展趋势。通过数据分析，发现企业的优势和不足，为企业未来发展提供建议。

（5）成果展示：各组将实践成果进行展示，可以包括 PPT 汇报、视频短片、海报等形式。

3. 任务评价

评价维度	评分标准	分值
资料收集全面性	（1）完整收集企业发展历程、核心业务数据、行业地位、竞争优劣势、未来规划等资料，且资料来源可靠（如企业年报、访谈），得 16～20 分； （2）收集资料较全面，缺失 1～2 类非核心信息，得 11～15 分； （3）资料零散，关键信息缺失较多，得 6～10 分； （4）资料严重不足，无法支撑分析，得 0 分	20 分
报告结构合理性	（1）报告包含企业概况、发展历程、现状分析、趋势预测、建议等板块，逻辑清晰，论点明确，论证充分，得 16～20 分； （2）结构基本完整，部分板块内容稍单薄，得 11～15 分； （3）结构存在缺失（如无趋势分析），逻辑连贯性差，得 6～10 分； （4）结构混乱，内容无序，得 0～5 分	20 分
创新与见解	（1）提出 2 个及以上独到见解（如结合新技术对企业转型的创新建议）或创新性分析企业发展逻辑，得 16～20 分； （2）有 1～2 个较新颖观点，思考有一定深度，得 11～15 分； （3）仅重复常规观点，缺乏创新，得 6～10 分； （4）无个人见解，照搬资料内容，得 0～5 分	20 分
语言表达与写作能力	（1）语言准确流畅，专业术语使用规范，无语法错误，得 16～20 分； （2）语言基本流畅，存在少量语法或标点问题，得 11～15 分； （3）表达较模糊，语言问题影响理解，得 6～10 分； （4）语言混乱，错漏百出，得 0～5 分	20 分
参与度与团队合作	团队分工明确，成员积极参与各环节（资料收集、分析、展示），协作高效，得 16～20 分；团队合作较好，个别成员参与度稍低，得 11～15 分；存在分工不合理、协作不畅问题，部分成员参与不足，得 6～10 分；团队协作混乱，成员各自为政，得 0～5 分	20 分

任务 2　了解农业企业类型与特征

学习目标

1. 掌握不同农业企业的基本类型；
2. 了解农业企业的基本特征；
3. 理解企业间的差异性。

情境导入

假设你是一名即将毕业的大学生，目前在一家农业咨询公司实习。这家公司为不同类型的农业企业提供咨询服务，包括种植企业、畜牧企业、农产品加工企业等。你的第一个任务是研究这些不同类型的农业企业，了解它们的特征、经营模式和市场环境，准备一份报告，向公司管理层介绍这些农业企业的主要特点和面临的挑战。

学习任务

通过农业企业类型和特征的学习，可以帮助我们深入理解农业企业的多样性和特殊性，对提升农业企业管理效率、增强市场竞争力及实现可持续发展具有深远意义。这部分学习任务将涵盖农业企业的不同类型，如种植业企业、畜牧业企业、农产品加工企业等，以及它们各自的特征，如对自然资源的依赖、生产周期性、市场波动性等。

一、农业企业的类型

农业企业是以农业生产为主要经营内容的营利性经济组织，具有多种分类方式。

1. 按资产的所有性质分

（1）国有农业企业：资产主要归国家所有，由国家进行管理和运营，如国有农牧场。

（2）集体农业企业：资产归集体所有，如农村集体经济组织兴办的企业。

（3）私营农业企业：资产归私人所有，由个人或私营企业管理和运营。

（4）股份制农业企业：资产由多个股东共同拥有，按照股份制进行管理和运营，如股份有限公司、有限责任公司。

2. 按生产产品的类别分

（1）种植业企业：主要从事农作物的种植、收获和销售，如粮食作物、经济作物等。

（2）林业（园艺）企业：主要经营森林砍伐、木材加工以及林产品的生产和销售，如林场、园艺场、茶园等。

（3）畜牧业企业：以养殖动物为主要经营内容，如家禽、家畜等，涉及养殖、繁育、销售等环节。

（4）水产企业：经营水产养殖、捕捞作业以及水产品的加工和销售，如渔业公司、水产养殖场等。

（5）农产品加工企业：对农产品进行初加工或深加工，生产加工成各类食品、饲料、化工原料等。

3. 按产业链的长短分

（1）初级农产品生产企业：主要生产原始农产品，如种植、养殖等。

（2）农产品加工企业：对初级农产品进行加工，提高产品附加值。

（3）农工商一体化企业：涵盖农业生产、加工、销售等多个环节，实现产业链的整合。

4. 按经营规模分

（1）农户：主要是自给自足的家庭农场，经营规模较小。

（2）小型农业企业：经营规模较大，但农业规模相对较小，通常由非农人员投资兴办。

（3）大型农业企业：经营规模较大，对现代化农业生产设施和科技含量要求较高，通常是成熟企业向农业领域拓展的产物。

5. 按大农业的范围分

（1）农产品生产企业：专注于农产品的生产。

（2）农产品经营企业：主要从事农产品的收购、储存、销售等经营活动。

（3）农业服务企业：提供农业技术咨询、农业机械租赁、农产品物流运输等服务。

农业企业的类型多种多样，每种类型都有其特点和优势，适应于不同的农业生产环境和市场需求。在农业产业化和现代化进程中，各种类型的农业企业都发挥着重要作用，共同推动农业的发展。

二、农业企业的特征

农业企业作为一种特殊类型的企业，在社会主义市场经济中发挥着重要作用。以下是农业企业的一些主要特征：

（1）自然资源依赖性强：农业企业的生产活动直接受到土地、水资源、气候等自然条件的制约。土地的质量、水资源的丰富程度以及气候的适宜性都直接关系到农业生产的类型和产量。因此，农业企业在选址、种植和养殖等方面都需要充分考虑自然资源的可利用性和可持续性。

（2）生产周期性：农业生产具有明显的季节性特征，不同的作物和养殖业有不同的生长周期。这导致农业企业的生产活动呈现出明显的周期性，需要在特定的时间内完成播种、施肥、灌溉、收割等作业。因此，农业企业需要合理规划生产计划和资源配置，以应对生产周期的变化。

（3）产品鲜活性和生物性：农产品通常具有鲜活性和生物性，需要在短时间内完成收购、加工和销售，以保持其品质和价值。同时，农产品还具有易腐性，需要采取适当的保鲜和储存措施，以确保产品的新鲜度和安全性。因此，农业企业需要建立高效的供应链和物流体系，确保产品从田间到餐桌的顺畅流通。

（4）市场波动性：农产品市场受到多种因素的影响，如气候变化、政策调整、市场需求变化等，导致价格波动较大。这种市场波动性给农业企业的经营带来了一定的不确定性。因此，农业企业需要密切关注市场动态，制定合理的价格策略和营销策略，以应对市场变化。

（5）技术和知识密集型：随着科学技术的进步，现代农业企业越来越依赖科学技术的支持，包括良种培育、高效种植技术、农业机械化、信息化管理等在内的先进技术在农业企业的生产和管理中发挥着重要作用。因此，农业企业需要加强技术研发和创新，提高员工的技术水平和综合素质，以适应现代农业发展的要求。

（6）资本周转慢：由于农产品的生产周期长，农业企业的资本周转通常较慢，投资回报周期长。要求农业企业有足够的耐心和毅力，注重长期效益和可持续发展。同时，农业企业还需要合理规划资金运作，提高资金使用效率，确保企业稳健运营。

（7）风险性：农业企业面临多种风险，包括自然风险、市场风险、技术风险等。这些风险往往难以预测和控制，给农业企业的经营带来了一定的挑战。因此，农业企业需要建立完善的风险管理体系，采取有效的风险防范措施，降低风险对企业的影响。

（8）外部性：农业企业的生产活动对环境和社会有重要影响。农业企业在追求经济效益的同时，还需要关注环境保护和社会责任。例如，采取合理的种植和养殖方式，减少对土壤和水资源的污染；积极参与社会公益事业，推动农业可持续发展等。

（9）政策依赖性：农业企业的发展受到国家政策的较大影响。政府的农业补贴、税收优惠、贸易保护等政策对农业企业的经营和发展具有重要影响。因此，农业企业需要密切关注政策动态，合理利用政策资源，为企业的发展创造有利条件。

（10）产业链条长：农业企业往往涉及从田间到餐桌的整个产业链。这要求农业企业具备完整的产业链布局和协同能力，从种植、养殖到加工、储存、运输和销售等环节都需要进行有效地整合和管理。同时，农业企业还需要加强与上下游企业的合作，共同推动农业产业链的完善和发展。

案例链接：

中化农业：科技创造美好农业

中化现代农业有限公司是先正达集团股份有限公司成员企业，是中化集团有限公司及中国化工集团有限公司负责现代农业服务业务的运营平台。

中化现代农业以现代农业技术服务平台（Modern Agriculture Platform，MAP）战略为核心，秉持“科技创造美好农业”，汇集全球科技，专注本土服务，以农产品品质需求为导向，订单农业和生产托管为手段，示范推广现代农业技术，开发应用数字农业工具，提供线上线下相结合、涵盖农业生产销售全过程全产业链的综合服务，打造 MAP beside 全程品控溯源品牌，提供创新的农业普惠金融服务，为消费者“种出好品质”，为种植者“卖出好价钱”，提升行业整体科技创新水平，引领现代农业服务和数字化创新，为中国农业现代化转型发展与乡村振兴推广落地提供先进解决方案。

一是搭建线下生产性服务体系。中化 MAP 已在全国的 28 个省布局建设 276 个 MAP 技术服务中心和 330 个 MAP 农场。MAP 技术服务中心配建种子处理和农药混配车间、测土配肥车间、农资农机仓库、技术方案展示中心、智慧农业监控平台、品质检测实验室、粮食仓储和产后对接中心、农户培训和交易中心、金融贷款服务中心等各类现代农业服务设备设施，为农户提供“7+3”全方位的技术支持。MAP 农场通过直观的种植技术实操与观摩，“做给农民看、带着农民干”，吸引更多普通农户进入现代农业发展轨道。总结各类“提质、增效、轻简化、可持续”的种植技术方案 653 份，全部为农户免费提供，组织开展各类农民培训 2000 多场，惠及 16 万人次。构建县乡两级社会化服务体系，组织农村带头人挂牌 881 家 MAP 乡村服务站，与 MAP 中心共同为农户提供各类“菜单式”生产托管服务。

二是开发线上智慧农业系统。自主开发 MAP 智慧农业系统，提供地块管理、精准气象、病虫害预警、线上农事管理和农技培训等服务，帮助农户实现更加科学的种植决策和更加高效的田间管理，让种植从“靠天吃饭”变为“知天而作”，帮助后端企业和终端消费者实现“看得见的安全”。目前 MAP 智慧农业系统已为全国 6 555 万亩耕地和 42 万农户免费提供线上科技服务。

三是打通品质农产品产销对接链路。推广订单农业，向加工流通企业提供稳定、均一的优质原料，实现优质优价。打造“MAP beside”全程品控溯源服务品牌，从关键生育期、核心环境参数、品质检测指标等维度对农产品品质进行全程把控，消费者通过扫描 MAP beside 二维码了解农产品全生命周期信息，为美好生活加“码”。

四是提供农业普惠金融服务。MAP 积累农业各环节数据，创新风控模型，向农户提供各类助农贷款，累计发放贷款 5.67 亿元。定制化开发种植气象指数保险、保险 + 期货、农业共享险等创新农业保险，试点全国首款大数据产量保险，构建全方位的农业普惠金融体系。

中化 MAP 致力于帮助农民增收、产业增效、消费者得实惠，保障国家粮食安全，提升我国农业的整体竞争力和可持续发展水平。

信息来源：农产品市场-中国农村网　　责任编辑：程明

网址：http://journal.crnews.net/ncpsczk/2020n/d21q/myfc/933719_20201110022819.html

【任务实践】

农业企业类型与特征分析

1. 任务描述

培养学生对农业企业分类和特性的理解和分析能力。

2. 任务内容

（1）选择一家农业企业，可以是种植企业、畜牧企业、农产品加工企业等。

（2）通过文献调研、网络搜索、访谈等方式，收集该企业的基本资料，包括企业类型、经营模式、产品特点、市场定位等。

（3）分析该企业的特征，如对自然资源的依赖、生产周期性、产品鲜活性和生物性、市场波动性等。

（4）结合该企业的实际运营情况，分析农业企业的经营策略、市场适应、技术创新等方面的特点。

（5）编写一份不少于 800 字的分析报告，内容包括该企业的类型、特征、经营策略、市场适应等方面的分析，以及农业企业发展的趋势和启示。

3. 任务评价

评价维度	评分标准	分值
资料收集全面性	完整收集企业类型、经营模式、市场定位等资料，来源可靠（企业官网、年报、访谈）	20 分
报告结构合理性	报告涵盖企业类型、特征、经营策略、发展趋势等板块，逻辑清晰，论证充分	20 分
创新与见解	提出独到观点（如结合行业趋势分析企业特性）或创新性总结农业企业发展规律	20 分
特征分析准确性	精准分析企业资源依赖、生产周期性、产品特点等特征，论证结合企业实际	20 分
报告规范性	格式规范，内容无数据、概念错误	20 分

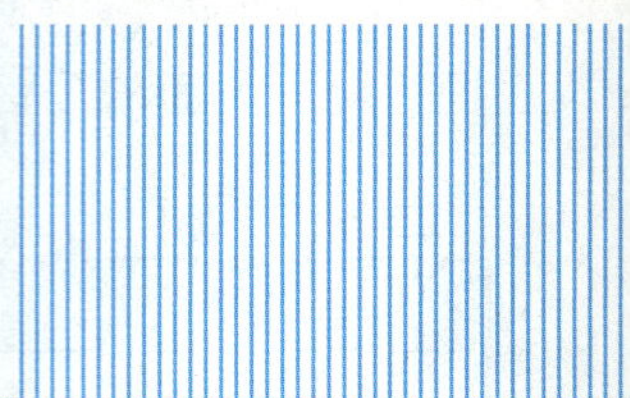

构建高效体系——农业企业组织结构

【内容介绍】

农业企业组织结构是农业企业有效运营和成功经营的重要基础。本项目旨在深入探讨农业企业的组织结构和组织创新，通过学习，学生将全面了解农业企业组织结构和组织创新的知识，掌握设计和优化组织结构的基本工具和方法，并思考如何通过组织创新来提升农业企业的竞争力和可持续发展能力。

【学习导航】

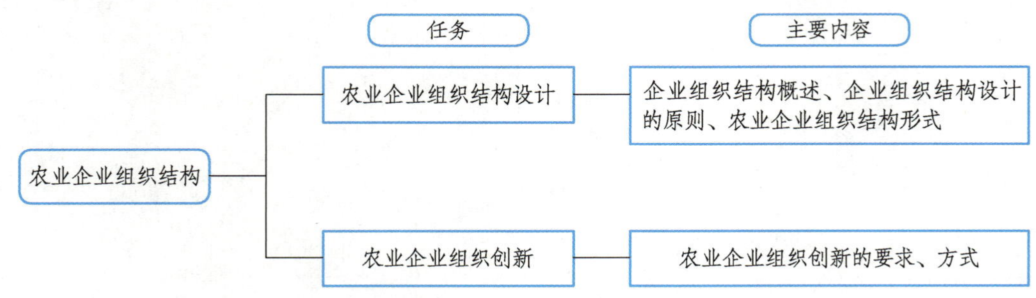

任务1　农业企业组织结构设计

学习目标

1. 理解企业组织结构的定义；
2. 掌握企业组织结构设计的原则；
3. 了解农业企业不同组织结构形式的优点与缺点。

项目 2　组织结构设计

情境导入

小王是一个农业企业创办者，目前承包了一大片土地，并决定尽快开展农业生产活动，他对未来生产的产品和销售渠道也进行了一些构思。但是，他意识到，仅仅拥有土地、产品和销售渠道是远远不够的，他还需要一个有效的组织结构来管理企业。他需要决定如何分配任务和职责，如何组织团队成员，如何确保生产流程的顺利进行，以及如何监督和管理整个企业的运营。

学习任务

企业组织结构是决定企业能否有效地运行、经营并取得成功的重要物质基础。组织职能的目的是设计和维持一种职务结构，以便人们能为实现组织的目标而有效地工作。农业企业组织结构设计需要考虑农业生产的特点，如季节性、地域性、周期性等，以及农业企业的特殊需求，如农业生产、加工、销售等环节的协同。

一、企业组织结构概述

（一）企业组织结构的概念

企业组织结构，是指对组织内部进行分工，安排任务，在纵向上形成若干层次的隶属关系，在横向上同层次的部门之间形成协作关系。企业组织结构的功能，在于使企业的人员以及物流、资金流、信息流得以正常流动。企业能否实现其预期目标和组织效能，在很大程度上取决于组织结构的完善程度。

科学合理的组织结构，能使员工处于组织的不同岗位上，各得其所，各施其才，形成满足感并影响组织行为。

（二）企业组织结构的特性

1. 复杂度

组织的复杂度，包括垂直分化、水平分化、空间分化三个表现形式。“垂直分化”是指组织纵向分工的细致程度，它确立了组织的层次和等级结构，如最高指挥层与最低作业层之间的层级越多，结构就越复杂。“水平分化”是指在横向上同层次上职能部门分工的细致程度。水平分工越细，组织的分化程度越高，表明组织越需要各种专业知识与技能的人才。“空间分化”是指组织实体设施在地区上的空间分布与分散程度。当空间分化度增大时，组织各部门之间沟通、协调、控制的难度就加大，如跨国公司空间分化程度高，结构就复杂。

2. 规范度

规范度是指企业依靠规则和程序引导员工行为的程度。有些企业的规范准则较少，其规范化的程度也比较小；有些企业规模虽然较小，但却具有各种规章制度，指示员工该做什么和不该做什么，这些企业组织的规范化程度就高。规范化可以使企业组织有序、有效地运转，但过分强调规范化，又会束缚人的手脚，影响甚至扼杀员工的创造性。

3. 集权度

集权度是指企业决策权力的集中化程度。在不同企业组织中，有的决策权力高度集中，总经理决定一切，其他人只是服从命令。这种高度的集权制管理，虽然决策效率比较高，但决策的风险也大，下属因没有参与权，常常有不满情绪，决策就不能得到顺利实施。而有的企业组织，则通过合理授权，实行分权管理，这种分权制有利于调动部门经理参与的积极性，且可以使企业及时对外部环境与市场变化做出反应，集思广益，使决策更加科学合理。

以上组织结构特性的三个层次，构成了三个描述性维度，把它们结合起来，便可以说明一个企业组织结构的全貌。

二、企业组织结构设计的原则

没有健全的组织结构，企业的一切活动就无法正常、有效地进行。企业管理组织结构是支撑企业生产经营活动的“骨骼”系统。建立健全管理组织的原则主要有以下几点。

（一）有效性原则

有效性原则要求企业的管理组织必须是有效率的。为此，各机构必须具有明确的职责范围，具有良好的信息沟通渠道，才有利于职工积极性与主动性的发挥。

有效性原则还要求企业的管理组织结构形式是富有成效的，目标是全体职工在一定期间共同活动所要求达到的最终目的。所有管理组织结构形式，其结构的调整、增设、取消、合并都必须以是否对实现目标有利为衡量标准。

（二）统一指挥原则

统一指挥原则是处理上下级之间关系的一条重要原则。上下级之间的上报下达，都要按层次，不得越级指挥。在指挥和命令上，要求每位下属应该有并且只能有一个上级，要求在上下级之间形成一个清晰的指挥链，即谁命令、谁执行都很清楚，执行者要负执行之责，指挥者要负指挥之责。

（三）管理层次原则

组织的规模、管理工作量及管理幅度决定了管理层次。组织大、人数多、管理工作量大，在相同的管理幅度下，管理层次必然增多；反之，则层次减少。

（四）管理幅度原则

管理幅度是指一个主管能够直接有效地指挥下属的人数。管理幅度与管理层次成反比关系，在其他条件不变的情况下，管理幅度增大，则管理层次减少；反之，则增加。除此之外，还要考虑很多其他因素。

（五）权责对等原则

权力是在规定的职位上行使的。管理者率领下属人员去完成某项工作，必须拥有包括指挥、命令等在内的各种权力。责任是在接受职位、职务后必须履行的义务。在任何工作中，权与责必须大致对等。

三、农业企业组织结构形式

随着企业的产生和发展及领导体制的演变，组织结构形式也经历了一个发展变化的过程。

目前，农业企业组织结构形式主要有直线制、职能制、直线-职能制、事业部制、模拟分权制、矩阵制等。

（一）直线制

直线制是一种最早期也是最简单的集权式组织形式，又称军队式结构。其特点是企业各级行政单位从上到下垂直领导，下属部门只接受一个上级的指令，各级主管负责人对所属单位的一切问题负责。厂部不设职能机构（可设职能人员协助主管人员工作），一切管理职能基本上都由行政主管自己执行，属“一人一头”（见图 1-1）。

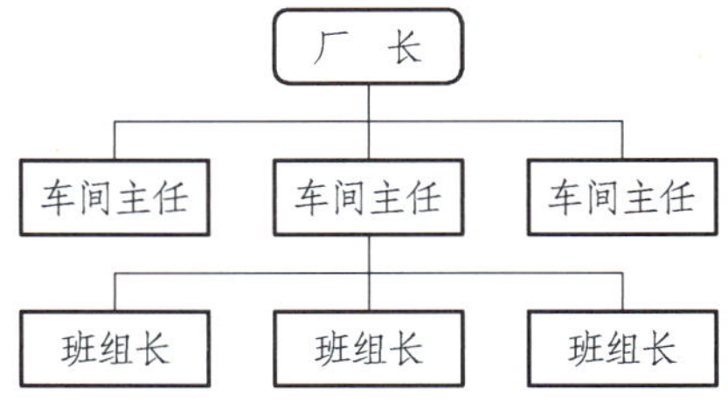

图 1-1　直线制组织结构示意图

表 1-1 为直线制组织结构优缺点对比。适用于规模较小、生产技术比较简单的企业，不适用生产技术和经营管理比较复杂的企业。

表 1-1　直线制组织结构的优缺点

直线制组织结构优点	直线制组织结构缺点
结构简单，指挥系统清晰、统一；责权关系明确；横向联系少，内部协调容易；信息沟通迅速，解决问题及时，管理效率比较高	要求行政负责人是全才，通晓多种知识和技能，亲自处理各种业务。这在业务比较复杂、企业规模比较大的情况下，最高主管一人身上集中了所有的管理职能，显然是难以胜任的

（二）职能制

职能制组织结构是各级行政单位除主管负责人外，相应地设立的一些职能机构。如：在厂长下面设立职能机构和人员，协助厂长从事职能管理工作。这种机构要求行政主管把相应的管理职责和权力交给相关的职能机构，各职能机构就有权在自己业务范围内向下级行政单位发号施令。因此，属“一人多头”（见图 1-2）。

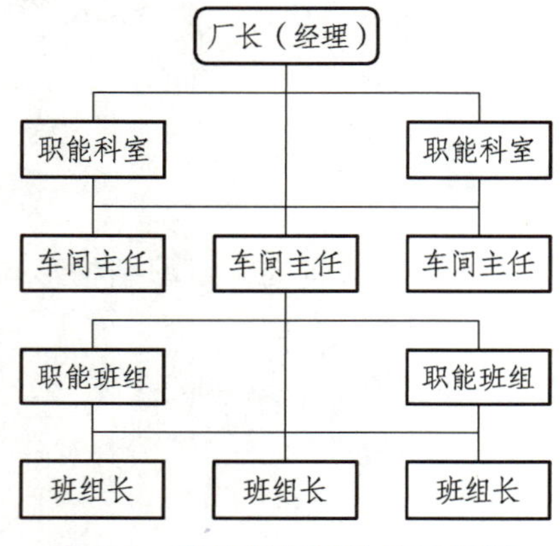

图 1-2　职能制组织结构示意图

表 1-2 为职能制组织结构的优缺点对比。

表 1-2　职能制组织结构的优缺点

职能制组织结构优点	职能制组织结构缺点
能适应现代化工业企业生产比较复杂、管理工作分工比较精细的特点，能充分发挥职能机构的专业管理作用，减轻直线领导人员的工作负担	妨碍了必要的集中领导和统一指挥，形成了多头领导。从而出现两方面的问题：一是责任制不强，二是多头造成混乱

适用企业：由于上述缺陷，现代企业一般不采用这种组织结构。

（三）直线-职能制（也叫生产区域制，或者参谋制）

它是在直线制和职能制两种结构之间取长补短而建立起来的。把企业管理机构和人员分成两大类，一类是直线领导机构和人员，按命令统一原则对组织各级行使指挥权；另一类是职能机构和人员，按专业化原则，从事组织的各项职能管理工作（见图 1-3）。

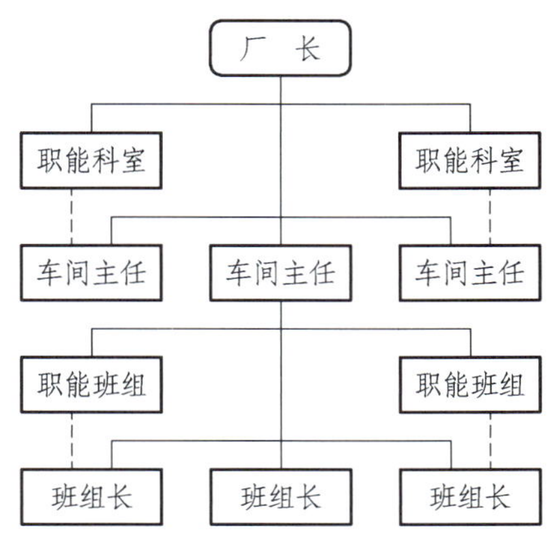

图 1-3　直线——职能制组织结构示意图

表 1-3 为直线-职能制组织结构的优缺点对比。

表 1-3　直线——职能制组织结构的优缺点

直线-职能制组织结构优点	直线-职能制组织结构缺点
集权与分权结合。既保证统一指挥，又充分发挥了各职能部门的参谋指导作用，弥补了领导人员在专业管理知识和能力方面的不足，协助领导人员决策	职能部门之间的协作和配合性较差，效率低

适用企业：绝大多数企业都采用这种组织结构。

（四）事业部制

事业部制最早由美国通用汽车公司总裁斯隆于 1924 年提出。事业部制是一种高度（层）集权下的分权管理体制，是分级管理、分级核算、自负盈亏的一种形式。

也就是一个公司按地区或按产品类别分成若干个事业部，从产品的设计、原材料采购、成本核算、产品制造一直到产品销售，均由事业部及所属工厂负责，实行单独核算，独立经营。公司总部只保留人事决策、预算控制和监督大权，并通过利润等指标对事业部进行控制。在这里我们只谈产品事业部（见图 1-4）。

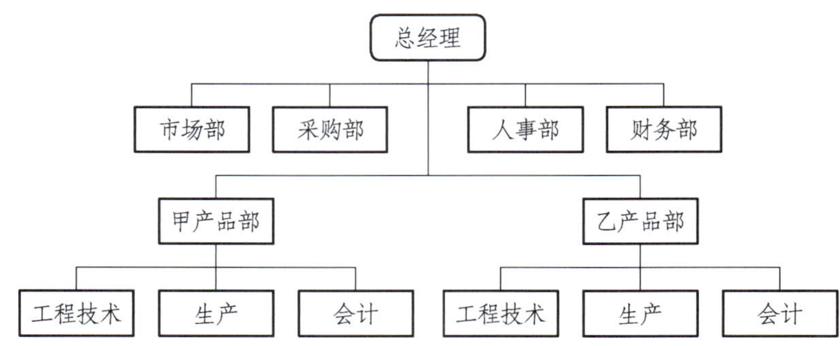

图 1-4　产品事业部组织结构示意图

表 1-4 为产品事业部组织结构的优缺点对比。

表 1-4　产品事业部组织结构的优缺点

产品事业部组织结构优点	产品事业部组织结构缺点
有利于采用专业化设备，并使个人的技术和专业知识得到最大限度的发挥；每一个产品都是一个利润中心，部门经理承担利润责任，这有利于总经理评价各部门的政绩；适应企业扩展与业务多元化要求	需要更多全才，而全才难找；高层管理人员有时会难以控制；总部的各职能部门，不能得到充分利用

适用企业：规模庞大、品种繁多、技术复杂的大型企业。

（五）模拟分权制

模拟分权制是介于直线职能制与事业部制之间的结构形式（见图 1-5）。

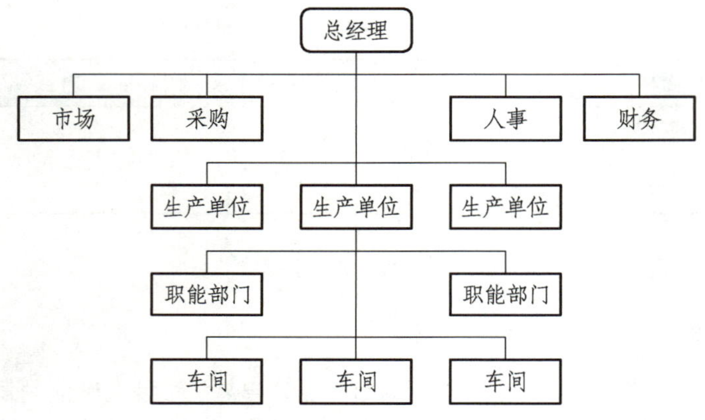

图 1-5　模拟分权制组织结构示意图

有许多大型企业，如连续生产的钢铁、化工企业，由于产品品种或生产工艺过程所限，难以分解成几个独立的事业部，又由于企业的规模庞大，以致高层管理者感到采用其他组织形态都不容易管理，这时就出现了模拟分权组织结构形式。模拟，就是模拟事业部制的独立经营、单独核算，而不是真正的事业部，实际是一个个“生产单位”。这些生产单位有自己的职能机构，享有尽可能大的自主权，负有“模拟性”的盈亏责任，目的是要调动他们的生产经营积极性，改善企业的生产经营管理。表 1-5 为模拟分权制组织结构的优缺点对比。

表 1-5　模拟分权制组织结构的优缺点

模拟分权制组织结构优点	模拟分权制组织结构缺点
可调动各生产单位的积极性，解决企业规模过大不易管理的问题	不易为模拟的生产单位明确任务，造成考核上的困难；各生产单位领导人不易了解企业的全貌，在信息沟通和决策权方面也存在着明显缺陷

（六）矩阵制

在组织结构上，把既有按职能划分的垂直领导系统，又有按产品（项目）划分的横向领导关系的结构，称为矩阵制组织结构（见图 1-6）。

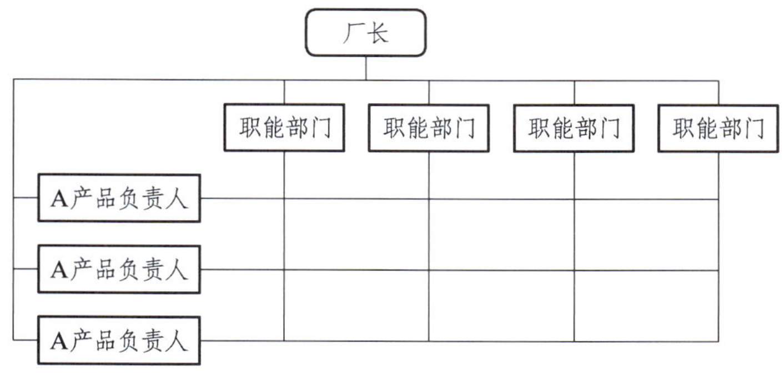

图 1-6　矩阵组织结构示意图

矩阵制组织是为了改进直线职能制横向联系差、缺乏弹性的缺点而形成的一种组织形式。它的特点表现在围绕某项专门任务成立跨职能部门的专门机构上。例如：组成一个专门的产品（项目）小组去从事新产品开发工作，在研究、设计、试验、制造各个不同阶段，由有关部门派人参加，力图做到条块结合，以协调各有关部门的活动，保证任务的完成。

这种组织结构形式是固定的，人员却是变动的，需要谁，谁就来，任务完成后就可以离开。项目小组和负责人也是临时组织和委任的，任务完成后就解散，有关人员回原单位工作。

表 1-6 是矩阵制组织结构的优缺点对比。

表 1-6　矩阵制组织结构的优缺点

矩阵制组织结构优点	矩阵制组织结构缺点
机动、灵活；任务清楚，目的明确；组织人员相互易沟通，加之信任感、荣誉感和责任感，从而有利于攻克难关	项目负责人责任大于权力，从而导致没有行政的奖惩手段；项目工作人员易产生“临时工”感觉，对工作不利

适用企业：涉及面广、临时性、复杂性的重大攻关项目。特别适宜于新产品开发与科学实验项目为主的单位，尤其是应用性科学研究单位等。

四、企业组织结构的发展趋势

（一）扁平化

组织结构的扁平化就是通过减少管理层次、裁减冗余人员来建立一种紧凑的扁平组织结构，使组织变得灵活、敏捷，提高组织效率和效能。

扁平化组织结构的优势主要体现在以下几个方面：第一，信息流通畅，使决策周期缩短。组织结构的扁平化，可以减少信息失真，增加上下级的直接联系，信息沟通与决策的方式和效率均可得到改善。第二，创造性、灵活性加强，致使士气和生产效率提高，员工工作积极性增强。第三，可以降低成本。管理层次和职工人数减少，工作效率提高，必然带来产品成本的降低，从而使公司的整体运营成本降低，市场竞争优势增强。第四，有助于增强组织的反应能力和协调能力。企业的所有部门及人员更直接地面对市场，减少了决策与行动之间的时滞，增强了对市场和竞争动态变化的反应能力，从而使组织能力变得更柔性、更灵敏。

（二）网络化

随着信息技术的飞跃发展，信息的传递不必再遵循自上而下或自下而上的等级阶层，就可实现部门与部门、人与人之间直接的信息交流。企业内部的这种无差别、无层次的复杂的信息交流方式，极大地刺激了企业中信息的载体和运用主体——组织的网络化发展。

组织结构网络化主要表现为企业内部结构网络化和企业间结构网络化。企业内部结构的网络化是指在企业内部打破部门界限，各部门及成员以网络形式相互连接，使信息和知识在企业内快速传播，实现最大限度的资源共享。组织的网络化使传统的层次性组织和灵活机动的计划小组并存，使各种资源的流向更趋合理化，通过网络凝缩时间和空间，加速企业全方位运转，提高企业组织的效率和绩效。

（三）多元化

企业不再被认为只有一种合适的组织结构，企业内部不同部门、不同地域的组织结构不再是统一的模式，而是根据具体环境及组织目标来构建不同的组织结构。管理者要学会利用每一种组织工具，了解并且有能力根据某项任务的业绩要求，选择合适的组织工具，从一种组织转向另一种组织。

（四）柔性化

组织结构的柔性化是指在组织结构上，根据环境的变化，调整组织结构，建立临时的以任务为导向的团队式组织。组织柔性的本质是保持变化与稳定之间的平衡，它需要管理者具有很强的管理控制力。

（五）虚拟化

组织结构的虚拟化是指用技术把人、资金、知识或构想网络在一个无形（实物形态的统一的办公大厦、固定资产和固定的人员等）的组织内，以实现一定的组织目标的过程。

虚拟化的企业组织不具有常规企业所具有的各种部门或组织结构，而是通过网络技术把组织目标所需要的知识、信息、人才等要素联系在一起，组成一个动态的资源利用综合体。虚拟组织的典型应用是创造虚拟化的办公空间和虚拟化的研究机构。前者是指同一企业的员工可以置身于不同的地点，但通过信息和网络技术连接起来，如同在同一办公大厦内，同步共享和交流信息和知识；后者是指企业借助于通信网络技术，建立一个把世界各地的属于或不属于本企业的研究开发人员、专家或其他协作人员联系在一起，跨越时空的合作联盟，实现一定的目标。

【任务实践】

农业企业组织结构调研与分析

1. 任务描述

对一家当地的农业企业进行实地调研，分析该企业的组织结构，并评估其组织结构对企业运营的影响，提高调研与分析报告 1 份。

2. 任务要求

（1）选择一家农业企业进行调研，可以是种植、养殖、加工或销售型企业。

（2）通过访谈、观察或查阅资料等方式，收集企业的组织结构信息。

（3）绘制企业的组织结构图并简单描述每个部门的职能和职责。

（4）分析该组织结构的优点和可能存在的不足，以及对企业运营效率、决策过程、员工激励等方面的影响。

（5）根据分析结果，提出改进组织结构的具体建议。

3. 任务评价

评价维度	评分标准	分值
组织结构图准确性	（1）结构完整，部门名称、层级关系与企业实际完全一致（10 分）； （2）部门职能描述清晰、无遗漏（5 分）； （3）绘图规范（5 分）	20 分
分析报告深度与逻辑性	（1）准确运用组织结构理论工具（如 SWOT、组织设计原则）（15 分）； （2）结合农业行业特征（如季节性、地域性）分析结构合理性（10 分）； （3）逻辑清晰，数据支撑充分（如访谈记录等）（10 分）	35 分
改进建议实用性与创新性	（1）建议针对企业实际问题（如冗余部门、沟通低效）（15 分）； （2）提出符合农业企业特点的优化方案（10 分）； （3）方案具有可操作性（如分阶段实施计划）（5 分）	30 分
任务完成规范性	（1）按时提交完整报告（5 分）； （2）报告格式规范（5 分）	15 分

任务 2　农业企业组织创新

学习目标

1. 了解农业企业组织创新的要求；
2. 了解农业企业组织创新的动因；
3. 理解农业企业的组织变革与创新。

情境导入

小张是一家农业企业的管理者，他的企业面临着一系列挑战：农业生产成本上升、农产品市场价格波动、消费者需求变化、新兴市场的竞争等。为了应对这些挑战，保持企业的竞争力和可持续发展，他需要思考如何进行组织创新，以适应不断变化的市场环境。

学习任务

农业企业的内部组织结构没有一成不变的固定模式，企业应根据内外部环境变化和自身经营发展的要求，对原有组织结构进行整体性、适应性调整，以使组织的运营效率与产出功能不断提升。例如，虚拟企业、战略联盟、企业组织网络化与扁平化等。

一、农业企业组织创新的要求

新制度理论认为，一个有效率的企业组织是经济增长的关键，而有效率的企业组织，需要在制度上做出合理安排，明晰产权，以便产生激励效应。企业制度改革的目的，就是通过制度的替代、转换和交易，满足农业企业经营组织运行的这些要求。

（一）产权明晰

市场经济，是一个为市场而生产的经济，商品和劳务的交易从本质上是产权的交易。节约农业企业经营的市场交易费用的有效途径，就是明确界定产权，明晰不同产权主体之间的权利、责任和义务关系。只有明晰产权，才能最大限度地节约交易费用，使交易的“合作剩余”得以顺利实现。农业企业或农业家庭经营组织作为一个独立的“法人”产权主体，其内在的产权结构是多元的，不仅有私有财产，而且有非私有财产（如占用的共有土地或信贷资金等），还有非自营的产权支配方式，如将一部分法人财产用于合伙经营、合作经营、股份合作制经营或进行证券投资等。因此，农业企业产权明晰化，不仅是农业市场化的客观要求，同时也是农业企业组织创新的一项重要任务。

（二）经营自主

市场经济是竞争性的经济，市场机制的有效性是以公平竞争为基础的。市场竞争主体，通过公平竞争，将资源配置到效益好或机会成本最低的产业和部门，以实现市场机制在资源优化配置中的基础作用。作为一个利益主体，农业企业经营组织与其他企业组织一样，具有追求自身利益的内在动机。利益最大化动机和市场经济的优胜劣汰机制，迫使其优化资源配置和创新组织结构，积极参与市场竞争。这一切都必须以赋予农业企业独立的经营自主权为前提。只有自主经营，农业企业或农业家庭才能根据市场信号，有效配置资源。农业企业组织创新必须符合这一要求。

（三）决策科学

在市场经济条件下，农业企业，特别是农业家庭经营，不仅面临着自然风险，而且要承受市场价格波动的风险，企业经营决策，要受制于价值规律和平均利润率规律，一旦决策失误，不能实现商品使用价值向商品价值的“惊险跳跃”，损失的不仅是商品，还包括商品背后的生产经营者。企业管理中有一个基本公式，即

企业经营效益＝决策的正确性×执行的有效性

这一公式表明，如果决策失误，经营效率与努力程度成反比，越是努力生产，企业损失越是惨重。可见，市场经济条件下，科学决策显得尤为重要，从某种意义上讲，市场经济也是信息经济，信息引导投资方向和商品流向。农业企业组织的有效运行，客观上要求建立一个高效的信息流转机制，以促进农业企业经营决策的科学化和市场化。

二、农业企业组织创新的动因

（一）来自企业外部的压力

经营环境的不确定性必然影响企业组织的稳定性、适应性、创新性。经营环境对组织创新的影响主要有以下几方面：

经济全球化，主要表现是市场营销的国际化。现代社会，消费者需求的多样化和区域化特征，供应商和销售商的垄断程度，竞争者实力与战略国际市场的变化和波动等都对企业生产组织和销售组织带来重大影响。

与工业经济时代相比较，在知识经济时代，企业管理理论与实践，发生了深刻的变化，知识和信息的作用更加突出。随着科学技术的发展，生产力的提高，企业以往凭借价廉物美在竞争中取胜的简单模式，已经被多层面的竞争所替代，过去那种在静态假设下，四平八稳的管理方法已经过时，变化成为主旋律。这就使得过去金字塔式的等级森严的官僚化组织形式被一种扁平化式、网络式的管理体系所替代。

（二）来自企业内部的推力

1. 战略调整

外部经营环境的变化，给企业带来了风险和机遇，因而企业经营战略必须适时地做出调整。作为实施战略的组织本身也应做出相应的变革，例如采取扩张战略，必然要求组织结构扩展；采取收缩战略，必然导致机构精简等。

2. 规模经济

规模经济包括两方面含义：一是企业经营必须逐步实行适度规模经营，提高内在规模经济，即以企业经营规模的扩大而获得经济效益。其主要包括劳动力规模扩大，优化分工协作而获得的效益；土地规模扩大，采用先进技术而获得的效益；机械设备规模扩大，提高其利用效率，降低作业成本而获得的效益；购销规模扩大，节省流通费用，增强市场竞争力而获得的效益；以及在上述基础上，优化生产要素组合和合理组织经营过程，提高整体效应而获得的效益。二是企业必须克服传统的“小而全”的经营格局，提高外在规模经济。也即在一定地域内，产业

规模扩大，加强社会化协作和服务使企业获得经济效益。其主要包括：产业规模扩大，当地通信、道路等基础设施改善而获得效益；扩大社会化生产协作，改变“大而全”或“小而全”的经营格局，促进生产专业化而获得的效益；改善农业社会化服务体系而获得的效益等。

3. 企业技术进步

技术进步推动着企业组织变革，如新产品开发导致科研机构的增加；新设备、新工艺的采用引起劳动生产率大幅度提高，可能会导致生产组织减少；网络技术和办公自动化技术导致管理机构精简等。

4. 企业功能的变化

现代企业除了具有生产功能外，诸如企业内部人际关系、企业与外界关系的协调功能，更是不可或缺的。良好的人际关系是宝贵的无形资产，它能为企业带来长期效应。因而，企业增设“公关部”“外联部”等组织机构已成为必然。

5. 企业文化的推动

企业文化是指一个企业所创造的具有本企业特色的精神财富，包括思想道德、价值观念、人际关系精神风貌，以及与此相适应的组织与活动。企业文化也是一种生产力，良好的企业文化能优化组织结构。它强调组织结构和行为应具有高度的弹性，以激发员工进行创造性劳动，企业效益即可成倍增长。

三、农业企业组织创新方式

农业发达国家的实践经验证明，现代农业的发展，不仅需要技术的变革创新，而且也需要组织制度的变革创新。农业企业的组织创新有内涵式组织创新与外延式组织创新两种。

1. 内涵式组织创新

内涵式组织创新主要是提升农业企业的组织效率及核心竞争力，具体包括完善产权制度、转换经营机制、培育经营主体、扩大经营规模、实行科学管理等。

（1）完善土地产权制度。应通过农地所有权、承包权与经营权“三权分置”，建立灵活的农地流转机制。

（2）提升农业企业的市场竞争力。应通过企业员工培训与新型职业农民培育，提高农民的组织化程度，引导农户牵手合作，创办具有较高组织效力的农业经营组织。

（3）大力培养农村种养大户、家庭农场、农民专业合作社、公司制农业企业和农业中介服务组织，构建专业化、集约化、组织化、社会化相结合的新型农业经营体系，促进农业转型升级，提质增效。

2. 外延式组织创新

农业企业的外延式组织创新是指企业跨越原有边界，与相关组织在利益共享、风险共担的原则下，通过契约方式建立各种形式的联合经营组织，形成产加销一体化、贸工农一条龙的产业链，各经营主体在产业链上独立或协作完成农业生产经营活动。其基本的组织运作模式是：农户承包、区域连片、产业聚集、专业合作、一体化经营、农业科技园区等。最典型的是“公司 + 农户”“公司十基地 + 农户”“公司十合作社 + 农户”的农业产业化组织形式。

【任务实践】

农业企业组织创新方案设计

1. 任务描述

以某一农业企业为对象，模拟企业管理顾问角色，通过调研分析其现有组织模式，结合农业行业发展趋势（如智慧农业、产业链延伸、绿色转型等），设计具有创新性的组织变革方案并形成可执行的落地计划。

2. 任务要求

（1）企业选择与现状诊断。

选择一家中小型农业企业（如合作社、家庭农场、农产品电商等），通过访谈、实地考察或公开资料收集企业当前组织架构、管理流程及运营痛点（如决策缓慢、部门协作低效、数字化程度低等）。运用 SWOT 分析法或标杆对比法，撰写组织创新必要性分析报告。

（2）组织创新方案设计。

结合农业企业特征，选择 1 ~ 2 种创新模式进行方案设计，形成新组织结构图及部门职能说明。

（3）成果提交。

提交完整方案报告（1200 ~ 1500 字），包含企业背景、问题诊断、创新方案、实施计划及预期效益。

3. 任务评价

评价维度	评分标准	分值
创新性	方案是否突破传统组织结构（如引入生态化协作、数字化中台），并体现农业特色	30 分
可行性	实施路径是否清晰（如分阶段目标、资源配置），风险应对是否具体（如技术外包、人才储备）	25 分
分析深度	是否准确识别企业痛点，结合行业趋势（如政策、技术）论证创新必要性	25 分
报告质量	逻辑严谨、数据支撑充分（如访谈记录、政策文件引用），格式规范	20 分

模块二　经营管理农业企业

项目三

指引发展方向——农业企业目标管理

【内容介绍】

农业企业目标管理是一个系统性、战略性的管理过程，主要包括目标制定、目标分解、计划编制、目标跟踪等内容。农业经理人作为农业企业的管理者，需根据市场需求和资源能力设定具体、可衡量的企业目标，并将其分解为各部门和个人的具体任务。在实施过程中，企业需确保任务顺利进行，并根据环境变化及时调整目标。完成后，企业需全面评估目标实现情况，提供反馈以持续改进。这一管理过程旨在明确方向、激发动力、优化资源配置，提升农业企业的运营效率和竞争优势。

【学习导航】

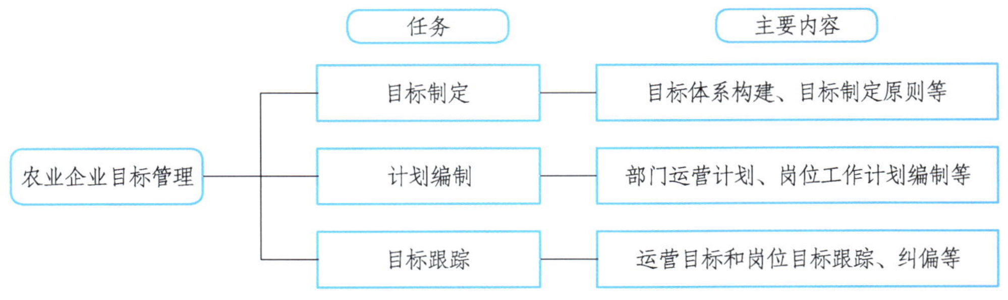

任务1　目标制定

学习目标

1. 理解企业目标体系的构建；
2. 掌握企业目标制定的程序和原则；
3. 掌握目标分解的方法；
4. 掌握工作目标任务书的编制。

情境导入

张某 2018 年毕业于农业经济管理专业，通过自己的努力取得了高级农业经理人职业资格，2023 年 10 月被“YA 农业有限责任公司”聘为农业经理人。“YA 农业有限责任公司”集柑橘种植、生产、销售为一体，现有优质柑橘园 2 000 多亩，员工 120 人，主要组织机构由股东会、董事会、监事会、总经理、生产部、销售部、综合管理办公室组成。随着企业发展越来越好，规模越来越大，企业的各项工作就需要更加专业化、制度化的管理。张某 作为“YA 农业有限责任公司”的农业经理人，其面临的一个重要任务就是制定出“YA 农业有限责任公司”下一年度工作目标。

学习任务

明确的目标可以帮助企业明确发展的重点和方向，有助于企业集中资源，提高资源利用效率，实现长远发展。目标制定是农业企业经营管理的第一步，是企业未来发展的基石。同时，目标制定也是激励员工积极性，提高工作动力的有效手段，通过共同的目标，凝聚员工的团队意识，提高企业的凝聚力和执行力。

在制定具体的目标前，应先建立目标体系，因为目标体系提供了一个框架和结构，有助于确保设定的目标符合企业的使命、愿景、价值观和长期战略。

一、建立目标体系

企业整体的目标体系首先必须由上而下制定，形成一个纵向的目标体系，即按照“企业目标→部门目标→个人目标”的顺序来制定。

（一）目标体系的结构

企业管理应遵循的一个原则是：每项工作必须为达到总目标而展开。在目标管理法中，目标的设定开始于企业的高层管理者，他们提出企业的使命和战略目标，然后通过部门层次向下传递，直至各位员工。

1. 目标的层次

根据管理层级的划分，目标可以分为以下三个层次，如图 3-1 所示，企业各管理层在相应目标上的关系如图 3-2 所示。

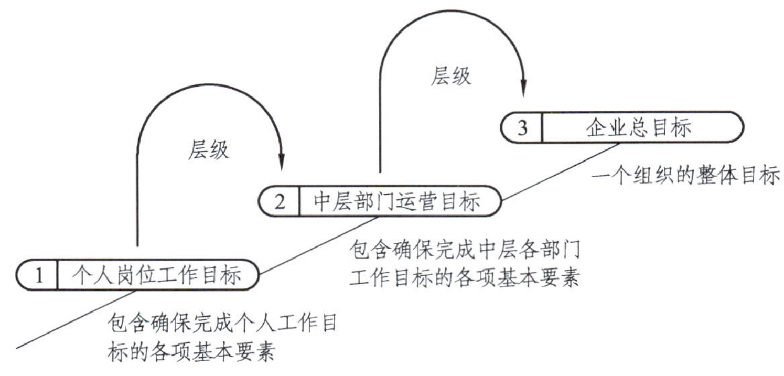

图 3-1 企业目标的层次

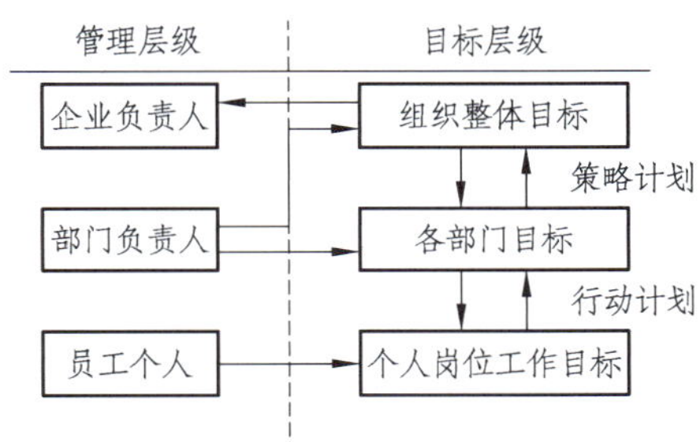

图 3-2 管理层次划分与各级目标的关系

2. 目标的分类

（1）根据动态因素分类企业整体目标为：长期计划目标、中期计划目标、短期计划目标和执行目标四种。

（2）根据组织目标的等级层次分类，目标可分为：社会经济目标、宗旨与使命、组织的整体战略目标、专业目标、分系统目标、各部门目标、组织成员的个人目标。

3. 目标的分解

进行目标管理需要将组织的整体目标层层分解下去，直到基层员工。分解的步骤具体如图 3-3 所示。

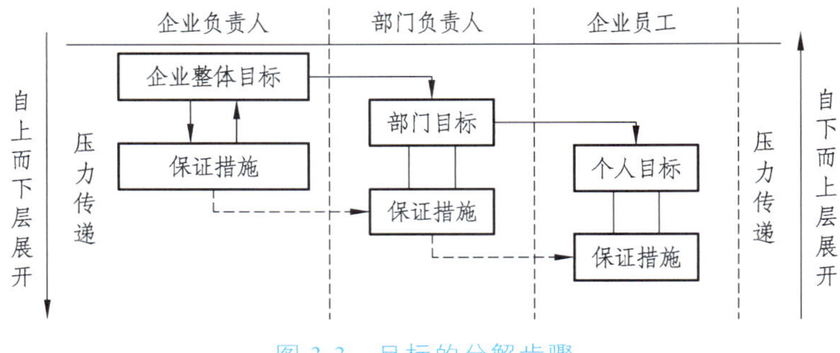

图 3-3 目标的分解步骤

4. 目标的整合

在企业管理的过程中，目标整合是一项重要的任务。目标整合是将企业内的各个部门、各个层次的目标进行协调与整合，形成一个统一的目标体系，以实现企业的整体目标。目标整合模型如图 3-4 所示。

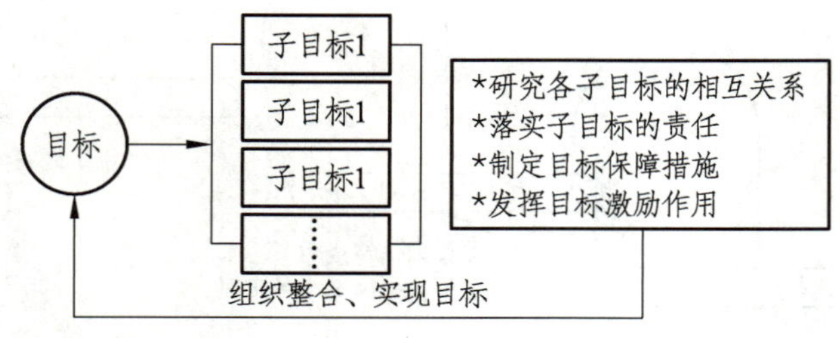

图 3-4 目标整合模型

（二）建立目标体系的基本程序

（1）制定企业的总目标（企业整体目标）；

（2）制定职能部门目标

（3）制定个人目标；

（4）整合企业的总目标、部门目标和个人目标，形成目标体系。

（三）绘制目标体系图

目标体系建立以后，企业可使用目标体系图来表示目标的层级关系。目标体系图如图 3-5 所示。

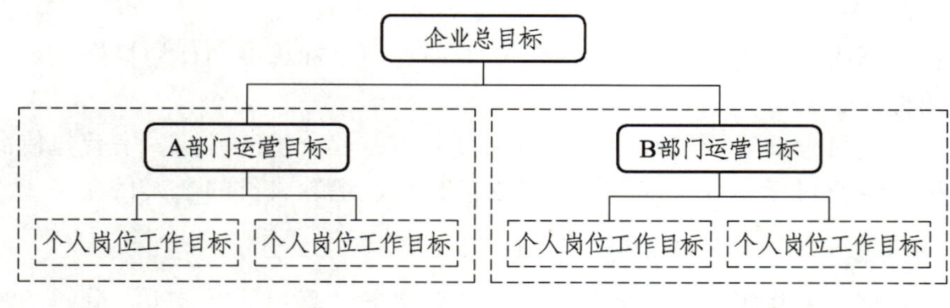

图 3-5 目标体系图

二、企业目标制定

（一）企业目标制定程序

企业目标要合理、适中，才能保证企业可持续发展。一般来说，农业企业目标制定需要经历以下几个步骤。

1. 调查研究，传达企业发展愿景

在制定企业目标之前，首先要进行调查研究，了解各部门与员工的意见、建议与需求，同时要让所有人员理解企业的发展愿景。如果员工不了解企业的发展愿景，会削弱他们的积极性，也可能使部门目标和个人目标与总目标产生差异。

2. 遵循 SMART 原则，拟定目标

拟定目标一般需要经历两个环节：拟定目标方向和拟定目标水平。首先在既定的经营领域内，依据对外部环境、需要和资源的综合考虑，确定目标方向，通过对现有资源与条件等的全面衡量，对沿着总目标方向展开的活动所要达到的水平也做出初步规划，这便形成了可供决策选择的目标方案。

3. 评价论证，检验目标的一致性

目标拟定出来之后，就要企业多方面的专家和有关人员对提出的目标方案进行评价、论证，同时检验下一级目标是否与上一级目标一致。目标是从上至下、层层分解的，因而作为企业的一员，在目标的执行上不存在讨价还价的余地，个人目标必须与上级目标一致。因此在评价论证后，尤其在执行过程中，要检验的是个人目标与部门目标是否有偏差。

4. 列出遇到的问题、风险和障碍

这一步骤在执行中往往容易被忽略，但实际上它对于目标的顺利完成起着举足轻重的作用。这就要求在制定目标时，应该具备风险意识，提前制定应急方案，比如日常工作中的备用方案或预案就是其中的一种表现形式。

5. 列出实现目标所需要的技能和授权

在设定和实现目标的过程中，需要明确为了达成这些目标，团队或个人需要具备哪些技能，以及他们需要被赋予哪些决策和行动的权限。

6. 列出为达成目标所需的合作对象和外部资源

分析在目标达成过程中需要企业内部哪些部门或人员的协同配合，以及外部资源的拓展与支持。

7. 确定目标完成日期

完成日期是目标的关键因素之一，要用书面确定下来，这是目标管理规范化的一个表现形式，有利于目标检查和工作考核。

8. 编制工作目标任务书

工作目标任务书把跟岗位工作息息相关的可衡量的目标归纳到了一张表格里。任务名称实际上就是年度工作目标细分后的子目标。任务内容是对子目标的说明。任务等级衡量了各个目标对总目标的重要性。完成期限规定了目标任务的时间指标，达标要求则规定了目标任务的数量指标和质量指标。通过如表 3-1 所示的简明的工作目标任务书，执行者可以清楚地知道自己该做什么以及做到什么程度。

案例链接：

下面以某农业企业销售主管工作目标任务书为例，来展示工作目标任务书的基本构造。

表 3-1 销售主管________年工作目标任务书

任务名称	任务内容	任务等级	完成期限	达标要求
销售计划方案管理	编制销售计划方案并组织人手实施方案	重要	____年__月__日	及时制订计划且100%执行计划。写出能揭示问题关键的报告
	分析销售计划方案执行效果并提交报告			
销售数据日常管理	汇总统计销售数据，掌握每日销售动态	十分重要	每月__日	及时而准确地收集每天的销售数据，及时上报规范的销售报表
	编制销售报表并及时上报审批	重要	每月__日	
部门员工管理	组织员工参加销售技能和产品知识培训	十分重要	每季度次月__日	培训测试通过率达到100%
	对部门员工进行绩效考核	重要	每月__日	及时开展绩效考核工作
市场调研管理	制订市场调研方案并组织人手实施方案	重要	每月__日	及时编制可行的方案
	分析市场调研方案，提交分析报告	十分重要	随时	从报告中发现实际问题
客户管理	定期回访客户，并记录客户的反馈信息	重要	每月__日	及时回访，准确反馈信息
	组织人手开发新客户或新渠道	重要	每月__日	每月新增客户不少于__个
应收账款管理	组织人手参与应收账款的回收工作	重要	____年__月__日	100%回收应收账款
	制订应对应收账款呆账、坏账的对策	十分重要	____年__月__日	及时制定有效的对策

9. 编制任务量化表

目标管理追求的是明确的规划和可操作的步骤。唯有如此，企业才能对每个部门、岗位、员工的工作量进行统筹安排。因此，量化任务是目标管理的一个关键步骤，企业有必要量化企业任务、部门任务、岗位任务、个人任务和年度任务、季度任务、日常管理任务。具体操作方法如下：

（1）量化企业任务，编制企业任务量化表。

企业任务可以分为年度任务、月度任务、日常管理任务和人才培养任务。在编制企业任务量化表（表 3-2）的时候，要根据企业总体发展需要来设置各项任务的优先等级和完成期限。

表 3-2 企业任务量化表

任务名称	任务内容	优先等级	完成期限	任务要求
年度任务	编制企业年度发展计划	十分紧急	____年__月__日	必须达成
	完成销售目标的 95% 以上	十分重要	____年__月__日	达成 95% 以上
	完成企业文化建设目标	重要	____年__月__日	尽量达成
月度任务	完成全部月度生产销售任务	十分重要	____年__月__日	按需达成
	编制月度财务报表	紧急	____年__月__日	必须达成
	准备下个月的各项工作	紧急	____年__月__日	必须达成
日常管理任务	检查劳动纪律	一般	____年__月__日	必须达成
	检查生产进度	重要	____年__月__日	按需达成
人才培养任务	完成年度培训目标	重要	____年__月__日	按需达成
	制定员工职业生涯发展规划	重要	____年__月__日	尽量达成

（2）量化部门任务，编制部门任务量化表。

部门任务是围绕本部门的发展而设置的，同样可以分解为年度任务、月度任务、日常管理任务和人才培养任务。需要注意的是，部门任务的工作内容及优先等级跟企业任务有一定的区别（表 3-3）。

表 3-3 部门任务量化表

任务名称	任务内容	优先等级	完成期限	任务要求
年度任务	编制部门年度发展计划	十分紧急	____年__月__日	必须达成
	完成部门目标的 95% 以上	十分重要	____年__月__日	达成 95%以上
	部门成员完成绩效考核指标	十分重要	____年__月__日	必须达成
月度任务	编制月度工作计划	十分紧急	____年__月__日	必须达成
	编制月度部门预算	十分重要	____年__月__日	必须达成
	完成部门月度生产经营计划	十分重要	____年__月__日	达成 90%以上
日常管理任务	检查劳动纪律	一般	____年__月__日	必须达成
	完成领导交办的其他工作	一般	____年__月__日	按需达成
人才培养任务	部门月度培训任务	重要	____年__月__日	按需达成
	员工月度绩效沟通	重要	____年__月__日	按需达成

（3）量化岗位任务，编制岗位任务量化表。

企业任务和部门任务立足于集体目标，岗位任务则以个人目标为主。这个差异在日常任务和人才培养任务环节最为明显。我们在编制岗位任务量化表（表 3-4）时应该注意一下。

表 3-4 岗位任务量化表

任务名称	任务内容	优先等级	完成期限	任务要求
年度任务	编制岗位年度发展计划	十分紧急	____年__月__日	必须达成
	完成岗位目标的 95%以上	十分重要	____年__月__日	达成 95%以上
月度任务	编制岗位月度工作计划	十分紧急	____年__月__日	必须达成
	完成月度岗位绩效考核目标	十分重要	____年__月__日	必须达成
日常管理任务	遵守劳动纪律，按规章办事	重要	____年__月__日	必须达成
	领导交办的其他工作	一般	____年__月__日	按需达成
人才培养任务	各岗位人员的技能培训	重要	____年__月__日	按需达成
	岗位人员的轮岗	一般	____年__月__日	按需达成

（4）量化个人任务，编制个人任务量化表。

岗位任务是根据岗位来制定目标规划，个人任务则是根据员工自身的情况来制定目标规划。我们在制作个人任务量化表（表 3-5）时要注意把个人任务跟岗位任务、部门任务的要求对应起来。

表 3-5 个人任务量化表

任务名称	任务内容	优先等级	完成期限	任务要求
年度任务	编制企业年度发展计划	十分紧急	____年__月__日	必须达成
	完成个人目标的 95% 以上	十分重要	____年__月__日	达成 95 %以上
月度任务	制订个人月度工作计划	十分紧急	____年__月__日	必须达成
	完成月度岗位绩效考核目标	十分重要	____年__月__日	必须达成
日常管理任务	遵守劳动纪律，按规章办事	重要	____年__月__日	必须达成
	领导交办的其他工作	一般	____年__月__日	按需达成
人才培养任务	完成部门安排的培训课程	重要	____年__月__日	必须达成
	积极参加轮岗	一般	____年__月__日	按需达成

（5）量化年度任务，编制年度任务量化表。

年度任务规划属于长期战略规划。我们可以效仿国家的五年计划，把企业五年内的发展目标和量化任务规划好（表 3-6）。

表 3-6 年度任务量化表

年度	任务	目标	对策	负责人	完成期限
2022 年	1. 市场调研及企业经营环境分析； 2. 制定企业五年发展战略规划	制定规范、合理、可操作的战略规划书，明确企业的发展目标和实现路径	1. 市场调研； 2. 环境分析； 3. 编制发展战略规划书	企业高层、市场调研人员	____年__月__日

续表

年度	任务	目标	对策	负责人	完成期限
2023年	1. 制定市场发展战略，开拓市场； 2. 提高销售量	提高企业的市场占有率和生产经营利润	1. 市场调研； 2. 制定市场营销策略； 3. 选择主要市场	市场部经理、销售部经理	___年__月__日
2024年	1. 加强生产管理，控制生产成本； 2. 完成重要的运营项目	降低企业生产经营成本，发挥核心项目的作用	1. 完善生产管理制度； 2. 引进新型设备； 3. 提高员工的业务能力	生产部经理、项目主管	___年__月__日
2025年	1. 举办大型促销活动，塑造产品品牌形象； 2. 组建一支精干的营销团队	提高产品知名度和品牌美誉度，增强企业的销售实力	1. 制订促销活动方案； 2. 优化促销流程； 3. 加强销售员的培训力度	市场部经理、销售部经理、人力资源部经理	___年__月__日
2026年	1. 维护老客户； 2. 开发新客户	为下一个五年战略规划做准备	1. 加强与客户的沟通； 2. 推出新产品或服务项目	客服部经理	___年__月__日

（6）量化季度任务，编制季度任务量化表。

季度任务的量化关键在于让四个季度的工作形成一个首尾相连的整体，这样才能保证季度工作的有序进行（表 3-7）。

表 3-7　季度任务量化表

季度	任　务	目　标	对　策	负责人	完成期限
第一季度	1. 完成上一年度工作总结，布置本年度工作任务； 2. 把本年度的工作任务分解为各个季度的工作计划	确保各季度任务有清晰的工作计划	1. 任务总结； 2. 任务分解； 3. 任务分配	企业决策层	___年__月__日
第二季度	制订培训方案，提高部门成员的业务水平	确保员工有能力完成各阶段任务	1. 任务分析； 2. 确定培训内容； 3. 实施培训	部门经理、培训讲师	___年__月__日
第三季度	加强对各季度工作进度的监督，做好绩效考核准备	确保各阶段的任务能按时、按质、按量完成	1. 制订工作进度检查方案； 2. 收集绩效考核信息	部门经理、绩效考核人员	___年__月__日
第四季度	1. 对各季度任务的落实情况进行考核； 2. 总结各季度的任务完成情况，为下一个年度的任务安排做准备	激励员工完成本职工作，为他们在下一季度工作提供支持	1. 制订考核方案； 2. 明确考核办法； 3. 撰写绩效考核总结报告	部门经理、绩效考核人员	___年__月__日

（7）量化月度任务，编制月度任务量化表。

应如同量化季度任务那样量化月度任务（表 3-8），将其打造成一个整体。在每年 1 月做好各个月的工作规划，在 12 月根据绩效考核意见来调整原先的工作规划。

表 3-8　月度任务量化表

月度	任　务	目　标	对　策	负责人	完成期限
1 月	1. 总结上一年度的工作任务完成情况，布置本年度的工作任务 2. 把本年度的工作任务分解为每个月的工作计划	确保每个月的任务都有清晰的工作计划	1. 任务总结 2. 任务分解	企业决策层	___年__月__日
2 月	分析本部门的每月工作，把分解后的工作任务合理分配给各岗位员工	确保每个月的工作任务落实到明确的岗位责任人	1. 任务分析 2. 任务分配	部门经理	___年__月__日
3 月	针对企业员工当前的状况制订培训方案	提高员工的业务能力，确保任务目标能按时、按质、按量完成	1. 调查培训需求 2. 制订培训计划	部门经理培训讲师	___年__月__日
⋮	⋮	⋮	⋮	⋮	___年__月__日
12 月	1. 综合评价每个月的任务完成情况 2. 根据绩效考核结果来改进工作中的不足	激励员工完成本职工作，为他们在下一年度的工作提供支持	1. 制订考核方案 2. 确定考核方法 3. 编写绩效改进方案	部门经理绩效考核人员	___年__月__日

（二）企业目标制定原则

每个人都有过制定目标的经历，但是如果上升到管理层，农业经理人作为管理者必须首先了解目标的制定原则。目标的制定应遵守 SMART 原则，分别是 Specific（具体的）、Measurable（可衡量的）、Attainable（可实现的）、Relevant（相关的）和 Time-based（有时限的）。SMART 原则是目标管理法的一个重要原则，这一原则旨在帮助人们制定明确、可衡量、可达成、相关的和有时限的目标。SMART 原则的内涵如表 3-9 所示：

表 3-9 SMART 原则

字母	英文（关键词）	涵 义
S	Specific （具体明确的）	目标任务要切合具体的工作内容，不可以喊大而无当的空头口号
M	Measurable （可衡量的）	目标任务必须是可以量化的标准，可以通过采集数据信息来衡量。如果没有可以验证的数据，就无法对目标执行者进行绩效考核
A	Attainable （可实现的）	目标任务应该是考核对象付出努力后能够实现的，过高的目标不切实际，过低的目标又起不到激励作用
R	Relevant （相关的）	年度经营目标必须跟预算责任单位的职责有密切的相关性。它应该是预算管理部门、预算执行部门和企业管理层反复分析、研究后协商一致的结果
T	Time-based （有时限的）	目标任务应该具备期限，否则工作可能会延迟完成，甚至迟迟出不了成果，无法进行绩效考核

1. 具体化

具体化就是要用具体的语言清楚地说明要达成的行为标准，可以用条列式、表列式的形式来体现。拥有明确的目标几乎是所有成功企业的共性。很多企业不成功的重要原因之一就是目标定得模棱两可，或没有将目标有效地传达给相关成员。所以，具体化的要求就是：目标设置要有项目、衡量标准、达成措施、完成期限和资源要求，能够使考核人清晰地看到被考核人计划要做哪些事情，计划完成到什么程度。

2. 数据化

数据化就是用一些数据，如数字、金额、百分比来描述目标。数据化要求为：

（1）目标的衡量遵循“能量化的量化，不能量化的质化”这一标准，使制定人与考核人有一个统一的、标准的、清晰的可度量的标尺，杜绝在目标设置中使用形容词或者其他概念模糊、无法衡量的描述；

（2）目标的可衡量性应该从数量、质量、成本、时间、上级或客户的满意程度五个方面来规定；

（3）如果仍不能进行衡量，可考虑将目标细化，细化成分目标后再从以上五个方面衡量；

（4）如果仍不能衡量，还可以将完成目标的工作进行流程化，通过流程化使目标可衡量。

3. 时程化

目标时程化就是要用时间来限制目标的完成时间，可以用时间点、天数等加以描述。时程化的要求为：有时间限制，并根据工作任务的权重、事情的轻重缓急，拟订出完成目标项目的执行计划。

案例链接：SMART 原则检验表

原则	序号	对应问题	判断
Specific（具体明确的）	1	目标是否足够明确	□是□否
	2	目标是否足够简单易懂	□是□否
Measurable（可衡量的）	3	目标是否具备激励性	□是□否
	4	目标达成与否是否能够被衡量	□是□否
Attainable（可实现的）	5	目标是否是现实的	□是□否
	6	目标是否与岗位相适应	□是□否
Relevant（相关的）	7	目标是否有足够的意义和价值	□是□否
	8	达成目标需要的资源是否能够被获取	□是□否
Time-based（有时限的）	9	完成目标是否有明确的时间要求	□是□否
	10	目标的时间限制是否足够明确	□是□否
Executive（可执行的）	11	目标是否可以通过行动达成	□是□否
	12	目标是否能够促进岗位采取行动	□是□否
Result（有结果的）	13	达成目标之后是否有相应的奖励	□是□否
	14	没有达成目标是否有相应的应对措施	□是□否

（三）企业目标的内容框架

企业目标是企业希望努力争取达到的未来状况，包括使命、目的、对象、指标、定额和时限。企业目标是一个体系，它是由总的战略目标、长期目标、中期目标和短期目标组成的，每种目标的产生和作用都是不相同的。企业目标提供了衡量企业活动成功的标准和企业活动的动力，它的性质影响着企业的基本特征。

企业目标是多重的而不是单一的，既有总体目标，又有具体目标；既有长期目标，又有中、短期目标；既有集体目标，又有许多个人目标。一般情况下，各类企业成员都处于试图实现企业目标的努力与期待之中。图 3-6 为企业目标管理体系框架。

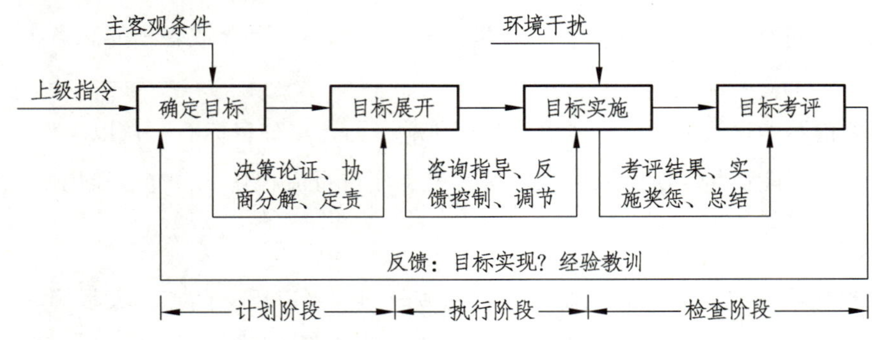

图 3-6　企业目标管理体系框架图

三、企业目标分解

目标落地是连接企业理想与现实的桥梁，是企业实现理想的必经之路。一个企业已经制定出一个清晰而科学的目标之后，应该分步骤来使企业目标实现落地。农业经理人作为农业企业的管理者，需要把目标进行分解，将企业整体目标分解为部门运营目标，部门再将目标层层分解到个人，形成岗位工作目标。

（一）企业目标分解的含义

企业目标分解就是将企业的总体目标在纵向、横向或时序上分解到各层次、各部门以至具体人，形成目标体系的过程。企业目标分解是明确目标责任的前提，是使总体目标得以实现的基础。目标被清晰地分解后，其产生的激励作用就非常明显，因为当实现了一个个分目标时，就能及时得到一次次的激励，从而挑战目标的信心就会越来越大，企业在实现总目标时也是如此。

（二）企业目标分解的作用

（1）方向作用。假设一个企业的每一个成员都有自己的想法，而没有共同的企业目标，那么这个企业就很难发展。

（2）激励作用。由于企业目标是自己认同并参与制定的内容，执行中就很少会有抵触情绪，大家就有为目标的实现负责的热情，因此，事先设定了企业目标，就等于做出了承诺，人人会努力实现。

（3）凝聚作用。企业的总目标必须经过层层分解，成为不同部门、不同职务、不同人员目标的汇总，形成一个系统的整体，而各个部门在实现目标时必须团结一心，形成合力，才能实现总体目标。

（4）考核依据。企业目标在考核时要标准明确，考核者和被考核者都可以预计未来，即可以预期做到什么程度，可以得到什么样的评价，什么样的结果，获得好的评价，什么样的结果获得不好的评价，从而实现事先引导的作用。

（三）目标分解的方法

常用的目标分解方法有梯度分解法、剥洋葱法、接力赛跑法、方针系统图法。

1. 梯度分解法

梯度分解法是一种逐步分解目标的方法，类似于从山顶向下观察山脉的轮廓线。它将一个整体目标分解成若干个子目标，然后逐级细化，直到每个子目标都可以被具体实施和监控。这种分解方法的优势在于能够将复杂的目标层层分解，使得实施过程更为可控和透明。如图3-7所示。

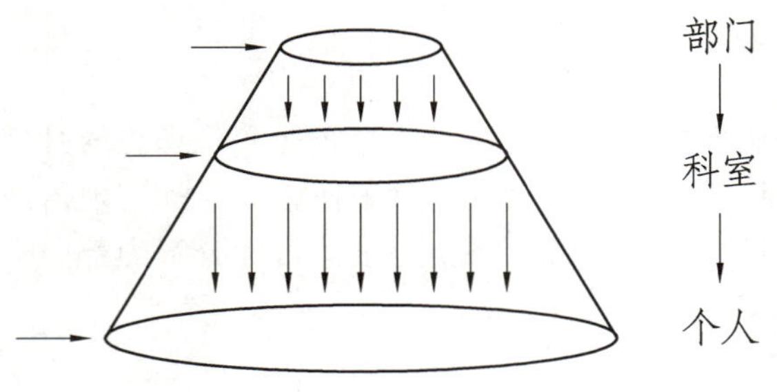

图 3-7　梯度分解图

2. 剥洋葱法

剥洋葱法类似于梯度分解法，但它更强调逐层逐步深入分解目标。就像剥洋葱一样，每一层都是前一层的子集，因此可以逐步展开。这种方法有助于发现目标的层次结构和内在关联，使得实施过程更为系统化和有条理。如图 3-8 所示。

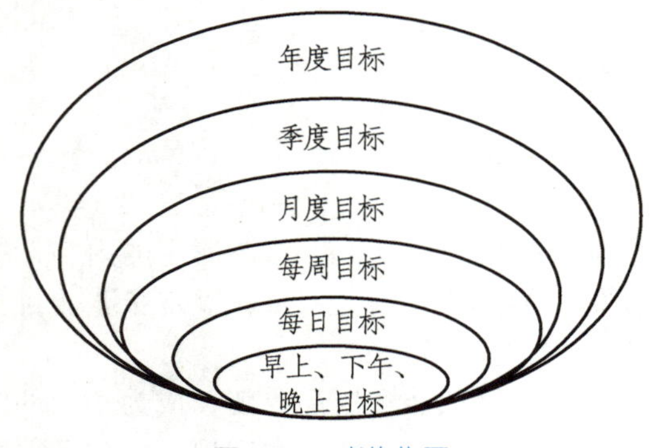

图 3-8　剥洋葱图

3. 接力赛跑法

接力赛跑法将一个大型目标分解成若干个相对独立的子目标或阶段，类似于接力比赛中的每个队员完成一段距离。每个子目标都由不同的团队或个人负责实施，然后逐步汇总成整体目标的完成。这种方法有利于分工合作，提高效率，同时也需要有效的协调和沟通机制。如图 3-9 所示。

图 3-9　接力赛跑图

4. 方针系统图法

方针系统图法是一种基于系统思维的目标分解方法。它通过绘制系统图或系统结构图来描述目标的各个部分之间的关系和影响，然后逐步将整体目标分解成各个子系统或要素。这种方法有助于理清目标之间的因果关系，从而更好地指导实施和控制过程。如图 3-10 所示。

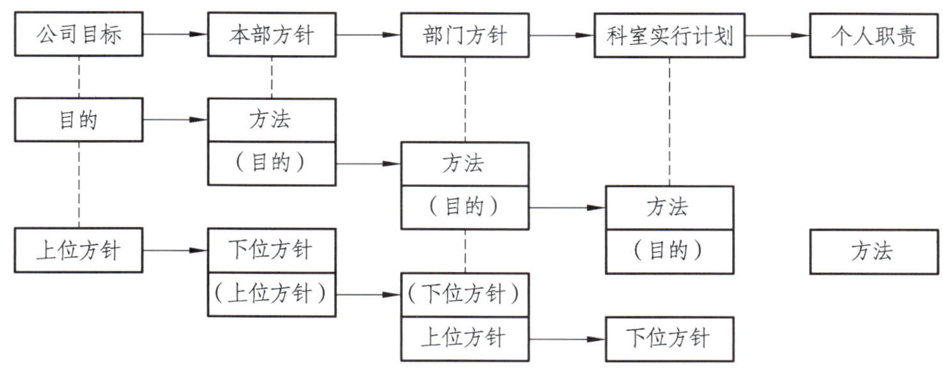

图 3-10 方针系统图

除上述几种方法外，还有多杈树法和鱼骨法、指令式分解、协商式分解等。这些目标分解方法都有各自的优势和适用场景，可以根据具体情况选择合适的方法来进行目标管理和实施。

（四）目标分解的要求

企业目标分解的标准是“纵向到底、横向到边”，在进行目标分解时要遵循以下要求：

（1）目标分解应按整分原则进行，也就是将总体目标分解为不同层次、不同部门的分目标，各个分目标的综合又能体现总体目标，并保证总体目标的实现。

（2）分目标要保持与总体目标方向一致，内容上下贯通，保证总体目标的实现。

（3）目标分解中，要注意到各分目标所需要的条件及其限制因素，如人力、物力、财力和协作条件、技术保障等。

（4）各分目标之间在内容与时间上要协调、平衡，并同步发展，不影响总体目标的实现。

（5）各分目标的表述也要简明、扼要、明确，有具体的目标值和完成时限要求。

四、部门运营目标制定和分解

（一）部门运营目标制定

部门运营目标由企业年度经营目标分解而来，经营目标就是年度内组织要做的事、要达到的目标。经营目标由战略目标分解而来，是实现战略目标的一个步骤和阶段性目标，它无时无刻不在为战略目标服务。

1. 制定部门运营目标的依据、程序和方法

组织结构设计的内容之一是部门化，企业总目标是制定部门运营目标的依据，企业的部门运营目标是指承担具体且专门性的组织职能的构成单位的个体目标的集中体现。其实质是对管理劳动的分工，将不同的管理人员安排在不同的管理岗位和部门中，通过他们在特定环境、特定相互关系中的管理工作来使整个管理系统有机地运转起来，最终实现组织目标。图 3-11 为制定部门运营目标的程序。

图 3-11 部门运营目标的设计流程

制定部门运营目标时，建议采取参与式目标设定法，注意事项如图 3-12 所示。

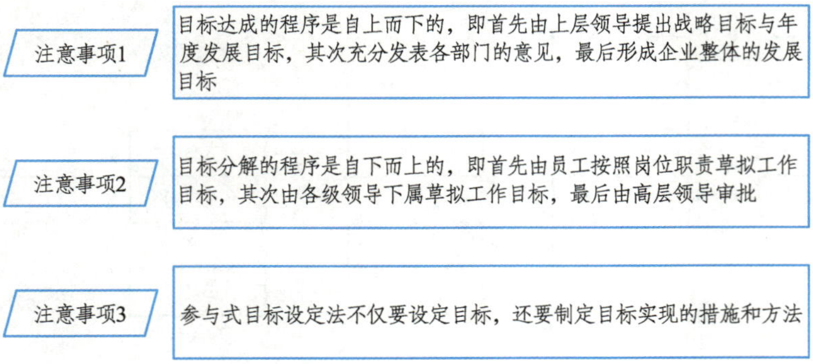

注意事项1：目标达成的程序是自上而下的，即首先由上层领导提出战略目标与年度发展目标，其次充分发表各部门的意见，最后形成企业整体的发展目标

注意事项2：目标分解的程序是自下而上的，即首先由员工按照岗位职责草拟工作目标，其次由各级领导下属草拟工作目标，最后由高层领导审批

注意事项3：参与式目标设定法不仅要设定目标，还要制定目标实现的措施和方法

图 3-12　部门运营目标制定需注意的事项

（二）部门运营目标分解

部门目标分解主要有时段分解和逐级分解两种形式。

1. 时段分解

将部门年度目标分解到季度、月度，拟订分月预定目标进度。该项分解主要涉及生产、营销及科研、供应等部门，由这些部门领导主持拟订，并报企业领导审批，同时报企业管理部门，如表 3-10 所示。

表 3-10　目标进度月度分解卡

单位														
目标类型	目标项目	目标具体内容	预定分月进度（数量或百分比）											
			1	2	3	4	5	6	7	8	9	10	11	12

2. 逐级分解

将部门目标逐级分解到部门内各单位、各岗位，形成部门内各层次组织、各岗位的目标责任。使每一个单位组织有明晰的职责和年度工作目标，每一个岗位、每一个员工有明晰的职责和工作目标。

五、岗位工作目标制定

岗位工作目标是指经过工作后，验收成果需要达到的指标。结合自己的工作实际、具体的时间和工作进度的预判，制定可行的工作目标。

（一）制定岗位工作目标程序

目标本身可以看作是计划的一部分。那么计划可以拆分为四个要素：目标、措施、推进安排、奖励与惩罚。

（1）目标是一定时期内组织活动欲达到的结果，是计划的出发点和归宿点。目标确定要遵循 SMART 原则。

（2）措施是计划的保证，指的是执行者凭借一定的辅助工具或手段，用一定的方式来保证目标计划的实行。将工作任务划分难易等级，明确标明时间，也可以将一个大任务详细分点列出，将这个大的工作目标逐步分解为一个个比较小的工作目标来做，这样就能够循序渐进，有助于自己更好实现自己的工作目标。

（3）推进安排。在前两点都确定后，根据工作难易程度将其划分，安排好每个阶段任务对应的时间点即可。

（4）奖励与惩罚。完美计划的实施，离不开适当的奖励与惩罚。如果做不到，要接受怎样的惩罚；如果做到了，可以接受怎样的嘉奖。

（二）岗位工作目标制定的步骤

第一步：沟通。部门负责人跟员工沟通自己从上级领回来的目标是什么。

第二步：设定。部门负责人和员工（团队）共同设定目标以达成整体目标。

第三步：一致。部门负责人确保其员工（团队）的目标是和整体目标相一致。

第四步：跟进。目标设定之后，必须要跟进，还需要有反馈，才能得以落实。

（三）岗位工作目标明细表编制

岗位工作目标明细表需要将工作目标进行细化，制定考核指标与标准，并填写目标完成所需要的周期，如表 3-11 所示。

表 3-11　工作目标明细表

部门		姓名		职务		目标周期	
序号	考核指标			考核标准			
1	参与本部门各项日常、内务工作						
2	完成项目结算、成本核算及总结工作						
3	完成审核工作						
备注							

六、岗位工作任务确定

岗位工作任务确定，其实就是再次将岗位工作目标分解，将总体工作目标落到实，形成清晰并可量化的工作任务。

将工作任务继续分解为具体的工作，即将企业的基本职能细化为独立的、可操作的具体业务活动的过程。在企业中，逐级分解一般可分为四个层级。工作任务确立所列出的具体职能为一级职能；为完成一级职能而必须开展的几个方面的工作为二级职能；将二级职能继续分解，可具体化为业务活动；业务活动可分为具体的工作，即三级职能；由具体人员来完成具体的工作，此为四级职能。

【任务实践】

制定年度工作目标

1. 任务描述

在制定年度工作目标时，要规范严格，并可量化、可考核。请你以张明的角色结合目标拟定的原则，从年度总体目标、改革创新、规范管理、队伍建设四个方面进行一次专项调研，为“YA”公司制定出下一年度工作目标并填写表 3-12。

表 3-12　制定下一年度工作目标

项　目	重点工作内容	考核部门
指导思想		
总体目标		
主要措施	1. 2. 3. 4.	
规范管理	1. 2. 3. 4.	
关键绩效指标	1. 2. 3. 4.	
需要解决的问题	1. 2. 3. 4.	
确定后的部门目标描述	1. 2. 3. 4.	

2. 任务建议

（1）依据所学内容，分组开展任务实践。

（2）组织小组进行思考与讨论。

3. 任务要求

（1）全班同学按每组 3 ~ 5 人进行分组。

（2）参考评价标准开展任务实践。

4. 任务评价

教师与学生代表组成评价小组，对每个同学完成任务的实际表现与成果进行评价打分，并将成绩计入学生的过程性考核成绩（表 3-13）。

表 3-13　评价标准

<table>
<tr><th colspan="5">制定部门工作目标</th></tr>
<tr><th>考评内容</th><th>评分标准及要求</th><th colspan="3">分值</th></tr>
<tr><td rowspan="3">学习态度
（20 分）</td><td rowspan="3">1. 按任务实践要求认真组织实施
2. 能够主动发现和提出问题，有条理地表达思考过程
3. 能够表达小组独特的见解，发言响亮清晰</td><td>好</td><td>较好</td><td>一般</td></tr>
<tr><td>15 ~ 20 分</td><td>10 ~ 15 分</td><td>0 ~ 10 分</td></tr>
<tr><td></td><td></td><td></td></tr>
<tr><td rowspan="3">任务执行情况
（50 分）</td><td rowspan="3">1. 按照要求完成任务
2. 分析准确、方案设计合理
3. 内容具有较好的实施性</td><td>好</td><td>较好</td><td>一般</td></tr>
<tr><td>40 ~ 50 分</td><td>25 ~ 40 分</td><td>0 ~ 25 分</td></tr>
<tr><td></td><td></td><td></td></tr>
<tr><td rowspan="3">学习效果
（30 分）</td><td rowspan="3">熟练掌握知识内容，顺利达成任务目标</td><td>好</td><td>较好</td><td>一般</td></tr>
<tr><td>20 ~ 30 分</td><td>10 ~ 20 分</td><td>0 ~ 10 分</td></tr>
<tr><td></td><td></td><td></td></tr>
</table>

任务 2　计划编制

学习目标

1. 知道部门年度运营计划内容和计划编制要求；
2. 掌握部门年度运营计划的编制方法；
3. 能编制岗位工作计划表。

情境导入

随着生活水平的提高，人们越来越注重营养与健康，尤其是来自原产地的农产品，更是受到消费者的青睐。能否满足消费者的需求成为现代农业经济组织经营成败、经济效益高低的关键。任何一个企业都无法满足所有消费者的不同需求，如何实现农产品供需的平衡和产销无缝对接，对市场进行细分并对目标市场制定差异化的营销策略和制定科学的计划，就显得尤为重要。

假如你是当地某农业企业的农业经理人，企业现主营业务为水稻种植，根据人们对健康的需求和当地的土壤资源优势，企业计划拓展种植富硒大米，那么，如何结合企业实际制定农资采购计划呢？

学习任务

计划是任何一个组织成功的核心，它同时也存在于各个层次的管理活动中。作为农业经理人，首要职责就是要学会做计划。因为计划是有效实现目标的关键，一个企业适应未来技术或竞争方面变化能力的大小也与它的计划息息相关。

一、计划的含义和作用

（一）计划的含义

计划是企业根据环境的需要和组织自身的特点，对未来发展目标进行具体规划，制定长远发展蓝图、年度发展计划和日常工作安排，并用计划指导工作，按计划办事。通过计划的编制、执行和监督来协调企业的各类资源，以顺利达到预期目标的过程，其内涵包括：组织目标、组织战略、具体计划体系。具体计划执行如图 3-13 所示的监控体系。

员工计划	主管计划	部门计划
部门经理 人事考核	部门经理 人事考核	总经理 人事考核
部门经理	部门经理 总经办	总经理 总经办
直接主管	部门经理	总经理 总经办
直接主管	部门经理	总经理

图 3-13　计划执行监控体系

（二）计划的作用

计划工作在管理工作中有以下作用和功效：

（1）为组织成员指明方向，协调组织的活动。

（2）预测未来减少变化的冲击。

（3）减少重叠和浪费的活动。

（4）有利于控制。

（三）计划的表现形式

计划的内容一般包括确定组织的目标，制定组织战略，以实现这些目标，开发一个全面的分层次的计划体系，以综合和协调组织的各项活动。因此，计划既涉及目标也涉及实现目标的方法，其具体内容和表现形式见表 3-14，如图 3-14 所示：

表 3-14　计划的内容

要素	所回答的问题	内容
前提	计划在什么条件下有效	预测、假设、实施条件
目标	做什么	最终结果、工作要求
目的	为什么要做	理由、意义、重要性
战略	如何做	途径、基本方法、主要战术
责任	谁做、绩效	人选、奖罚措施
时间表	何时做	起止时间、进度安排
范围	涉及部门与地点	组织层次与地理范围
预算	需投入多少资源	费用、代价
应变措施	实际与前提不符怎么办	最坏情况的应对

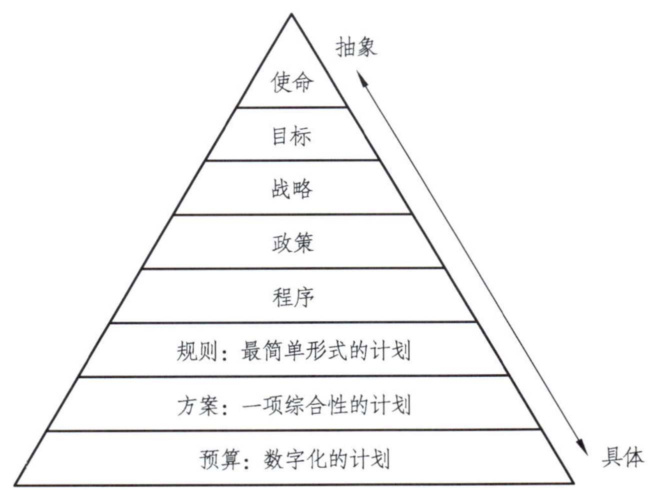

图 3-14　计划的表现形式

（四）计划的类型

各种类型计划都是为了实现组织目标而服务的。组织在制定计划时必须统筹考虑，全面安排，有效利用各种功能计划，实现组织的总体目标。由此可见，计划按照不同的标准，可以分为不同的类型，各种类型的计划不是彼此割裂的，而是由分别适用于不同条件下的计划组成的一个完整的计划体系。计划的种类如图 3-15 所示：

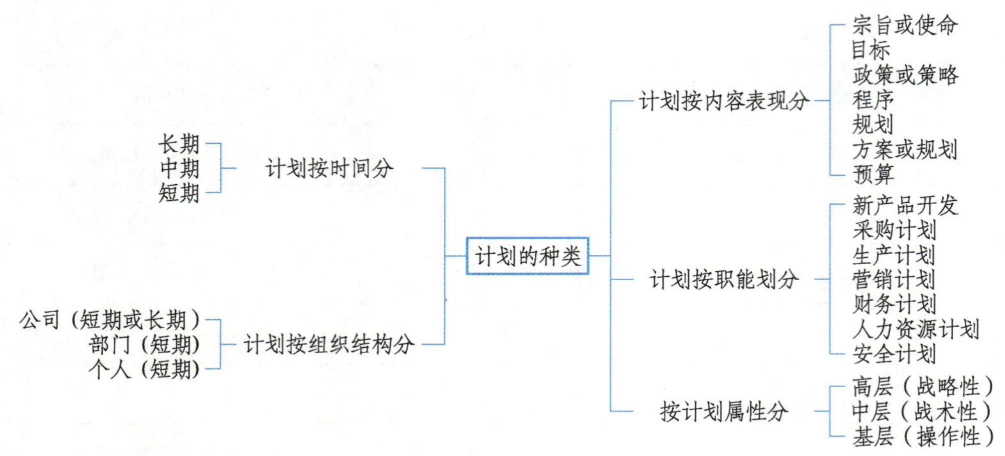

图 3-15　计划的种类

二、制订部门年度运营计划

（一）部门年度运营计划内容框架

部门年度运营计划通常是指农业企业所辖的各部门为达到组织战略目标，结合部门业务范围而制订的新年度一系列目标、计划及行动方案。部门年度运营计划是企业战略的实施和落实，是企业战略规划一年的具体实施，其目的是实现战略目标，是战略目标在年度落地的体现，由每年度经营目标的达成，最终实现企业长远发展。

部门年度经营计划的内容由八部分组成，因而可称为"八股文"。其中的核心部分是立项，此外还要考虑立项的前因后果，在时间、资源上的配置等。部门年度运营计划要根据企业总体计划内容来设计，部门年度运营计划的基本结构与格式类似于企业总计划，其主要内容包括：

（1）部门整体战略目标，包括企业本年度的发展战略及下年度在整体战略中的地位和状态，确定本年度的主题——工作主题。

（2）部门发展目标。部门发展目标的制定是一个关键的管理过程，它有助于明确部门在一定时间内需要达成的工作成果，为部门全体员工提供了明确的方向和动力。

（3）部门业务分析。对部门工作业务进行分析，为实现企业总目标而在下一年度运营的整体策略。

（4）具体运营项目立项。基于企业整体策略应如何设计部门运营项目。

（5）项目资源需求。为了实施具体项目，需要企业为部门配置哪些资源。

（6）执行计划的时间。设计部门全年所有项目的时间进度表，包含所有项目。

（7）监控计划。列出保证计划实施的工具和方法，如何监控，以保证其质量。

（8）风险评估与对策。针对部门计划在执行过程中可能遇到的意外情况，无法完成时需要调整或重新实施的部分内容，事先设定修改计划的条件。

（二）部门年度运营计划的编制要求

制订部门年度经营计划时，需要遵循以下四项基本原则：

（1）自上而下的制定模式。在制定年度经营计划时，要始终以企业的总体战略规划为指导，从全局出发，做好每一项工作。

（2）围绕目标。一旦确定目标，就要紧密围绕目标制定项目，切忌出现与目标毫无关系的项目，围绕目标建立一套自己的逻辑方法，明确具体工作。

（3）以市场为导向。企业一定要以市场，即客户和消费者为导向制定年度计划，而部门年度计划也要结合上述原则。

（4）整合资源。部门在制定计划时也要全员参与。例如，生产计划由生产总监立项，销售计划由销售总监立项，人力资源计划由人力资源总监立项。最后，所有总监要达成协议，并在年度经营计划上签字，相当于对彼此和企业做出的承诺，同时再与部门员工达成部门计划。

（三）部门年度运营计划的编制方法

（1）定额法。定额法也称定额换算法，是运用经济、统计资料和技术手段测定完成一定任务的资源消耗标准，然后根据这一标准来制订计划的方法。例如，某农业深加工企业生产部门要编制生产计划，需要先了解上年度每个职工、各个车间所完成的工作量情况，并将此作为定额标准来编制企业的生产计划。定额法通常用于核算人力、物力、财力的需要量和设备、资源的利用率。

（2）系数推导法。系数推导法是利用过去两个相关的经济指标之间长期形成的稳定比率来推算、确定计划期有关指标的方法。例如，在一定的生产技术条件下，某些原材料的消耗量与企业产量之间有一定的比例关系，根据这个比率和企业的计划产量，就可以推算出这些原材料的计划需求。

（3）滚动计划法。滚动计划法是一种动态编制方法，它不像静态分析那样，等计划全部执行后再重新编制下一个时期的计划，而是在每次编制或调整计划时，将计划按时间顺序向前推进一个计划期，即向前滚动一次。滚动计划法示意图如图 3-16 所示：

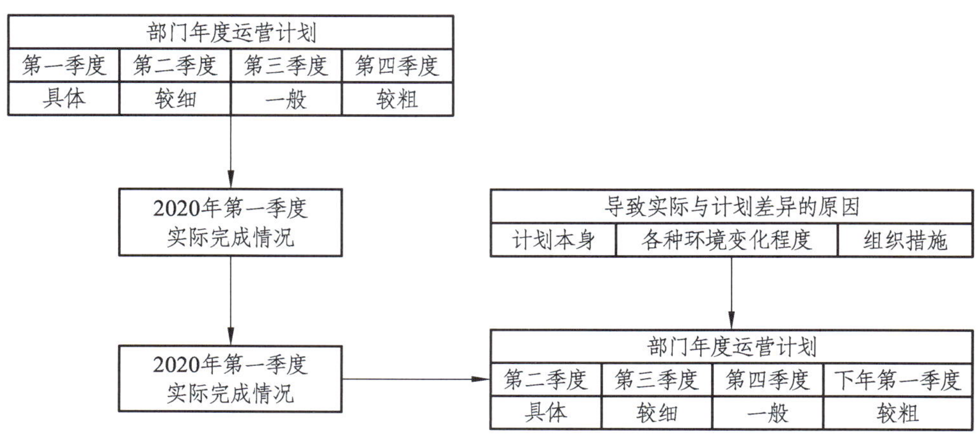

图 3-16　滚动计划示意图

（4）推测法。根据部门工作目标，预测年底前需完成的项目内容，并列出计划表，然后推测要完成的计划时间。

（5）倒推法。将部门上一年度没有完成的任务原因与理由进行分析，找出解决问题的办法，制定运营计划。

（6）列举法。将部门一年内主要工作重点与要完成的事情罗列出来，然后根据主次与时间相结合，进行排序，形成一个新的计划执行考核标准。

（7）目标计划坐标法。将时间列为 X 轴、工作事情列为 Y 轴，然后按工作事情之间的逻辑关系、制定一个曲线图，明确其关联度，按目标计划执行。

（8）量化法。所谓的量化也就是要数字化，制定计划之前，首先要考虑工作目标的确定，工作目标确定后才能够往下进行，没有工作目标及标准，计划的制定是没有意义的，因此制定计划表时要充分量化、可考核。

（四）部门年度工作任务确定

1. 部门年度工作任务的确定依据

（1）依据企业或组织总体目标，并详细分析上一年部门年度工作完成情况、存在问题，寻找解决措施。

（2）设定部门年度运营目标，根据目标分解任务指标。

（3）制定任务分工表，设置任务量化指标。

（4）根据计划设计任务考核指标，并确定考核时间与完成程度，按时间进行考核。

2. 部门年度工作任务的确定程序

（1）进行经营目标设定，包括业绩目标（结果目标）和管理目标（过程目标和支持目标）设定。

（2）分析。对于实现经营目标的 SWOT 分析与资源匹配分析，找出关键成功因素与关键问题。

（3）实现经营目标的行动策略、措施与地图。

（4）制订具体的经营计划与预算计划。

（5）分解目标和计划。

（6）应对方案设计。

（7）计划实施跟进、追踪与考核方法，包括事先、事中、事后三种情势。

三、制订岗位工作计划

作为农业企业，企业的岗位工作计划是指根据部门工作计划内容，结合自身岗位职责、工作性质和工作内容，按规定时间完成所在岗位应完成的指标任务。

（一）岗位工作计划的类型

从职能空间分类，可以将计划分为业务计划、财务计划及人事计划；作为经济组织，企业业务计划包括产品开发、物资采购、仓储后勤、生产作业及销售促进等。而岗位工作计划则是从上述各类计划中分化出来的更具体的岗位分工，也就是我们通常所说的为企业运营提供“人财物、产供销”所需的资源要素配备。按其岗位类型大体分为生产人员、质量人员、管理人员、财务人员、销售人员和售后人员。

（二）岗位工作计划的作用

（1）指导作用。岗位工作计划有利于岗位工作人员向既定的方向和目标努力奋斗，可以增强自觉性，减少盲目性；

（2）推动作用。增强主动性和有序性，提高工作、生产、经营和学习的效率；

（3）监督保证作用。规定了本岗位应完成的具体目标、要求、时间进度等约束条款，可以作为检查、评比的尺度，有利于实行标准化、正规化管理，有利于督促、检查与指导，也有利于考核评比，总结提高。

（三）制订岗位工作计划的原则

无论是组织计划、部门计划还是岗位工作计划，在制订工作计划时均应遵循的基本原则是 SMART 原则，因为它是目标管理概念之一，是制定和分解企业战略目标、制订部门和个人工作计划时所需遵循的基本原则，即明确性、可衡量性、可达成性、相关性、时限性。

（四）制订岗位工作计划的方法

岗位工作计划是从综合计划开始的，是对组织综合计划的分解和细化。岗位工作计划是生产计划的延续和补充，是协调企业日常生产活动的中心环节，从而使年度计划得以落实，制订岗位工作计划的方法有定额法、系数推导法、滚动计划法。

（五）岗位工作计划表

1. 岗位工作计划表编制

制定岗位工作计划表，要参考计划的核心要素。我们做任何事情，都是想好了才去做，凡事预则立，不预则废，这里所提到的“预”就是管理职能中的最基本也是最重要的计划职能。这就需要每一位员工都要明确计划工作的核心任务是要回答下面的 5W2H 即计划的核心要素，见表 3-15。

表 3-15 计划的核心要素

核心任务	内容概况	具体要义
What	做什么？目标和内容	预先决定做什么，明确活动的内容与要求
Why	为什么做？原因	明确计划工作的目的与原因
Who	谁去做？人员	规定此计划由哪些部门和人员负责实施
Where	何地做？地点	规定在什么地方实施计划
When	何时做？时间	规定在什么时间实施
How	怎样做？方法	制定实现计划的方法与手段
How Much	多少钱？预算	实施计划需要多少资金

在明确计划核心要素的同时，还要明确计划制定的过程和应该遵循的原则，才能做好计划工作，有效地对现在和过去的有关信息进行分析，对可能的未来发展进行评估，从而确定组织能达到其目标的行为方针的全部工作过程（图 3-17）。

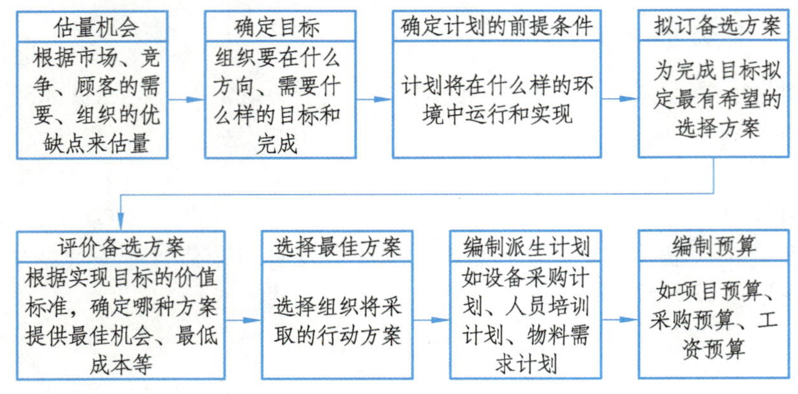

图 3-17　计划的制订流程

计划按上述流程编制，在制定过程中，要反复修订，才能让我们制订的计划切实可行。同时，计划的制订还要遵循 SMART 原则。

2. 岗位月度工作计划表编制

岗位月度计划就是任务完成的过程，是把行动变成结果，按质按量地完成工作任务。岗位月度工作计划编制包括：明确任务，分析条件并制定标准和月度工作计划方案，明确责任，制订进度表、应急措施和效果描述等内容（图 3-18）。

编制中要充分结合时间管理的技巧、方法与工具实现编制科学性，从而实现个人或组织的既定目标。图 3-19 为岗位月度计划制订步骤，时间管理的象限法则经过不断地演变，形成了比较完备的时间矩阵图（图 3-20）。

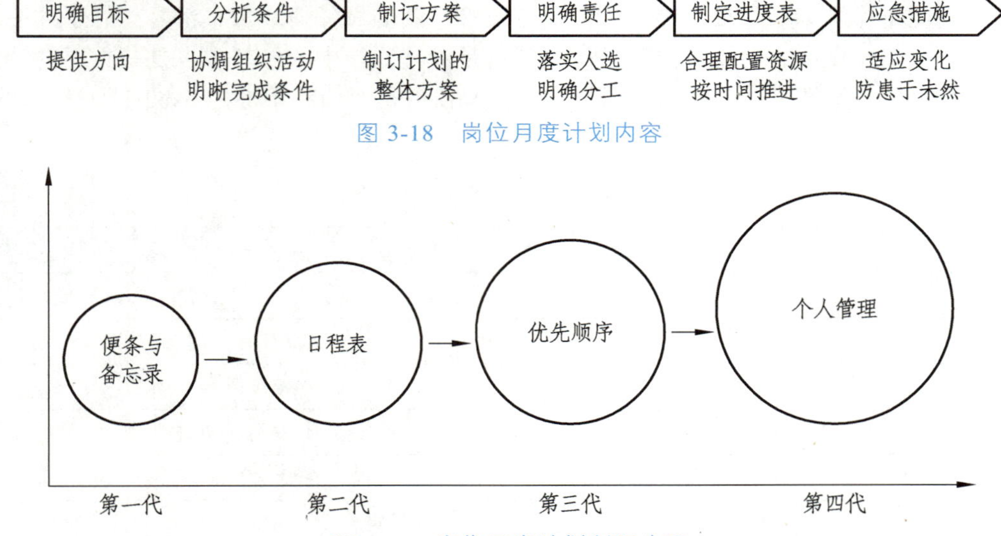

图 3-18　岗位月度计划内容

图 3-19　岗位月度计划制订步骤

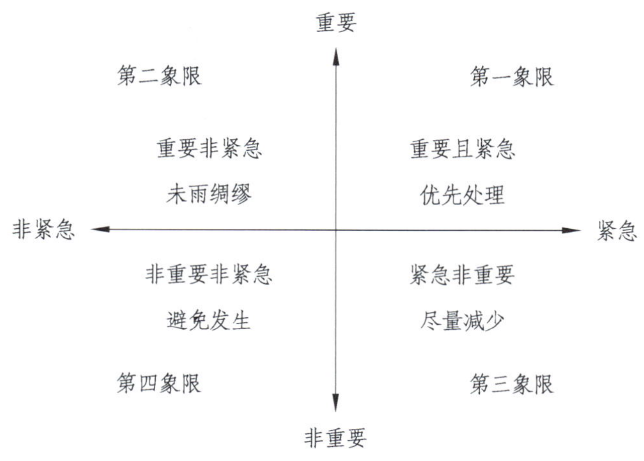

图 3-20 时间矩阵图

表 3-16 为岗位月度工作任务描述。

表 3-16 岗位月度工作任务描述

任务名称	任务内容	任务等级	任务完成期限	任务完成目标
年度任务	制订岗位年度工作计划	非常紧急	年 月 日	全面完成
	完成岗位目标 95% 以上	非常重要	年 月 日	达到 95% 以上
月度任务	编制岗位月度工作计划	非常紧急	年 月 日	必须完成
	完成月度岗位绩效目标	非常重要	年 月 日	必须完成
日常任务	遵守劳动纪律，按章做事	重要	年 月 日	必须完成
	领导交办的其他工作任务	一般	年 月 日	按需完成
人才培养任务	岗位人员技能提升培训	重要	年 月 日	按需完成
	岗位人员轮岗	一般	年 月 日	按需完成

【任务实践】

编制农资采购计划

1. 任务描述

作为农业企业的农业经理人，请结合企业实际，按要求为你的企业制订一份 2024 农资采购计划，填写表 3-17。

表 3-17 农资采购计划表

项目	关键指标	衡量标准	完成日期	关键行动措施	责任人

2. 任务建议

（1）依据所学内容，分组开展任务实践。

（2）组织小组思考并讨论。

3. 任务要求

（1）全班同学按每组 3 ~ 5 人进行分组。

（2）参考评价标准开展任务实践。

4. 任务评价

教师与学生代表组成评价小组，对每组完成任务的实际表现与成果进行评价打分，并将成绩计入学生的过程性考核成绩。

评价标准（表 3-18）：

表 3-18 评价标准

<table>
<tr><th colspan="5">编制农资采购计划</th></tr>
<tr><th>考评内容</th><th>评分标准及要求</th><th colspan="3">分 值</th></tr>
<tr><td rowspan="3">学习态度
（20 分）</td><td rowspan="3">1. 按任务实践要求认真组织实施；
2. 能够主动发现和提出问题，有条理地表达思考过程；
3. 能够表达小组独特的见解，发言响亮清晰</td><td>好</td><td>较好</td><td>一般</td></tr>
<tr><td>15 ~ 20 分</td><td>10 ~ 15 分</td><td>0 ~ 10 分</td></tr>
<tr><td></td><td></td><td></td></tr>
<tr><td rowspan="3">任务执行情况
（50 分）</td><td rowspan="3">1. 按照要求完成任务；
2. 分析准确，方案设计合理；
3. 内容具有较好的实施性</td><td>好</td><td>较好</td><td>一般</td></tr>
<tr><td>40 ~ 50 分</td><td>25 ~ 40 分</td><td>0 ~ 25 分</td></tr>
<tr><td></td><td></td><td></td></tr>
<tr><td rowspan="3">学习效果
（30 分）</td><td rowspan="3">熟练掌握知识内容，顺利达成任务目标</td><td>好</td><td>较好</td><td>一般</td></tr>
<tr><td>20 ~ 30 分</td><td>10 ~ 20 分</td><td>0 ~ 10 分</td></tr>
<tr><td></td><td></td><td></td></tr>
</table>

任务 3 目标跟踪

学习目标

1. 掌握部门运营目标跟踪的方法和程序；
2. 掌握岗位工作目标跟踪的程序；
3. 掌握运营偏差纠正的方法；
4. 掌握岗位工作偏差纠正的程序；
5. 掌握岗位工作目标跟踪单编制。

情境导入

某农业有限公司成立于 2010 年，位于四川省成都市，拥有得天独厚的自然条件和丰富的农业资源。公司以“绿色、健康、可持续”为经营理念，致力于有机农业的发展，为消费者提供高品质的有机农产品。公司主要种植有机蔬菜、水果和谷物，包括但不限于西红柿、黄瓜、苹果、小麦等。产品主要面向中高端市场，销往国内一线城市的大型超市、有机食品店和在线平台。同时，公司也在积极探索国际市场，希望将优质的有机产品推向更广阔的舞台。

2010 年：公司成立，开始在本地市场销售有机蔬菜。

2012 年：扩大种植规模，引入先进的农业技术和设备。

2016 年：产品开始进入国内一线城市，获得市场认可。

2019 年：建立线上销售平台，拓展电子商务渠道。

2022 年：获得国际有机认证，开始探索国际市场。

随着绿野仙踪农业有限公司的快速发展，各部门正面临前所未有的挑战和机遇。公司高层意识到，为了保持竞争力并实现持续增长，必须确保每个部门和员工都能朝着共同的运营目标努力。然而，在日常运营中，各种任务和项目往往相互交织，复杂多变，这就需要一种有效的目标跟踪和管理机制来确保一切按计划进行。

张经理是这家农业公司的总经理，他深知目标跟踪的重要性。他明白，只有通过细致的任务分解和科学的管理程序，才能确保各部门的工作目标得以实现。张经理面临的挑战是如何制定一套既科学又实用的目标跟踪系统，以应对部门内繁杂的任务和不断变化的外部环境。

为了解决这一问题，张经理决定制定一套目标跟踪制度，该制度将涵盖从目标设定到偏差纠正的全过程。他希望通过这套制度，能够及时发现并纠正工作中的偏差，提高部门的工作效率和成果质量，最终实现公司的长远发展目标。

在这个任务学习中，我们将跟随张经理一起探索如何通过目标跟踪来管理复杂的组织活动，如何通过科学的制度来确保目标的实现，并在遇到偏差时如何采取有效的纠正措施。

学习任务

目标是企业前进的方向，目标是工作的指引。做好目标的管理，除了要完善目标的设计外，还要做好目标的跟进工作。

在企业经营及日常管理工作中，经常涉及项目管理、事件安排、日程安排、排班管理、作业调度等内容对象，当面临繁杂并且相互交织的任务时，足够细致地分解任务才能统筹安排时间，有条不紊地开展工作。事实上目标跟踪督办是一项重要而复杂的工作，要做好这项工作必须遵循一套科学的工作程序。概括起来可以分为拟办、立项、交办、催办、办结、核查、反馈、评价和归档环节。

一、部门运营目标跟踪

（一）部门运营目标跟踪的含义

部门运营目标跟踪是指根据运营部门提出的组织在一定时期的总目标，然后由组织内各部门和员工根据部门目标确定各自运营的分目标后，相关管理部门在获得适当资源配置和授权的前提下对各部门任务完成情况进行跟踪、反馈，保证它们按计划进行并纠正各种显著偏差的过程。

（二）部门运营目标跟踪的作用

（1）使工作按计划进行，或者只对计划做适当调整，为工作目标指明方向，产生凝聚力；

（2）有效减轻环境的不确定性对组织活动的影响。现代组织面临的环境具有多变的特点，再完善的计划也难以将未来出现的变化考虑得十分周全。通过目标跟踪，才能更有效地控制或降低环境的各种变化对组织活动的影响。

（3）避免和减少管理失误造成的损失。跟踪工作通过对管理全过程的监督，可以及时发现组织中的问题并采取纠正措施，以避免或减少工作中的损失，为执行和完成计划起到必要的保障作用。

（4）保证复杂的组织活动能够协调一致地运作。由于组织是一个庞杂的系统，组织的各项活动日趋复杂，要使组织内众多的部门和人员在分工的基础上能够协调一致地工作，完善的计划是必备的基础，但计划的实施还要以控制为保证手段。

（三）部门运营目标跟踪方法

部门运营目标跟踪方法常用的是 PDCA 法（图 3-21），在跟踪过程中侧重以下几个环节的跟踪。一是注意目标的设立与分解；二是目标的实施与控制；三是强化目标的评定与考核。

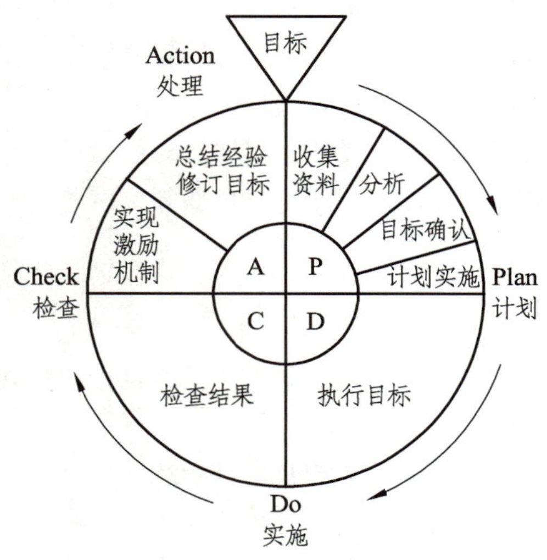

图 3-21　PDCA 法

P（Plan）：计划，确定方针和目标、活动计划；

D（Do）：执行，实地去做，实现计划中的内容；

C（Check）：检查执行计划的结果，找出问题；

A（Action）：总结处理，对总结检查的结果进行处理，对经验加以肯定并推广、标准化。对教训加以总结，以免重现，未解决的问题放到下一个 PCDA 循环中。

（四）部门运营目标跟踪的程序

（1）确立标准。标准是人们检查和衡量工作及其结果的规范，制定标准是进行跟踪的基础。没有一套完整的标准，衡量绩效或纠正偏差就失去了客观的依据。因此在企业部门目标跟踪过程中，首先是根据企业经营计划的指标、各种技术经济定额、技术要求等，确定检查跟踪计划执行情况的标准，包括确定跟踪对象、选择跟踪重点、制定标准的方法。

（2）测定执行结果。在跟踪过程中通常通过统计报表和原始记录等资料来测定经营计划的执行结果。这些资料越准确、越完整，测定的结果就越准确，越能反映计划执行的实际状况，使得跟踪有效果，能恰到好处地控制目标方向，取得比较满意的跟踪效果。

（3）比较执行结果。这一步骤将测定的执行结果与预期目标进行比较、分析。比较分析的目的是看执行结果是否与预期目标发生偏差。比较分析是检查经营计划执行情况的常用方法。

（4）纠正偏差。纠正偏差的方式有两种：一种是采取措施使部门运营目标和经营计划的执行结果接近预期目标；另一种是修正预期目标。主要内容包括找出偏差产生的主要原因，确定纠偏措施的实施对象，选择恰当的纠偏措施。

（五）部门运营目标跟踪的注意事项

（1）注意跟踪的范围、章程和工作说明；

（2）注意明确 WBS 工作分解结构和项目进度表；

（3）企业运营目标设计文档；

（4）变更请求；

（5）问题和风险；

（6）签字。

二、运营偏差纠正

偏差管理是全面质量管理体系中的关键要素之一，是产品质量放行的关键核查内容。

（一）运营偏差纠正的方法

纠正偏差是企业运营控制的关键，它之所以重要，就在于它体现了执行控制职能的目的，同时它将控制工作与管理职能结合在一起。

纠正偏差首先要寻找主要偏差及产生偏差的主要原因，再确定纠偏的对象，最后选择适当的纠偏措施以达到控制目标。运营偏差纠正的方法有：

（1）专项控制与综合控制，包括审计法、利润（损益）控制法和投资报酬率控制法。

（2）预算控制法，包括经营预算（销售、生产、直接材料采购、人工预算、制造费用预算、单位生产成本预算、推销及管理费预算等）、投资预算和财务预算。

（3）非预算控制法，包括现场观察、专题报告法、量本利分析法、财务报表法、目标管理、网络计划技术法。

（二）运营偏差纠正的程序

运营偏差纠正的目的是保证企业活动符合计划的要求，以有效地实现既定的运营目标，因此在运营过程中除了要保证实时跟踪、适度跟踪、客观跟踪和弹性跟踪外，其基本程序控制也是关键，主要内容是发现偏差、分析偏差和纠正偏差（见图 3-22）。

（1）发现偏差。在运营计划执行过程中通过各类手段和方法，分析计划的执行情况，以便发现计划执行中的问题。

（2）分析偏差。分析偏差实际上是对运营计划执行过程中出现的问题和偏差进行研究，找出出现问题和偏差的原因，以便采取针对性的措施。

（3）纠正偏差。根据偏差产生的原因采取针对性的纠偏对策，使企业生产经营活动能按既定的经营计划进行，或者通过修改经营计划，使它能继续指导企业。

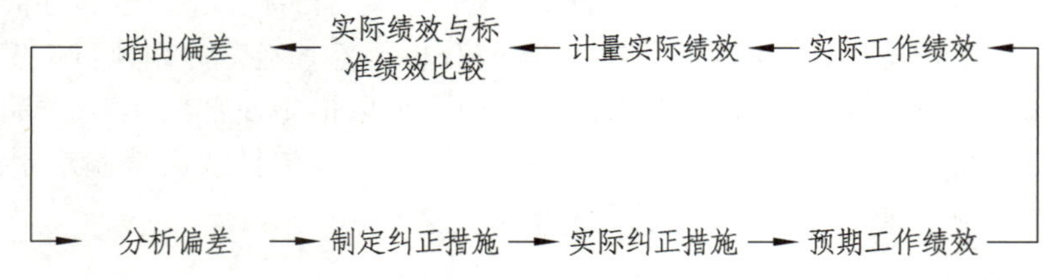

图 3-22　运营跟踪过程示意图

（三）运营偏差纠正的注意事项

一个正确的、有效的跟踪系统，除了能揭示出哪些环节出了差错，谁应当对此负责外，还应确保能采取适当的纠正措施，否则很难实现正确的纠偏。只有通过适当的计划工作、组织工作、人员配备、指导和领导工作等方法，来纠正那些已显示出的或是所发生的偏离计划的情况，才能证明跟踪控制是有效的。主要注意事项有：

（1）控制系统应切合主管人员的个别情况。

（2）控制工作应确立客观标准。

（3）控制工作应该具有灵活性。

（4）控制工作应讲究经济效益。

（5）控制工作应有纠正措施。

三、岗位工作目标跟踪

根据管理大师德鲁克的观点，岗位工作目标管理所要达到的两个核心目的，一个是激励，一个是控制，需要通过设定目标对整个组织的行为进行控制。因此，不光需要设定目标，还要使整个组织把各种资源调动起来，围绕目标往前走，这就需要不断对工作目标进行跟踪。如果工作目标发生了偏离，通过工作跟踪及时对偏离情况进行评估，然后进行信息反馈，并采取一定的措施，保证目标能够按原计划实现。

所以，工作目标跟踪首先要跟踪的是它是否在朝着目标走，偏离目标是最可怕的，表面上完成计划并不等于没有偏离目标。

（一）岗位工作目标跟踪的程序和方法

岗位工作目标跟踪有三个步骤，分别是：

（1）搜集信息。搜集信息现在主要有以下几种途径和方式：① 建立定期的报告、报表制度。许多公司的销售部门、生产部门的定期报告制度较好，甚至值班日志都很规范。但仍有部门可能是以口头汇报为主，并没有制定严格的报告、报表制度。② 定期会议。③ 现场的检查和跟踪。

（2）给予评价。在进行工作跟踪进行评价时要注意以下四个要点（表 3-19）。

表 3-19　评价注意要点

序号	要点	具体内容
①	定期跟踪	对员工工作追踪要养成定期检查的习惯，同时让员工明白这一点
②	分清主次	分清事情的主次，对重要的事一定要定期检查，而次要的事则不定期抽查
③	工作评价	工作是否偏离目标，有时候是由于具体方法的差异，有时候是表面上业绩实现但目标实际上偏离了，需要及时更正
④	寻找原因	避免只做机械式的业绩和目标的比较，应当找出发生偏差的原因，判断哪些是员工无法控制的因素引起的

（3）及时反馈。经理必须定期将工作跟踪的情况传达给员工，以便员工能够：① 知道自己表现的优劣所在；② 寻求改善自己缺点的方法；③ 使自己习惯于自我工作跟踪及管理。

如果发现员工目标达成不理想，一种方式是提出建议。当指出员工的工作偏离了目标，他能够很快地意识到这一点，根据主管的建议去进行调整，可通过表 3-20 进行自查。

表 3-20　及时反馈自查表

检查要点	是√　否×	改　进
1. 反馈是否能明确、具体地提供实例		
2. 反馈是否具有平衡、积极、正面与建设性		
3. 是否在正确的时间给予反馈		
4. 反馈是否集中于可以改变的行为		
5. 反馈是否具有判断性		

另一种方式就是强行把目标拉回正轨。不论是采用哪种方式，都必须做到及时反馈，长此以往让员工意识到偏离公司目标的事情是绝对不允许的。这就在公司内形成了一个基本的职业原则，既激励员工去完成目标，又威慑那些有可能故意偏离目标的人。

（二）岗位工作目标跟踪单编制

工作跟踪不是以员工的工作表现为主，每天都能保证不迟到、不早退，在上司视野所及的范围内勤奋工作的就是好员工。在进行工作跟踪时，对所有员工的工作表现不能凭着主观感觉。管理者可以运用工作跟踪表，对员工工作进行跟踪，如表 3-21 所示，需要将工作目标跟踪过程中遇到的阻力与困难、解决办法、体会、重点等填写在表格中。

表 3-21　工作跟踪表

职　务		姓　名	
员工工作目标			
工作跟踪过程记录	跟踪过程	阻力与困难	排除办法
跟踪体会			
跟踪要点			

（三）目标执行追踪卡编制

目标执行追踪卡（表 3-22）主要用于自我检查，目标检查记事簿主要用于上级检查。其中，目标检查记事簿（表 3-23）的记录内容应包括目标项目的完成情况及与考评有关的数据资料；考评标准中规定的单位、个人之间的协作情况，目标进度均衡情况；被考评单位或个人在目标实施中做出的突出成绩；被考评单位或个人在目标实施中的较大失误或损失及造成失误或损失的主要原因；被考评单位或个人在目标实施中通过发挥主观能动性，解决意外困难的情况。

表 3-22　目标执行追踪卡

目标	工作计划	执行情形	进度（%）						自检		单位意见
			本期预计	本期累计	本期实际	本期累计	本期差异	本期累计	差异原因	改进办法	

表 3-23　目标检查记事簿

目标项目			
目标责任者		检查记录者	
检查记录（时间）			
1.		3.	
2.		4.	

四、工作偏差纠正

（一）找出偏差

在项目实施过程中定期地、不断地寻找偏差，通过在目标实现过程中不断记录实际的绩效，将记录的实际绩效与工作目标进行对比，从而发现工作偏差。

（二）分析偏差产生的原因

一般来讲，实际绩效与企业目标之间产生偏差的原因主要有以下几种:

（1）企业目标的制定本身存在问题。依据信息不充分，目标制定者过高估计企业形势或对前途预测错误都会使企业目标脱离实际，难以实现。

（2）宏观环境发生变化。国家政策发生变动、物价波动，原材料供给困难、市场需求发生重大变化等情况的发生会对企业行为造成影响。

（3）执行计划的人员由于能力有限不能胜任该项工作而造成偏差。

（4）执行计划过程中由于员工失职或行为错误而导致偏差。

（三）纠正偏差

如果偏差产生的原因是后两种，则说明是执行存在问题，需要加以改进。企业应该对症下药，制定相应的措施，以期在下一阶段中能够避免错误再次产生和扩大，使企业能够沿着正确的轨道向前发展。

如果偏差产生的原因是前两种情况，则表明企业的目标需要重新加以设置，以保证目标的正确指导。目标的修正要求企业对现实环境和自身实力重新做分析、评估。企业有必要及时准确地收集各方面的信息，并在这一基础上，对原有的目标加以适当调整，并对原先的计划做必要的变动。如果原先错误目标的确立只是由于企业内部因素（比如决策失误）造成，那么靠企业自身的力量就可以得以纠正。

如果原因在于外部环境的变化，则要求企业能够积极主动地采取必要的补救措施，比如在原材料价格上升而导致利润下降时，企业可通过改进技术、减少费用等途径来增加利润。在确实无法抵消环境所带来的影响时，企业只能相应地降低原来目标，以保持目标与环境的协调统一性。

（四）工作偏差纠正单编制

编制工作偏差纠正单时可分为两种处理单，一是由偏差发现部门填写偏差的主要信息，并交由质量部审核确认，如表 3-24 处理单 1；二是由偏差调查团队填写偏差产生的原因和风险评估，如表 3-25 处理单 2。

表 3-24　偏差处理单 1

<table>
<tr><td colspan="2">偏差编号：</td><td colspan="2">这张表必须在 24 小时之内完成，并送至质量部</td></tr>
<tr><td colspan="4">A 部分　　由偏差发现人填写</td></tr>
<tr><td colspan="4">偏差主要信息（如需可加附页）</td></tr>
<tr><td colspan="3">产品/物料/设备/文件名称:</td><td rowspan="2">签名：</td></tr>
<tr><td colspan="3">产品批号/物料/设备/文件编号:</td></tr>
<tr><td>发现日期</td><td>发现时间</td><td>工序</td><td>发现地点</td></tr>
<tr><td>年　　月　　日</td><td></td><td></td><td></td></tr>
<tr><td colspan="2">在什么过程</td><td>影响程度</td><td>总量</td></tr>
<tr><td colspan="2"></td><td>□全部　　□部分</td><td></td></tr>
<tr><td colspan="4">B 部分　　由偏差相关部门填写</td></tr>
</table>

续表

偏差描述	
应急处理措施描述（如需要可以增加附页）	
偏差可能原因（如需要可以增加附页）	
签名/日期：	
C 部分　偏差的确认（按下列操作进行）	
□　偏差	完成后续的偏差处理单
□　非偏差	
签名/日期：	
D 部分　由质量部确认以上信息	
签名/日期：	

表 3-25　偏差处理单 2

偏差编号：			
G 部分　偏差调查（由调查负责人完成）			
偏差调查团队成员签名			
评估所采取的应急处理措施			
产生偏差的根本原因或者最可能原因			
根本原因类别：	□人员/实施 □文件/记录	□设备/设施 □环境	□产品/物料
偏差的影响范围			
偏差风险评估	严重性		频率
偏差风险等级			
签名/日期：			
如果偏差调查没能在规定期限内完成，请注明原因，并由质量负责人复核。			
延长日期至			
调查负责人签名： 日　期：		质量部负责人签名： 日　期：	

【任务实践】

部门运营目标跟踪单编制

1. 任务描述

目标的制定与管理是企业经营管理的关键环节，岗位工作目标的制定中需要将总体目标进行分解，并进行全过程的跟踪与纠偏。假如你是张经理，请你为情境导入中的某农业有限公司的销售部门编制“销售部门运营目标跟踪单”。

2. 任务建议

（1）依据所学内容，分组开展任务实践。

（2）认真思考并组织小组讨论。

3. 任务要求

（2）全班同学按每组 3 ~ 5 人进行分组。

（2）参考评价标准开展任务实践。

4. 任务评价

教师根据每个小组提交的目标跟踪单、每组的汇报，由教师与学生代表组成评价小组，对每组完成任务的实际表现与成果进行评价打分，并将计入学生的过程性考核成绩（表 3-26）。

表 3-26 评价标准

<table>
<tr><td colspan="5">部门运营目标跟踪单编制</td></tr>
<tr><td>考评内容</td><td>评分标准及要求</td><td colspan="3">分值</td></tr>
<tr><td rowspan="3">学习态度
（20 分）</td><td rowspan="3">1. 按照任务实践要求认真组织实施；
2. 能够主动发现和提出问题，有条理地表达思考过程；
3. 能够表达小组独特的见解，发言响亮清晰</td><td>好</td><td>较好</td><td>一般</td></tr>
<tr><td>15 ~ 20 分</td><td>10 ~ 15 分</td><td>0 ~ 10 分</td></tr>
<tr><td></td><td></td><td></td></tr>
<tr><td rowspan="3">任务执行情况
（50 分）</td><td rowspan="3">1. 按照要求完成任务；
2. 分析准确，方案设计合理；
3. 内容具有较好的实施性</td><td>好</td><td>较好</td><td>一般</td></tr>
<tr><td>40 ~ 50 分</td><td>25 ~ 40 分</td><td>0 ~ 25 分</td></tr>
<tr><td></td><td></td><td></td></tr>
<tr><td rowspan="2">学习效果
（30 分）</td><td rowspan="2">熟练掌握知识内容，顺利达成任务目标</td><td>好</td><td>较好</td><td>一般</td></tr>
<tr><td>20 ~ 30 分</td><td>10 ~ 20 分</td><td>0 ~ 10 分</td></tr>
</table>

耕耘希望的田野——农业企业生产管理

【内容介绍】

农业企业生产管理是指运用科学的方法和手段，对农业企业的生产活动进行有效地计划、组织、指挥、协调和控制，以实现农业企业生产目标的过程。农业企业生产管理包括种植企业生产管理、养殖企业生产管理、加工企业生产管理和数字智能生产管理等方面。

【学习导航】

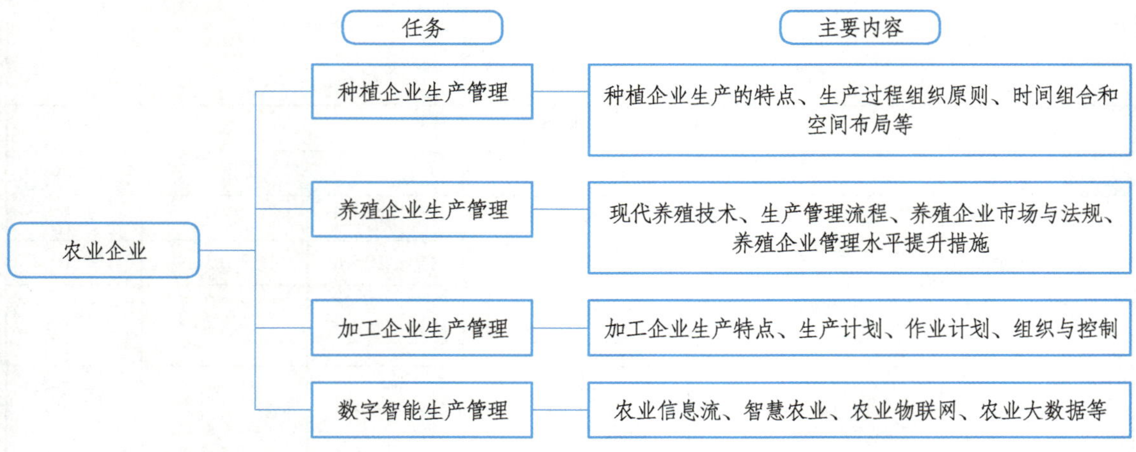

项目 4　农业生产的工作追踪

任务1　种植企业生产管理

1. 掌握种植业生产的特点
2. 掌握种植业生产过程组织原则；
3. 了解农业种植制度；
4. 熟悉种植企业时间组合和空间布局；
5. 理解种植企业生产结构优化方法。

情境导入

某农场的王某来到四川省种植规模较大的D企业进行参观学习，在深入观察中发现D企业的生产管理人员在做生产计划。经过交流，王某发现他们每年都要做不同种类的生产计划，而且在实际生产过程中还会进行相应的调整。王某认为自己作为在农业种植领域有10多年经验的“专家”，而且未来不确定性因素很多，为什么要投入大量精力和资源到这项工作中呢？那么，企业是否需要制订生产计划呢？生产计划真的不属于种植业企业生产管理的内容吗？同学们，你们怎么认为的呢？

学习任务

种植业生产管理是农业企业生产管理的重要内容之一。除了具备一般企业生产管理的共同规律以外，种植业的生产管理集中体现在生产结构的调整与优化、种植业生产计划的制订及其生产过程的组织与管理等方面。

目前，我国种植业生产水平已达到了较高程度。基因工程与遗传育种，使许多农作物的生物性状改变，生产水平成倍提高，如国家科学技术奖获得者，已故袁隆平院士的籼型杂交水稻“三系”配套成功以来，杂交水稻历经三次理论创新突破，五轮高产跃升，目前已累计推广应用到70多个国家近100亿亩，增产粮食近10 000亿斤。作物栽培技术的突破，包括无土栽培、工厂化栽培、保护地栽培、地膜覆盖栽培等，大大改善了作物生长的环境条件。但是种植业最基本的、最经济的生产方式还是露天大田种植，它对自然因素的依赖性大，还不能完全摆脱自然灾害的袭击，生产的自然风险较大。因此，加强种植业生产管理，具有重要意义。

一、种植业生产结构优化

种植业是指除林果业以外的以人工栽培的植物生产，包括粮食作物、经济作物、饲料作物、绿肥作物、蔬菜、花卉等农作物的种植生产。种植业是农业企业的基本生产类型之一。

它不仅是农业的主要生产部门，而且为其他部门提供了基本原料和生活资料。因此，种植业生产的组织管理是农业企业的基本管理活动。

（一）种植业生产的特点

种植业与其他生产部门相比，具有自身的特殊性，它是组织管理种植业生产的基本依据。概括起来，有以下特点：

1. 种植业生产的对象是有生命的植物机体

种植业生产就是人们利用植物的生理机能（光合、呼吸、吸收等），通过自然力把光、热、水、无机盐、二氧化碳等无机物合成为蛋白质、脂肪、淀粉、糖、氨基酸等有机物质，把太阳辐射能转化为化学能。农作物的生产能力（转化加工水平）既取决于作物自身的生产性状，又取决于自然环境条件，是内因与外因统一的结果。因此，组织种植业生产要求：一是要选择适宜的作物种类、选育优良品种，充分利用生物的遗传内因，提高生产能力；二是要因地因时制宜，选择最适宜于该作物生长的外部环境条件，提高生产效率；三是要实行科学种田，进行人工辅助或干预作物生长，把自然再生产和经济再生产有机结合，提高作物生产的经济效益。

2. 土地是种植业生产不可替代的基本生产资料

土地既是农作物进行光合作用的空间条件，又是供给农作物水分、养分的基地。土壤肥力的高低很大程度上决定着作物的产量水平，土地的永续利用是农业可持续生产的基本条件。只有合理利用，把用地和养地结合起来，才可既保证农业持续、稳产、高产，又可保证土壤肥力的不断提高。因此，对土地的持续投入和改造是选择种植制度和经营制度的基本要求。把土地长期固定到户（人）的经营制度改革是我国农村改革的基石和中心之一，它使得较长时期以来困扰我国农业的吃饭问题得到了较好的解决，并保证了我国农业的持续稳定发展。

3. 种植业生产具有强烈的季节性

种植业的生产时间与劳动时间不一致，在一定季节（作物生长期）生产时间是持续的，而劳动时间是间歇的，只是生产时间的一小部分（需要劳动辅助的环节），同时在农闲时间（非生产季节），劳动力、机具、资金等又大量闲置。因此，种植业生产的这种周期性，决定了其对生产要素的利用率低，如收割机械只能利用几天。作物生产强烈的季节性，在农忙时间又需要大量的劳力、机力在短期内完成作业，生产要素的占用量较大。因此，在选择种植制度时，将不同生产周期的作物配合种植，选择通用性强的机具，以减缓生产的季节性，提高生产要素的利用率就显得非常必要。

4. 种植业生产有明显的地域性

我国幅员辽阔，地貌及气候的多样性，决定了生物的多样性。作为对环境依赖性很强的种植业，就呈现出明显的地域性特征。南方亚热带地区适合种植甘蔗、橡胶、热带水果等；长江以南雨量丰富，日照时间长，适合种水稻、柑橘等；华北平原雨季较短，有水源的地方可种水稻，一般旱地适合种小麦、油料、玉米等旱作作物；内蒙古地区、青藏高原以种草养畜为主；西北干旱，光热资源丰富，适合各种不同的喜光、耐旱作物的生产，等等。因此，各地的农作物结构都带有明显的地域印记，农作物结构是长期自然选择和人工选择的结果。

5. 种植业生产的劳动场所具有分散性

种植业生产是分散在广大地域空间中进行的，这给信息传递、生产组织、控制监督带来了诸多不便。因此，种植业生产组织既不同于工业生产，也有别于畜牧业舍饲生产。我国实行土地公有，农户承包经营的统分结合的双层经营体制正是针对种植业生产的这一特点，把生产管理分散到户，实行自我管理、自我监督，同时又把经营权能统则统、能分则分，较好地解决了农业生产监督管理困难的问题。

（二）农作物种植制度

农作物种植制度是规范化的农业技术措施体系。具体包括：轮作制以及与之相适应的土壤耕作制、良种繁育制、施肥制、灌溉制、植物保护制等。一个合理的农作物种植制度，应能合理利用当地自然资源，充分发挥劳动力和生产工具的作用，在获得农作物稳产高产的同时，不断提高土壤肥力，保持农业生态平衡，促进农林牧副渔全面发展，提高劳动生产率。因此，它是农业生产上带有全局性、长远性的总体部署。

1. 轮作制度

轮作制度指的是在同一块田地上有顺序地在年度间轮换种植不同的作物或复种组合，即按照自然规律和经济规律，将几种农作物在一定土地面积内进行时间上、空间上的合理安排，构成一个有机整体。

知识链接：

项目4　种植生产流程案例

在部分地区探索实行耕地轮作休耕制度试点，是党中央、国务院着眼于我国农业发展突出矛盾和国内外粮食市场供求变化做出的重大决策部署，目的是促进耕地休养生息和农业可持续发展。

2015年11月，习近平总书记在《关于〈中共中央关于制定国民经济和社会发展第十三个五年规划的建议〉的说明》中指出："实行耕地轮作休耕制度，国家可以根据财力和粮食供求状况，重点在地下水漏斗区、重金属污染区、生态严重退化地区开展试点，安排一定面积的耕地用于休耕，对休耕农民给予必要的粮食或现金补助。"

2016年6月，原农业部、财政部等联合印发《探索实行耕地轮作休耕制度试点方案》，提出"坚持生态优先、综合治理，轮作为主、休耕为辅，以保障国家粮食安全和不影响农民收入为前提"，率先在东北冷凉区、北方农牧交错区等地开展轮作试点，在河北地下水漏斗区、湖南重金属污染区、西南西北生态严重退化地区开展休耕试点。试点以来，轮作休耕实施面积由2016年的616万亩增至2022年的6 926万亩，实施省份由9个增至24个。

党的二十大报告提出，"健全耕地休耕轮作制度"。这种制度不仅是一种生物学措施，而且结合了用地和养地，具有很高的生态效益和经济效益。轮作制度的作用包括最有效地利用空间和时间、光能和热能，解决作物之间的矛盾，以及调节劳力、畜力、肥料等生产投资与种植作物、经营土地之间的矛盾。此外，轮作制度还有助于控制病虫害，因为某些作物的病害可以通过土壤侵染，而轮作可以打断这一侵染链。

轮作制度的历史悠久，中国早在西汉时期就实行了休闲轮作。欧洲各国在8世纪以前盛行一年麦类、一年休闲的二圃式轮作，而中世纪后发展了三圃式轮作。20世纪前期，苏联的B.P.威廉斯提出了草田轮作，即一年生作物与多年生混播牧草的轮换，这种轮作方式有助于恢复和提高地力。

轮作制度不仅包括年间的轮作，如一年一熟的大豆→小麦→玉米三年轮作，还包括年内的换茬，如在南方的一年多熟条件下，绿肥-水稻-水稻→油菜-水稻→小麦-水稻-水稻的轮作。这种轮作由不同的复种方式组成，因此也称为复种轮作。

2. 良种繁育制度

良种是指在一定条件下，其性能显著优于现有品种的农作物种子。良种繁育制度是为培育、生产、推广、经营农作物良种而建立的一整套工作制度。采用良种生产，是一项十分经济有效的增产技术，一般可增产10%左右，高的可达20%~30%。良种繁育制度包括：品种选育、品种审定、品种规划、良种繁殖、种子检验、区域试验、良种推广和种子经营调剂等工作。

3. 土壤耕作制度

土壤耕作制度是为农作物生长发育创造适宜的土壤环境而建立的耕、耙、压等一系列耕作措施的制度。

4. 施肥制度

施肥制度是为供给农作物养分和恢复、提高土壤肥力而建立的关于积肥、造肥、种肥、保肥、运肥和施肥等的一整套制度。

5. 灌溉排水制度

灌溉排水制度是在一定气候、土壤、水文、土质等自然条件和农业技术条件下，为调节农田水分状况、获得农作物高产而进行的合理的灌溉排水的制度。

6. 植物保护制度

植物保护制度是规范化地防止病虫侵袭、保护农作物正常生长的一系列措施的总称。要做好植物保护工作，必须掌握农作物病虫害的发生、消长、扩散和传播的规律，采取农业的、生物的、化学的、物理的多种防治手段，有效地把病虫对农作物的危害控制在允许的范围之内。植保工作的方针是预防为主，综合防治。

（三）种植业生产结构优化方法

种植业生产结构是指在一定区域内各种作物种植面积占总种植面积的百分比，用以反映各种作物的主次地位、生产规模。研究种植业生产结构，要解决粮食作物、经济作物、饲料作物与其他作物之间的比例关系；在粮食作物中要研究粗粮作物与细粮作物、夏粮与秋粮之间的比例关系；在经济作物中要研究油料作物、纤维作物、糖料作物之间的比例关系等。

随着市场竞争日益激烈，种植业生产如何满足社会多样化、高级化的需求，成为种植业结构调整优化的必然。建立合理的生产结构要坚持市场导向原则、主辅结合原则、用地与养地结合的原则和产业互补原则等；同时，要发挥地方优势，形成区域特色，培植优质品种，实施品牌战略，注重产业延伸，抓好加工流通。建立合理的生产结构，其具体方法简介如下：

1. 内部贡献比较法

从企业效益最优化考虑，首先安排那些产值高、利润率高的作物；然后考虑其他制约因素影响；最后根据比较分析，做出决定。可以应用内部贡献比较法，借助于“内部贡献矩阵”，对各种作物的贡献进行排队。

例如：某农业企业拟种植 A、B、C、D、E 五种作物，各作物在“内部贡献矩阵”中的位置，如图 4-1 所示。

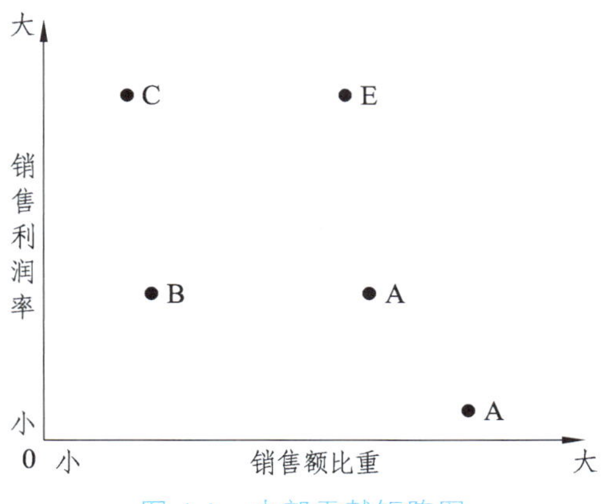

图 4-1　内部贡献矩阵图

那么，企业首先应安排 E 作物，它属于高利润、高产值的优势产品，作为生产结构的主导作物项目，应安排大面积生产；其次考虑 D、B 作物；适当生产 C 作物，C 作物虽然属于高利润作物，但其市场容量太小，竞争激烈，风险较大，以少面积生产为宜；A 作物市场容量很大，但利润率很低，属于被淘汰的产品。

2. 波士顿矩阵评价法

各种作物生产都应以市场为导向，看其产品在市场上的表现，确定是否生产，生产多少。利用“波士顿矩阵”进行市场表现的评价，能给产品定位，从而为企业种植结构的优化提供依据。

“波士顿矩阵”是以“市场销售相对份额”为横坐标，以“销售额增长率”为纵坐标，确定企业各产品的市场定位（图 4-2）。

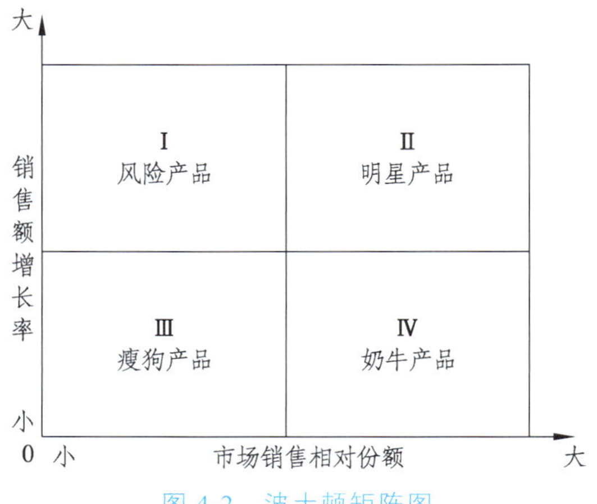

图 4-2　波士顿矩阵图

根据各种产品目前的市场销售份额和销售增长率进行市场表现评价：

处于第一象限的是新推出的生产项目，市场非常看好，但企业的优势不明显，市场相对份额小，属于风险产品，不宜大规模组织生产；处于第二象限的产品，销售增长很快，且企业的相对份额也较大，属于“明星产品”，若具备资源优势，即可大规模组织生产，使之成长为“奶牛产品”；处于第三象限的产品是市场容量大但目前市场已趋饱和的成熟产品，是为企业提供财源的核心产品，故称“奶牛产品”，应稳定规模；第四象限的产品属“双低”的瘦狗产品，应及时淘汰。

3. 资源优势——竞争强度评价法

确定企业生产结构时，必须考虑企业自身所具备的优势和该产品在市场上的竞争强度，如企业拟种植的产品在资源优势——竞争强度矩阵中的位置（图 4-3）。

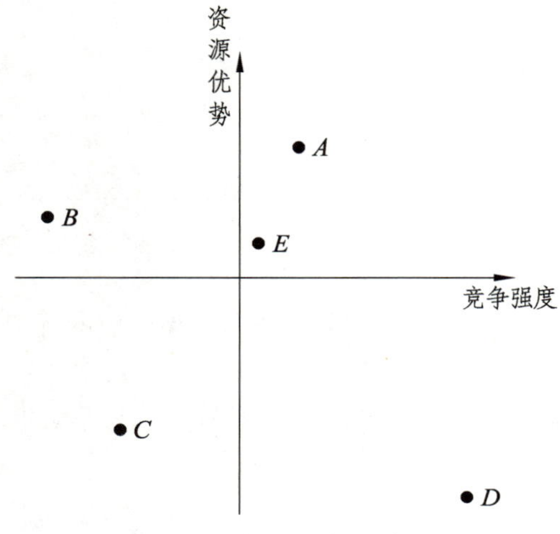

图 4-3　竞争强度矩阵图

A 产品生产优势很强，竞争也较激烈，应优先安排生产。B 产品有一定的生产优势，但市场较冷淡，属于有发展潜力的项目，企业应抓紧开拓市场，扩大生产规模。C 产品无生产优势，市场也不好，应放弃生产。D 产品市场竞争比较强，属热门产品，但企业无任何优势，不宜安排生产。E 产品属于企业优势和市场竞争都不明显的产品，应稳定规模，随时准备退出。

4. 线性规划法

线性规划法是种植业生产结构系统优化的主要方法。

设种植业系统目标函数为：

$$\max(\min)Z = C_1x_1 + C_2x_2 + \cdots + C_nx_n$$

其中：X——种植作物的规划面积；

C——作物每公顷纯利润或成本，称为目标函数系数，它代表 x 的活动对所追求目标的贡献率；

n——作物种类。

模型的目标函数，当选取 max 时，称为最大化问题，如利润最大化；选取 min 时，称为最小化问题，如成本最小化。

约束条件是：

$$X_1+X_2+X_3+\cdots+X_j\leqslant M$$

$$a_{11}x_1+a_{12}x_2+\cdots a_{1n}x_n\leqslant(=\text{或}\geqslant)b_1$$

$$a_{21}x_1+a_{22}x_2+\cdots a_{2n}x_n\leqslant(=\text{或}\geqslant)b_2$$

$$\vdots$$

$$a_{m1}x_1+a_{m2}x_2+\cdots a_{mn}x_n\leqslant(=\text{或}\geqslant)b_n$$

约束方程中：系数 a_{ij}，称为技术系数或投入产出系数，它表示单位第 j 种作物对第 i 种资源的单位使用量，它的大小由技术水平的高低所决定；M 代表耕地的最大可能利用量；b 表示某项资源（如劳动力、资金、水、机械等）的最高或最低限量。

二、种植企业生产计划

生产计划是生产活动的行动纲领，是组织管理的依据。种植业生产计划就是将年内种植的各种作物所需要的各种生产要素进行综合平衡，统筹安排，以保证企业计划目标的落实。

（一）种植企业生产计划的内容

种植业生产计划，是种植业生产的空间布局和时间组合的安排，是种植业生产管理的重要一环。

1. 种植企业生产计划分类

（1）按时间长短分：长期计划、年度计划，阶段作业计划。

（2）按内容分：耕地利用计划、作物种植计划、作物产量计划、农业技术措施计划，农业机械化生产等。

（3）按作用分：基本生产计划、辅助生产计划、技术措施计划等。

2. 种植业生产计划的内容

种植业生产计划的内容主要有耕地发展和利用计划、农作物生产计划、农业技术措施计划、农业机械化作业计划等。

（1）耕地发展和利用计划。

耕地发展和利用计划主要反映计划年度耕地的增减变动及其利用状况，表 4-1 为企业耕地利用计划表。

表 4-1　××年企业耕地利用计划表　　单位：亩

项　目	上年实际	本年计划
一、年初实有耕地面积		
二、年内计划增加耕地面积 1. 计划开荒面积 2. 调入耕地 3. 其他形式增加		

续表

项　目	上年实际	本年计划
三、年内计划减少耕地面积 1. 各种建设占用耕地 2. 造林（退耕还林）占地 3. 调出耕地 4. 其他形式占地		
四、年内计划达到耕地面积 1. 水田 2. 旱地 其中，水浇地		
五、本年度计划耕地面积		
六、年内未利用耕地面积 其中，休闲地		

为反映耕地利用情况，可借助以下指标进行分析：

① 垦殖率。该指标反映可垦土地的利用程度，计算公式如下：

$$垦殖率=\frac{耕地面积}{可垦未耕土地面积+耕地面积}\times 100\%$$

② 耕地种植率。该指标反映对现有耕地的利用程度，计算公式如下：

$$耕地种植率=\frac{本地实际种植的耕地面积}{全面耕地面积}\times 100\%$$

③ 复种率（复种指数）。该指标反映年内现有耕地的利用强度。根据计算口径又可分为全部耕地和年内种植耕地的复种率，计算公式分别如下：

$$全部耕地复种指数=\frac{实际播种面积}{全面耕地耕种面积}\times 100\%$$

$$实际种植耕地复种指数=\frac{实际播种面积}{当年实际耕种面积}\times 100\backslash\%$$

反映耕地生产能力的指标有耕地改良程度和稳产高产田比重等指标，其计算公式分别如下：

$$耕地改良程度=\frac{已改良耕地面积}{应改良的耕地面积}\times 100\%$$

$$稳产高产田比重=\frac{稳产高产田面积}{全部耕地面积}\times 100\%$$

反映耕地利用效果的指标主要有耕地产出率，其计算公式如下：

$$耕地产出率=\frac{种植业总产量（总产值、净产值、利润或纯收入）}{可查未耕土地面积+耕地面积}\times 100\%$$

（2）农作物生产计划。

农作物生产计划反映计划年度各种作物的播种面积、亩产量、总产量计划数（表 4-2）。

表 4-2　××年农作物生产计划表　　单位：亩、千克、吨

作物名称	播种面积		亩产量		总产量	
	上年实际	本年计划	上年实际	本年计划	上年实际	本年计划
总播种面积 一、粮食作物 1. 水稻 2. 小麦 ……						
二、经济作物 1. 棉花 2. 油料 ……						
三、其他作物 1. 瓜菜 2. 饲料 ……						

（3）农业技术措施计划。

农业技术措施计划主要包括：土壤改良及整地计划、农田基本建设计划、种子计划、播种施肥计划、化学灭草及植保计划、田间作业计划、灌溉计划等。现介绍几种主要技术措施计划。

编制灌溉计划，是根据农作物的种植计划、生育期灌水定额、水资源供给量、降水及墒情等进行综合平衡。其具体做法是，首先根据各作物的播种面积和常年在各生育期的灌水定额（作物实际需水与天然补水量的差额），计算各月（天）的需水总量；然后再与水源可供量（地表与地下提水量）进行平衡。

播种计划是对作物播种面积、播种量、播种时间、播种顺序、播种方法、质量要求、种子处理、种肥施用等的计划安排（表 4-3）。

表 4-3　××年春播种作物计划表

作物	播种面积/亩	播种时间 ×月×日-×月×日	种子名称	亩播种量/千克	种肥		总播种量/吨	播种方法	质量要求
					名称	亩用量			

施肥计划主要根据作物的需肥种类和数量、土壤肥力状况来确定需人工补充投肥的种类和数量，以保持土壤肥力的永续性。其计划指标有：施肥种类、施肥面积、施用量、施肥方法、施肥时间等（表 4-4）。

表 4-4　××年农作物施肥计划表　　单位：亩、千克

作物	施肥类型	施肥面积	亩施用量	总施用量	施肥方法	施肥时间
小麦	基肥 种肥 追肥					
水稻	基肥 种肥 追肥					
……						

（4）农业机械化作业计划。

农业机械化生产是农业生产的一个辅助生产部门，为种植业生产提供机械作业服务。因此，必须严格按照种植业生产的农时、技术、质量要求，完成每项作业。农机作业计划通过计划表 4-5 来安排。

表 4-5　××年企业农机作业计划表

作业项目	工作量合计		小麦		水稻	
	作业亩	标准亩	作业亩	标准亩	作业亩	标准亩
合计 一、春播面积 春翻 整地 播种 ……						
二、田管阶段 ……						
三、复收阶段 ……						
四、秋收阶段 ……						

（二）种植企业生产计划的制定方法

种植业生产计划的编制方法，常用的是：综合平衡法、定额法、系数法、动态指数法、线性规划法等。现将综合平衡法介绍如下：

综合平衡是编制计划的基本方法。种植业生产涉及各种作物的合理搭配，以及生产任务与生产要素的平衡。计算各种生产要素可供应量与生产任务的需要量，主要是通过比较，找出余缺，进行调整，实现平衡。

1. 种植企业生产的平衡关系

（1）生产供应与市场需求的平衡。

（2）生产要素的平衡。

（3）土壤肥力的平衡。

（4）生产项目之间的平衡。

2. 种植业生产的平衡方法

综合平衡法通过编制平衡表来进行。综合平衡表的内容主要有“需要量”“可供量”“余缺”三个项目，如物资平衡表（表 4-6），是以实物形态反映物质产品的生产与其需要之间的关系。

表 4-6　主要物资平衡表

项　目	要　素		
	种　子	化　肥	燃　油
一、需要量			
1. 小麦			
2. 棉花			
……			
二、可供量			
1. 期初结余			
2. 本期购入			
……			
三、余缺			

三、种植企业生产过程组织的方法

农作物生产过程，是由许多相互联系的劳动过程和自然过程相结合而成的。劳动过程是人们的劳作过程；自然过程是指借助于自然力的作用过程。种植业生产过程，从时序上包括耕、播、田管、收获等过程；从空间上包括田间布局、结构搭配、轮作制度、灌溉及施肥组织等。各种作物的生物学特性不同，其生产过程的作业时间、作业内容和作业技术方法均有差别。因此，需要根据各种作物的作业过程特点，采取相应的措施和方法，合理组织生产过程。

1. 种植业生产过程组织的原则

（1）时效性原则。

农作物生产具有强烈的季节性，什么时候进行什么作业，都有严格的时间要求。该种不种，或该收不收，就会延误农时，降低产量。因此，一定要按照生产计划组织生产，按时完成各项作业任务，提高劳动的时效性。

（2）比例性原则。

不同的农作物，其生产周期不尽一致，有的属于夏收作物，有的是秋收作物；同一种农作物的不同品种，也有早熟和晚熟之区别。不同的作物按比例进行配合，既有利于生产要素的合理配置，又有利于缓和资源使用的季节性矛盾。

（3）标准化原则。

标准化原则，主要是指每种农作物都要制定规范的作业标准，严格按作业标准进行田间劳作。只有这样，才能提高工效，保证作业质量，增加产量。

（4）安全性原则。

主要指农业生产要注意保护劳动者、劳动资料的安全以及资源的可持续利用。随着农业现代化、工厂化的发展，由于使用化学农药、农业机器等，容易发生农药中毒、机电伤亡事故，影响人和畜禽的安全；由于化肥、农药使用不当，导致土壤团粒结构的破坏，严重的则造成绝收。安全问题日益突出。

（5）制度化原则。

制度化原则，是指生产过程的组织需要有相应的制度保证。具体来说，生产作业内容方面有作物轮作制、施肥制、灌溉制、病虫害防治制度等；作业时间方面有作业日历制等；生产职责方面，有岗位责任制、作业责任制、承包责任制等。

2. 种植企业生产的时间组合

种植业生产的时间组合，也可称轮作种植。它是指在同一空间地段上，不同时间作物的轮流种植，以充分利用土地的生产时间，增加光能利用率，提高土地的生产效能。

作物轮种，是一种技术经济措施。作物轮种的种类、品种和时间，首先要符合作物的生物学特性，具有技术的可行性；其次，轮种可以获得更高的投入产出率，符合经济的合理性；再次，轮种可以对土壤地力的恢复甚至土壤病虫害的抑制产生良好作用。

种植业生产的时间组合要求，一是因地制宜，作物复种、轮作、套作，是否能提高土地利用率，增加单位耕地面积的生产量。二是合理搭配，即作物轮作搭配能适应种植计划要求，能更好地满足市场需求和自给需求。三是时间协调。作物轮作能形成最好的相辅相成关系，达到时间协调，肥力互补，能提高劳动生产率和成本产值率。四是有利于多种经营。作物轮作要求更有利于开展多种经营，提高企业的总体经济效益。

种植业生产的时间组合，除上述定性分析外，还可以进行定量分析，将单项作物轮作产量与效益进行比较，以说明时间组合的有效性。例如，将小麦—玉米与小麦—水稻或油菜—水稻的亩产量、亩投入的产出效益比较，以衡量一定土质条件下，何种作物轮作更为有利。

3. 种植企业生产的空间组合

种植业生产的空间布局，也称地域种植安排，它是各种作物在一定面积耕地上的空间分布。

由于自然、经济的原因，一个企业或一个生产单位的耕地质量总是会有各种各样的差别。不同地块的土壤性状，适应不同作物的生物学特性，具有不同生产效益；同类土质不同地段位置的地块，由于区位差异而引起的交通、管理的区别，也造成不同的种植效应。因此，搞好农作物布局的要求：一是保证满足市场需求；二是保证企业内部生产需要（种子、饲料、加工原料）以及生活需要（劳动者口粮）；三是符合当地的自然环境（土地类型、气候）；四是作物之间茬口衔接合理，用地与养地相结合；五是尽可能集中连片，便于实行机械化和田间管理。如蔬菜生产，一般按照城市需求量，由近郊逐步向中、远郊梯度推进，合理布局。

【任务实践】

模拟制订种植企业的生产计划

1. 任务描述

某家庭农场位于成都市彭州市，总面积 300 亩，以种植水稻为主，并种植了草莓、小番茄两种经济作物，以该家庭农场为研究载体，分析容易出现生产管理的问题的并制订相应的生产计划，注意分析农业生产中的国家及地方政策对于农场生产计划的影响。小组内每名成员撰写“如果我是生产计划制度人员，我该如何制订计划并需要考虑哪些问题”的简要述评。

2. 任务建议

组织小组交流生产计划制订时需要考虑哪些方面，包括的内容有哪些，每名成员思考如何让生产计划经济有效并符合国家和地方的政策。

3. 任务要求

研究该家庭农场生产的农产品，写明农场的生产计划，针对相应的生产计划结合上文学习任务中介绍的农业生产管理的知识，阐述小组拟定的生产计划。

4. 任务评价

教师根据每个调研小组提交的生产计划、每个同学撰写的述评和建议，由教师与学生代表组成评价小组，对每个同学完成项目工作任务的实际表现与成果进行评价打分，并将成绩计入学生的过程性考核成绩。

任务 2　养殖企业生产管理

学习目标

1. 掌握现代养殖技术。
2. 熟悉生产管理流程。
3. 了解市场与政策法规。
4. 提高养殖企业管理水平。
5. 具备创新能力和实践能力。

情境导入

张老板参观了李老板的智慧养殖园区后，深受启发和震撼。他目睹了李老板先进的设备设施、高水平的精细化管理、低成本高效益的经营成果，深知企业要降本增效、发展壮大，生产管理在企业的运营过程中起着至关重要的作用。那么如何才能建好、经营好一家养殖企业，只是依靠先进的设备设施和养殖技术就可以做好养殖生产企业吗？

学习任务

养殖企业的生产管理需要不断提升专业素养和技能水平，包括掌握生产管理基础知识，更新养殖技术与管理知识，学习安全生产与环境保护要求，分析市场与制定营销策略，培养团队协作与沟通能力，并通过实践操作和案例分析加深对生产管理理论和实践的理解，以适应市场变化和实现可持续发展。

一、关于现代养殖技术介绍

现代化养殖技术是一种综合性的、先进的养殖方式，它涵盖了多个关键方面，旨在提高养殖效率、保障动物福利和产品质量安全，同时实现养殖业的可持续发展。要管理好养殖企业，需要学习以下现代化养殖技术内容：

（1）智能化养殖管理系统使用：通过引入物联网、大数据、人工智能等技术，实现对养殖环境的实时监控、自动调节和智能决策。这有助于精确控制养殖条件，如温度、湿度、光照、通风等，为动物提供最适宜的生长环境。同时，智能系统还能对动物的生长状况、行为模式等进行实时监测和分析，及时发现并处理异常情况，提高养殖效益。

（2）精准饲养技术应用：根据动物的生长阶段、品种特性以及营养需求，制定个性化的饲养方案。通过精确计算饲料的种类、配比和投喂量，确保动物获得全面、均衡的营养，提高生长速度和健康水平。此外，还可以使用自动化投喂设备，实现定时定量投喂，减少人工操作误差。

（3）疫病防控技术运用：强调养重于防、预防为主、综合防控的疾病防控策略。通过精准饲喂、科学的免疫程序、定期的疫病监测和快速的诊断治疗，有效控制疫病的传播和发生。同时，注重养殖环境的卫生管理和消毒工作，降低疫病发生的风险。

（4）养殖废弃物处理技术实施：关注、重视养殖废弃物的处理和资源化利用，通过采用生物发酵、沼气发电、有机肥生产、种养循环模式等方式，将养殖废弃物转化为有价值的资源，实现养殖业的循环经济，不仅有助于减少环境污染，还能为养殖业创造额外的经济效益。

（5）品种改良与繁育技术利用：利用现代生物技术和遗传育种原理，对养殖品种进行改良和优化。通过选择优良品种、杂交育种、基因编辑等手段，提高动物的生长速度、抗病能力和产肉、产蛋等生产性能。

这些现代化养殖技术的应用不仅提高了养殖业的生产效率和经济效益，同时也保障了动物福利和产品质量安全，推动了养殖业的可持续发展。随着科技的不断进步和人们对高品质生活的追求，现代化养殖技术将继续得到优化和创新，其实践应用为现代养殖企业赋能高质量、高效益发展。

案例链接：

牧原食品股份有限公司

牧原食品股份有限公司作为集约化养殖规模居全国前列的大型农业产业化国家重点龙

头企业，自1992年创立以来，始终专注于生猪养殖与销售，现已形成集科研、饲料加工、生猪育种、种猪繁育、商品猪饲养等多个环节于一体的完整生猪产业链。在2020年，公司出栏生猪数量达到1 811万头，位居全国规模化养殖首位。

近年来，公司积极拥抱现代科技，大力发展智能化饲喂系统和云服务平台等信息智能化系统，加快物联网、区块链、人工智能、5G等现代信息技术在养殖业务中的运用。公司自主研发的智能装备覆盖了生猪饲养的全流程，通过研发和应用先进的自动化养猪设备，引领智慧生猪产业的发展。

牧原股份致力于打造一二三产业融合的畜牧业数字化管理中心，通过畜牧物联网技术的应用，实现对猪舍采集信息的存储、分析、管理，提供阈值设置、智能分析、检索、报警等功能。截至2021年1月，平台已注册大量设备，并能接收大量的环控、巡检和饲喂数据，为养殖决策提供有力支持。

在生猪养殖过程中，公司深知环境因素对生猪健康和猪肉品质的影响，因此基于物联网技术和节能环保设备创建了无人环控平台，实现远程查看猪舍状态、远程控制猪舍设备等功能，极大地提高了管理效率，降低了疫病风险和生产损失。

此外，公司还利用智能兽医功能对猪群生长和疫病状况进行科学分析，指导养殖决策。同时，基于图像识别和声音识别技术，建立了生产异常自动巡检报警系统和声音识别预警系统，实现了对猪群健康状态的实时监控和预警，提高了养殖的精准性和及时性。

在智能饲喂方面，公司的智能饲喂系统包括场外智能供料和场内精准饲喂，能够针对不同的猪群下发饲喂营养方案，实现智能供料、精准饲喂的相互融合，提高人工效率，提升养猪成绩。

（资料来源：牧原食品股份有限公司网站，https://www.muyuanfoods.com/#/）

二、养殖企业一般生产管理流程

养殖企业的生产管理流程是一个综合且复杂的过程，涉及多个关键环节。以下是对养殖企业生产管理流程的基本概述，有助于我们更好地理解和掌握养殖企业管理这一关键点。

1. 前期准备与规划

选址与建设：选择合适的场地，考虑环境、水源、交通等因素，建设符合动物生长需要的养殖场，并配套建设饲养人员生活区。

人员招聘与培训：招聘具备养殖经验和技能的人员并进行必要的培训和指导，确保他们熟悉养殖流程和操作规范。

2. 动物饲养与管理

饲料采购与储存：选择优质饲料供应商，确保饲料质量与安全；建立饲料储存制度，防止霉变和污染。

饲喂管理：根据动物的生长阶段和营养需求，制订饲喂计划，确保动物获得足够的营养和水分。

养殖环境控制：保持养殖场的卫生和清洁，定期清理粪便和污物；控制养殖环境的温度、湿度和通风条件，为动物提供舒适的生活环境。

3. 疾病防控与治疗

疫苗接种与预防：制订疫苗接种计划，预防常见疾病发生；加强饲养管理，提高动物的免疫力。

疫情监测与报告：建立疫情监测机制，及时发现并报告疫情；采取有效措施，控制疫情扩散和传播。

治疗与康复：对患病动物进行及时治疗，防止病情恶化；加强康复期动物的护理和营养支持，促进其尽快恢复健康。

4. 产品加工与销售

产品加工：根据市场需求和消费者偏好，对养殖产品进行加工处理，如屠宰、分割、包装等。

品质检测与认证：建立产品质量检测机制，确保产品符合安全和质量标准；申请相关认证和资质，提升产品竞争力。

市场拓展与销售：制订销售策略和计划，开拓新的销售渠道和市场；加强与客户的沟通和合作，提高客户满意度和忠诚度。

5. 数据管理与决策支持

数据收集与分析：收集养殖过程中的各项数据，包括饲料消耗、日增重、疫病发生率、存活率、上市率等，进行分析和比较，找出生产中存在的问题和瓶颈。

信息化管理：引入信息化管理系统，实现养殖数据的实时采集、处理和存储，提高管理效率和决策水平。

优化与改进：根据数据分析结果和信息化管理系统的提示，对生产管理流程进行优化和改进，提高生产效率和产品质量。

案例链接：

福建光阳蛋业股份有限公司

福建光阳蛋业股份有限公司自 1995 年创办以来，从一个小加工厂逐步发展成为全国蛋品行业的领军企业，综合实力位居前列，并荣获多项国家级荣誉，包括“农业产业化国家重点龙头企业”“全国农产品加工业出口示范企业”以及“出口食品‘三同’示范企业”。其“光阳”商标更被认定为“驰名商标”。在国际市场上，光阳蛋品畅销至美国、加拿大、日本、韩国、欧盟等多个国家和地区，同类产品出口量全国领先。近年来，光阳蛋业的销售业绩持续稳健，2018 年至 2020 年间，销售收入和净利润均逐年增长，展现了强大的发展势头。

光阳蛋业蛋鸡养殖基地自 2014 年起积极探索物联网应用，至 2019 年成功打造蛋禽养殖数字平台，实现了现场管理、成本控制、生产效益及品牌建设的全面提升。该平台实现了多系统的无缝对接集成，搭建了全面的生产运营管理平台，并支持多终端同步访问，为多方用户提供数据服务。数字平台的亮点包括立体化环境监测、物料监测、作业巡检监管、品质管理、防疫体系、分析和评估体系以及追溯体系等，同时引入了远程参观平台和鸡场改善小组，进一步优化运营管理水平。

2020 年，光阳蛋业引入了智能养殖机器人，标志着蛋鸡养殖行业进入智能化新时代。机器人具备死鸡识别、环境监测、体温热成像、设备点检、智能巡检、远程监控和夜间巡检等功能，大幅提升了养殖效率和管理水平，降低了人为错误和遗漏，并为疫病预警和养殖优化提供了有力支持。

（资料来源：中华人民共和国农业农村部网站，http://www.scs.moa.gov.cn/xxhtj/202405/t20240513_6455252.htm）

三、养殖行业市场与政策法规

1. 了解市场

市场需求分析：养殖企业应密切关注市场动态，了解消费者对畜产品的需求趋势，这包括分析消费者的偏好、购买习惯以及价格敏感度，以便调整产品结构和市场策略。

竞争对手分析：对竞争对手进行深入分析，包括其产品特点、市场份额、销售策略等，有助于养殖企业找到自身的竞争优势和不足，从而制定更为有效的市场竞争策略。

案例链接：

家禽养殖行业市场需求保持稳定增长，这主要得益于消费者对于健康饮食的日益关注以及家禽产品多样化、易获取的特性。随着生活水平的提高，消费者对禽类产品的品质和安全性要求也越来越高，他们更加关注产品的肉质、口感、营养成分以及是否无毒无害。

首先，消费者对禽类产品的需求从单纯的数量满足逐渐转向品质追求。他们期望禽类产品不仅口感好，而且富含蛋白质、维生素和矿物质等营养成分，以满足健康和营养的目标。

其次，随着健康饮食理念的普及，有机鸡、草鸡等健康、环保的禽类产品受到越来越多消费者的青睐。这些产品通常价格较高，但消费者愿意为其支付溢价，以获取更健康的食品。

再者，消费者对于新鲜、有趣的食物体验的需求也在不断增加。因此，家禽养殖企业需要不断创新，推出新颖的品种和口味，以满足消费者对多样化和个性化的需求。

同时，市场需求的增长也为家禽养殖行业提供了发展机遇。随着市场规模的扩大，家禽养殖企业可以通过改进养殖技术、提高产品质量和降低生产成本等方式来增强竞争力，获取更多的市场份额。

然而，市场需求的增长也带来了一些挑战。例如，市场竞争日益激烈，企业需要不断提升产品品质和服务水平来赢得消费者的信任和忠诚。此外，价格波动、消费者需求变化等因素也可能对企业的经营造成一定的影响。

（资料来源：https://mp.weixin.qq.com/s/0SKUR8r-ir7liEWUy7GSJA）

2. 了解政策法规

环保法规：随着环保意识的提升，政府对养殖业的环保要求也越来越高。养殖企业需要了解并遵守相关环保法规，如畜禽养殖污染防治条例等，确保养殖活动符合环保要求。

动物防疫法规：为了防止动物疫病的传播，政府制定了一系列动物防疫法规。养殖企业需要严格遵守这些法规，如定期进行疫苗接种、疫情报告等，以确保动物健康和产品安全。

食品安全法规：食品安全是养殖企业的生命线。企业需要了解并遵守食品安全法规，如食品安全法、兽药管理条例等，确保畜产品的质量和安全。

土地使用和规划法规：养殖企业需要了解土地使用和规划相关法规，确保养殖场的选址和建设符合法律法规要求，避免因违法建设而带来的法律风险。

税收和补贴政策：了解政府的税收和补贴政策，可以帮助养殖企业合理规划税务筹划和申请相关补贴，降低企业运营成本。

知识链接：

2023 年 3 月 1 日起施行《中华人民共和国畜牧法》。这部法律共 10 章 94 条，旨在规范畜牧业生产经营行为，保障畜禽产品供给和质量安全，保护和合理利用畜禽遗传资源，培育和推广畜禽优良品种，振兴畜禽种业，维护畜牧业生产经营者的合法权益，防范公共卫生风险，促进畜牧业高质量发展。摘录部分内容如下：

第一章　总　则

第一条　为了规范畜牧业生产经营行为，保障畜禽产品供给和质量安全，保护和合理利用畜禽遗传资源，培育和推广畜禽优良品种，振兴畜禽种业，维护畜牧业生产经营者的合法权益，防范公共卫生风险，促进畜牧业高质量发展，制定本法。

第二条　在中华人民共和国境内从事畜禽的遗传资源保护利用、繁育、饲养、经营、运输、屠宰等活动，适用本法。本法所称畜禽，是指列入依照本法第十二条规定公布的畜禽遗传资源目录的畜禽。蜂、蚕的资源保护利用和生产经营，适用本法有关规定。

第三条　国家支持畜牧业发展，发挥畜牧业在发展农业、农村经济和增加农民收入中的作用。县级以上人民政府应当将畜牧业发展纳入国民经济和社会发展规划，加强畜牧业基础设施建设，鼓励和扶持发展规模化、标准化和智能化养殖，促进种养结合和农牧循环、绿色发展，推进畜牧产业化经营，提高畜牧业综合生产能力，发展安全、优质、高效、生态的畜牧业。国家帮助和扶持民族地区、欠发达地区畜牧业的发展，保护和合理利用草原，改善畜牧业生产条件。

第四条　国家采取措施，培养畜牧兽医专业人才，加强畜禽疫病监测、畜禽疫苗研制，健全基层畜牧兽医技术推广体系，发展畜牧兽医科学技术研究和推广事业，完善畜牧业标准，开展畜牧兽医科学技术知识的教育宣传工作和畜牧兽医信息服务，推进畜牧业科技进步和创新。

第五条　国务院农业农村主管部门负责全国畜牧业的监督管理工作。县级以上地方人民政府农业农村主管部门负责本行政区域内的畜牧业监督管理工作。县级以上人民政府有关主管部门在各自的职责范围内，负责有关促进畜牧业发展的工作。

第六条　国务院农业农村主管部门应当指导畜牧业生产经营者改善畜禽繁育、饲养、运输、屠宰的条件和环境。

第七条　各级人民政府及有关部门应当加强畜牧业相关法律法规的宣传。对在畜牧业发展中做出显著成绩的单位和个人，按照国家有关规定给予表彰和奖励。

第八条　畜牧业生产经营者可以依法自愿成立行业协会，为成员提供信息、技术、营销、培训等服务，加强行业自律，维护成员和行业利益。

第九条 畜牧业生产经营者应当依法履行动物防疫和生态环境保护义务，接受有关主管部门依法实施的监督检查。

第二章 畜禽遗传资源保护

第十六条 从境外引进畜禽遗传资源的，应当向省、自治区、直辖市人民政府农业农村主管部门提出申请；受理申请的农业农村主管部门经审核，报国务院农业农村主管部门经评估论证后批准；但是国务院对批准机关另有规定的除外。经批准的，依照《中华人民共和国进出境动植物检疫法》的规定办理相关手续并实施检疫。从境外引进的畜禽遗传资源被发现对境内畜禽遗传资源、生态环境有危害或者可能产生危害的，国务院农业农村主管部门应当商有关主管部门，及时采取相应的安全控制措施。

第三章 种畜禽品种选育与生产经营

第二十四条 从事种畜禽生产经营或者生产经营商品代仔畜、雏禽的单位、个人，应当取得种畜禽生产经营许可证。

申请取得种畜禽生产经营许可证，应当具备下列条件：

（一）生产经营的种畜禽是通过国家畜禽遗传资源委员会审定或者鉴定的品种、配套系，或者是经批准引进的境外品种、配套系；

（二）有与生产经营规模相适应的畜牧兽医技术人员；

（三）有与生产经营规模相适应的繁育设施设备；

（四）具备法律、行政法规和国务院农业农村主管部门规定的种畜禽防疫条件；

（五）有完善的质量管理和育种记录制度；

（六）法律、行政法规规定的其他条件。

第四章 畜禽养殖

第三十九条 畜禽养殖场应当具备下列条件：

（一）有与其饲养规模相适应的生产场所和配套的生产设施；

（二）有为其服务的畜牧兽医技术人员；

（三）具备法律、行政法规和国务院农业农村主管部门规定的防疫条件；

（四）有与畜禽粪污无害化处理和资源化利用相适应的设施设备；

（五）法律、行政法规规定的其他条件。

畜禽养殖场兴办者应当将畜禽养殖场的名称、养殖地址、畜禽品种和养殖规模，向养殖场所在地县级人民政府农业农村主管部门备案，取得畜禽标识代码。畜禽养殖场的规模标准和备案管理办法，由国务院农业农村主管部门制定。畜禽养殖户的防疫条件、畜禽粪污无害化处理和资源化利用要求，由省、自治区、直辖市人民政府农业农村主管部门会同有关部门规定。

第五章 草原畜牧业

第六十条 草原畜牧业发展涉及草原保护、建设、利用和管理活动的，应当遵守有关草原保护法律法规的规定。

第六章　畜禽交易与运输

第六十四条　运输畜禽，应当符合法律、行政法规和国务院农业农村主管部门规定的动物防疫条件，采取措施保护畜禽安全，并为运输的畜禽提供必要的空间和饲喂饮水条件。有关部门对运输中的畜禽进行检查，应当有法律、行政法规的依据。

第七章　畜禽屠宰

第六十七条　畜禽屠宰企业应当具备下列条件：

（一）有与屠宰规模相适应、水质符合国家规定标准的用水供应条件；

（二）有符合国家规定的设施设备和运载工具；

（三）有依法取得健康证明的屠宰技术人员；

（四）有经考核合格的兽医卫生检验人员；

（五）依法取得动物防疫条件合格证和其他法律法规规定的证明文件。

第八章　保障与监督

第七十五条　国家建立统一的畜禽生产和畜禽产品市场监测预警制度，逐步完善有关畜禽产品储备调节机制，加强市场调控，促进市场供需平衡和畜牧业健康发展。县级以上人民政府有关部门应当及时发布畜禽产销信息，为畜禽生产经营者提供信息服务。

第九章　法律责任

第八十六条　违反本法规定，兴办畜禽养殖场未备案，畜禽养殖场未建立养殖档案或者未按照规定保存养殖档案的，由县级以上地方人民政府农业农村主管部门责令限期改正，可以处一万元以下罚款。

第十章　附　　则

第九十四条　本法自 2023 年 3 月 1 日起施行。

（资料来源：国家法律法规数据库《中华人民共和国畜牧法》，https://flk.npc.gov.cn/detail2.html?ZmY4MDgxODE4NDEyNTBkMTAxODQyODE5ODIwNTBmN2Y%3D）

四、提高养殖企业管理水平途径

1. 制定并实施科学的管理制度

首先对内部的管理流程进行了全面的梳理和优化，制定一套科学、合理的管理制度，包括生产计划管理、成本控制管理、质量控制管理、疫病防治管理等多个方面。例如，在生产计划管理方面，根据市场需求、动物生长周期、饲料供应等因素，合理安排生产时间和上市数量。

在成本控制管理方面，建立了全面的成本核算体系，对饲料、药品、人工等成本进行精细化管理和控制。为了确保制度的顺利实施，建立严格的监督考核机制，设立专门的管理部门，负责对各项制度的执行情况进行监督和考核。对于执行不到位的部门和个人，会进行相应的处罚和整改。

2. 加强人力资源管理

人才是企业发展的核心力量，注重人才的培养和引进。一方面，通过校园招聘、社会招聘等多种渠道，积极引进具有专业背景、丰富经验的养殖管理和技术人员。另一方面，加强对内部员工的培训和提升，通过定期的培训课程、技能竞赛等方式，提高员工的业务水平和创新能力。

此外，还需要建立完善的激励机制。根据员工的工作表现和业绩，给予相应的薪酬奖励和晋升机会。这种激励机制可有效地激发员工的工作积极性和创造力，为企业的发展提供源源不断的动力。

3. 强化财务管理

财务管理是养殖企业管理的重要组成部分，通过加强财务管理，可实现成本的有效控制和经济效益的提升。建立全面的成本核算体系，对各项成本进行精细化管理和分析。通过对比和分析不同批次、不同品种动物的成本数据，找出成本控制的关键点和优化空间。同时，加强对资金流的监控和管理，确保资金的合理使用和流动。

4. 引入先进的管理理念和技术

注重引入先进的管理理念和技术。与国内外知名的养殖企业和研究机构建立紧密的合作关系，不断引进和学习先进的养殖技术和管理经验。如引入了智能化养殖系统，通过物联网技术实现对养殖环境的实时监测和调控。这不仅提高了养殖效率，还降低了疫病发生的概率。此外，采用精细化饲养管理技术，根据动物的生长阶段和营养需求，提供个性化的饲养方案。

5. 加强企业文化建设

因养殖企业一般在偏僻的郊区，环境较为闭塞，应更加注重企业文化的建设和传承，倡导“以人为本、和谐共赢”的企业文化理念，注重员工的成长和发展。同时，积极开展各种文化活动，如员工运动会、文艺晚会等，增强员工的凝聚力和向心力。聚力营造积极向上的企业文化氛围，为企业的发展提供有力的支撑。

案例链接：

新希望六和

新希望六和是中国领先的养殖企业之一，其在提高企业管理水平方面取得了显著成效。该公司通过实施一系列管理措施和技术创新，提升了生产效率、产品质量和市场竞争力。

首先，新希望六和注重制定并实施科学的管理制度。他们建立了一套完善的养殖管理体系，包括饲料管理、疫病防治、环保控制等多个方面。通过引进先进的管理软件和信息化技术，新希望六和实现了对养殖过程的全面监控和数据分析，从而提高了管理效率和决策准确性。

其次，新希望六和加强了人力资源管理。他们重视员工的培训和发展，通过定期的培训课程和技术交流，提升员工的专业技能和综合素质。同时，公司还建立了激励机制，鼓励员工创新和改进，为企业的持续发展提供了人才保障。

此外，新希望六和在财务管理方面也取得了显著进步。他们建立了全面的成本核算体系，对各项成本进行精细化管理和控制。通过优化采购、生产和销售等环节的成本结构，新希望六和实现了成本的有效降低和经济效益的提升。

在技术方面，新希望六和积极引入先进的养殖技术和管理理念。他们与国内外知名科研机构和高校合作，开展技术研究和创新。通过引进智能化养殖设备、精准饲喂系统等技术手段，新希望六和提高了养殖效率和产品质量，降低了养殖成本。

最后，新希望六和还注重企业文化建设。他们倡导“诚信、创新、协作、共赢”的企业价值观，通过举办各种文化活动和团队建设活动，增强员工的凝聚力和向心力。这种积极向上的企业文化氛围为企业的持续发展提供了有力支持。

（资料来源：新希望六和股份有限公司网站，https://www.newhopeagri.com/）

五、养殖企业创新和实践能力培养

1. 创新能力培养

建立创新文化：鼓励员工敢于尝试新方法、新技术，允许在创新过程中犯错误，并从错误中吸取教训。定期组织创新分享会，让员工分享自己的创新想法和实践经验，激发集体创新活力。

引入外部创新资源：与高校、科研机构等建立合作关系，引入外部的创新成果和专家智慧，为企业创新发展提供支持。关注行业动态和前沿技术，及时将新技术、新方法应用到养殖实践中。

培养创新思维：通过培训、讲座等方式，提高员工的创新意识和创新能力，教会他们如何从不同角度思考问题，寻找解决问题的新方法。鼓励员工提出改进意见和建议，对有价值的创新想法给予奖励和支持。

2. 实践能力培养

加强实践操作训练：为员工提供充足的实践操作机会，让他们在实践中积累经验、提升技能。定期组织技能竞赛和实践活动，激发员工的实践热情，提高他们的实践能力。

实施项目制管理：将养殖过程中的关键任务和问题转化为具体项目，由员工负责实施和管理。通过项目实践，培养员工的团队协作能力、问题解决能力和执行能力。

建立实践反馈机制：对员工的实践活动进行定期评估和总结，及时反馈实践成果和不足。根据反馈结果，调整实践方案，优化实践流程，提高实践效果。

3. 整合创新与实践

创新与实践相结合：鼓励员工将创新想法转化为具体实践，通过实践检验创新的可行性和效果。将实践中的经验和问题反馈到创新过程中，不断优化创新方案，提升创新质量。

建立激励机制：对在创新和实践方面取得突出成果的员工给予表彰和奖励，树立榜样。设立创新基金或实践项目资金，支持员工开展创新实践活动。

案例链接：

温氏食品集团在培养创新能力方面也有着丰富的经验。他们注重将科研与实际应用相结合，通过科技创新推动养殖业的进步。温氏设立了专门的科研机构，深入研究养殖技术、疾病防控和饲料研发等领域。他们与多所高校和研究机构建立了合作关系，共同开展科研项目，共享研究成果。

温氏集团以科技创新作为核心驱动力，通过“产、学、研”相结合，以畜禽育种、饲料营养、疫病防控等畜禽养殖关键技术为突破口，创新一大批具有自主知识产权的技术成果并转化应用，为企业的快速和可持续发展提供了强大的技术支撑。

温氏集团先后与华南农业大学、中山大学、中国科学院广州分院等全国近 20 所高等院校、科研院所建立了长期而紧密的“产学研”合作关系；组建了国家生猪种业工程技术研究中心、猪禽育种全国重点实验室等 5 个国家和近 20 个省部级科技平台，实现各方向领域高水平科技平台全覆盖。先后培育了 7 个优质鸡、2 个瘦肉型猪、1 个白羽番鸭配套系通过国家新品种审定，并在国内率先建立了种猪规模化体细胞克隆、全基因组选择等畜禽育种领先技术；共同建立了畜禽规模化养殖高效、安全、清洁生产技术体系。截至 2022 年底，温氏集团及下属控股公司累计获得国家科技奖项 8 项、省部级科技奖项 67 项、畜禽新品种 10 个，拥有有效发明专利 177 项、实用新型专利 358 项，为企业高质量发展打下坚实基础。

多年来，温氏从农村实际出发，大力推广“公司 + 农户（或家庭农场、养殖小区）”的温氏模式，培育了大批新型农业经营主体。2022 年，温氏集团实现销售收入 837 亿元，带动 4 万多合作农户户均收入超 20 万元。

（资料来源：https://mp.weixin.qq.com/s/1jDLtUr--UH7AtnrLXkHEQ）

【任务实践】

制定一份养殖企业生产管理流程

1. 任务描述

本次任务的主要目标是制定一套全面、细致的养殖企业生产管理流程，以提高生产效率，优化资源配置，降低生产成本，并确保动物福利与产品质量，包括养殖场规划与设计、饲料配制与管理、动物饲养管理、养殖数据分析与决策以及养殖环境控制与监测等多个方面。

2. 任务建议

建议首先对养殖企业现有生产管理流程进行全面调研，了解其运行状况、存在问题和改进措施，也可借鉴国内外同行业先进的生产管理理念和经验，结合企业实际情况进行流程优化。

3. 任务要求

制定生产管理流程应具有系统性，涵盖养殖企业生产的各个环节，确保流程之间的衔接和协调，流程应具体、明确，易于理解和操作，方便员工在实际生产中执行。

4. 任务评价

教师与学生代表组成评价小组，根据每个调研小组提交的养殖企业生产管理流程、每个同学撰写的述评和建议，对每个同学完成项目工作任务的实际表现与成果进行评价打分，并将成绩计入学生的过程性考核。

任务3　加工企业生产管理

学习目标

1. 了解农产品加工企业生产特点。
2. 掌握加工企业生产计划，并能制订各种计划。
3. 学会制作农产品加工生产作业计划。
4. 掌握生产组织与控制方法。

情境导入

农产品生产与加工是农业企业的基本活动。2023 年 5 月 29 日，广宁县市场监督管理局委托第三方检测机构对广宁县古水镇某粮油店生产加工的“花生油”进行监督抽检。2023 年 6 月 27 日，广宁县市场监督管理局收到该检测机构出具的《检验报告》显示，被抽检的“花生油”经检验，黄曲霉毒素 B1 项目不符合 GB 2761-2017《食品安全国家标准 食品中真菌毒素限量》要求，检验结论为不合格。同时，当事人生产涉案批次“花生油”没有记录相关生产台账、销售台账，以及用于生产加工涉案批次“花生油”所使用的原料花生豆的进货台账和购货凭证。

那么，农产品加工企业应该如何组织管理，确保产品质量安全呢？

学习任务

农产品加工企业的生产活动是企业最基本的活动。企业的经营计划目标需要通过生产过程和生产管理才能实现。因此，加强生产管理具有非常重要的意义，它是企业经营管理的基本工作，是确保农产品质量安全的重要途径。要想做好加工企业生产管理，首先需要了解企业的生产计划、生产特点，再制作生产作业计划书，组织开展生产，并做好生产管理与控制。

一、农产品加工生产特点

农产品加工是用物理、化学和生物学的方法，将农业的主、副产品制成各种食品或其他用品的一种生产活动，是农产品原料由生产领域进入消费领域的一个重要环节，主要包括粮食加工、饲料加工、榨油、酿造、制糖、制茶、烤烟、纤维加工以及果品、蔬菜、畜产品、水产品等的加工。农产品加工可以缩减农产品的体积和重量，便于运输，使易腐的农产品变得不易腐烂，保证品质不变，保证市场供应；此外，农产品加工还可使农业生产的原料综合利用，增加价值，提高农民收入。农产品加工企业是以农、畜、水产品等为原料的加工业，其生产与其他工业生产加工企业相比具有一定的特点。

1. 加工原料与农牧渔生产关系密切

因为农产品加工企业的原料来自农牧渔业，其生产是农牧渔业生产的继续，也是营养增值、经济增长的过程。加工企业与广阔的海上、陆地的农牧渔业息息相关。农业生产是加工企业产业发展的先导因素和基本保证。

2. 加工企业生产的时效性与季节性

农畜产品部分容易腐败变质，采收或者捕捞后必须及时加工贮藏，否则就会增加原料的损耗，因此加工及时性与食品的营养性、经济性甚至安全性有着直接的关系，加工企业在生产时需要特别注意这些问题。

另外，由于农业生产的季节性特别明显，决定了农产品加工企业的生产也具有一定的季节性，因此加工企业在生产中需要加强保鲜环节，延长原料的时效性并注意调节货源，合理安排淡旺季生产，保证企业生产的均衡性。

3. 加工企业生产具有广泛的综合性和适应性

加工企业通过生产加工，不仅能提供品质优良、卫生安全、营养合理、品种多样、风味独特、方便实惠的食品，满足不同年龄、职业、劳动强度和健康状况人员的需求。此外，加工后的某些农副产品及其下脚料还可以就近用作饲料或者肥料，反哺农业生产。因此，农产品加工企业不仅要按需生产，还要做到经济生产，为社会提供优质产品和适用的副产品。

4. 加工企业生产规划具有很大的可塑性

农产品加工企业的规模可以依据资金、资源、场地、人力、市场等条件，确定不同的规模，小的可以说作坊式，大的可以建立自动化生产的联合企业。加工企业的产品可以是小批量、中批量或者大批量。产品可以是单一的，也可以是多样的。加工企业应根据自己的条件，因地制宜，合理安排生产。

二、加工企业生产计划及生产作业计划

农产品加工生产计划是以数字、文字、图表等形式确定的企业在生产计划期内需要完成的生产目标和相关生产政策，需要回答生产什么产品及如何生产等问题。加工企业在生产前需要确定企业的生产能力和生产任务，并制订生产作业计划。

生产作业计划是企业生产技术的具体执行内容。它把企业的年度、季度生产计划按照季和月等分配到各车间、工段、班组及个人去执行。生产作业计划是企业联系各生产环节、组织日常生活活动、落实企业内部经济责任制的依据，是建立正常生产秩序，保持均衡生产和取得良好经济效益的重要手段。生产作业计划的编制方法包括：

（1）在制品定额法：在制品定额法也叫连锁计算法，适用于大批大量生产类型企业的生产作业计划编制。

（2）累计编号法：累计编号法又称提前期法，适用于成批生产类型企业的生产作业计划编制，是成批生产作业计划重要的衡量标准之一。

（3）生产周期法：生产周期法适用于单件小批生产类型企业的生产作业计划编制。

案例链接：

芒果干加工企业生产作业计划

根据企业需要，特此制订本公司 5 月份芒果干生产作业计划。

（1）确定生产目标：根据市场需求、原材料供给情况和销售预测，确定本月需要生产的芒果干为 2 吨，其中包括片状果干 1 吨，块状独立包装果干 1 吨。

（2）制订生产计划：根据生产目标，制订生产计划，包括生产任务、生产线配置、人力资源安排等。例如，第一周生产片状果干 0.2 吨，生产独立包装果干 0.1 吨。以此类推。

（3）安排原材料供应：根据生产计划确定需要的原材料种类和数量，并安排供应商按照计划时间点送货。例如，根据生产计划，本月需要采购凯特芒 2 吨，并需要在 4 月 25 日送达原料车间。

（4）安排人力资源：根据生产计划，确定所需的人力资源种类和数量，确保按时完成生产任务。

（5）执行生产计划：按照生产计划进行生产作业，并监控生产车间进度，确保按时完成生产任务。

（6）调整生产计划：按照生产实际情况，对生产计划进行调整，确保按时完成生产目标。例如，第一周生产稍晚有点落实，因此加大第二周生产计划。

（7）评估生产绩效：在生产周期结束后，对生产绩效进行评估，包括生产完成情况，生产效率、产品质量等方面。

通过以上案例可以看出，制定一个有效的生产计划需要考虑多个因素，包括：市场需求、销售预测、生产线配置、人力资源、原材料供给等。只有综合考虑这些因素，才能制定出一个科学、合理且可行的生产作业计划，并确保企业按时完成生产目标。

三、加工企业生产管理

农产品加工企业生产管理以实现企业的经营管理为目标出发，同时需要达到多方面的要求，包括按需生产、经济生产、均衡生产、准时生产、文明生产和安全生产。

（1）按需生产。按需生产就是按照社会、市场等需求制定生产技术和组织生产，按期、按时、按数量、按品种提供所需要的产品或劳务。坚持按需生产可以克服生产的盲目性，实现“以销代产”。但为了保证生产的连续性，还必须实施“以产营销”，实现生产经营的良性循环。

（2）经济生产。经济生产就是制订生产计划和组织生产时，要尽量降低生产消耗，提高经济效益。具体体现在确定生产目标时需要做到品种多、数量多、质量好、交货及时、成本低。在组织农产品生产时，要合理布局设备，缩短生产周期。在管理方法上，运用现代化管理，制定合理的消耗定额，提高劳动效率。

（3）均衡生产。在农产品加工过程中，按照计划规定的进度，使得各生产环节和各道工序充分负荷，均衡生产。组织生产时考虑生产季节性。尽量缓冲生产的季节性，均衡人力和设备。同时考虑不同产品的搭配，将农产品粗加工与精深加工结合。

（4）准时生产。农产品加工过程中需要严格按照生产计划规定的时间和进度推进生产。

按时组织原料供应，按时投入，按时产出。实行准时生产能给企业减少库存，提高生产效率和效益。

（5）文明（卫生）生产。文明生产要求企业建立合理的生产管理制度和良好的生产秩序。生产车间设备布局合理，工作环境卫生，光线充足，设备整洁，物料存放有序。此外，文明生产还包括企业应遵循人文主义，关心人，尊重人，注意企业文化和企业精神。树立企业文化有助于达到经济、高效、文明生产。

（6）安全生产。安全为了生产，生产必须安全。农产品加工企业要保障职工劳动的安全，防止人身事故和设备事故。同时，农产品，特别是可食农产品，必须符合《中华人民共和国食品安全法》等相关国家法律、法规和标准等，以保证消费者安全。

案例链接：

某加工企业生产车间管理细则

1 人员管理

（1）生产车间主管/组长：要对自己车间的人员进行充分了解，关心关爱同事，了解同事在工作和生活中的困难。

（2）在工作任务安排时，要做到“公平、公正、公开、平等”，不偏不倚。

（3）对于出现抱怨心态较多的个人，要及时做好其思想工作，将其带入正轨，使其成为正能量的人员。

（4）车间管理者就是执行者，在工作中必须做到“行”“不行”，不能模棱两可，需要快速决断。

（5）达到团队的最终目的：管理的核心就是：管人事，理人心，从而达到自己及整个团队的目标。

2 生产过程的控制管理

（1）在生产加工过程中，车间、化验员、现场品管人、仓库管理员应认真执行控制管理规定。

（2）车间认真按生产加工计划，及时安排组织生产，有下列情况造成损失的由当事人自己承担，如品种、包装规格、数量、口味不符，合格证漏放或未放的。

（3）生产加工的成品应严格执行农产品、食品等质量标准规定。

（4）仓库管理人员必须按下达的生产加工通知单内容，准确无误地落实发放原料、辅料、添加剂、包装袋、合格证、标签等。

（5）喷码人员按生产加工通知单下达的品种、标准、规格准备包装袋，及时安排打印生产日期，快速传递到位。

（6）仓库管理人员在工作中应积极配合车间生产，保证各种辅助材料数量的供给，因工作不慎、错发、擅自脱岗影响车间正常生产的按公司制定的相关制度规定处理。

（7）生产结束后，各工序（原料验收、解冻、前处理、去油、生切、清洗、煮制、炒制/炒松、滚揉腌制/卤制、铺筛、烘干、烘烤、冷却、包装、高温杀菌、检验、入库等）认真填写岗位工作记录，生产主管审核后，上报化验员进行出厂检验。

3 生产设备维护保养管理

（1）设备的使用要实施设备操作人员负责制，要严格执行岗位责任制，所有设备的操作人员必须熟悉设备构造，掌握设备的操作技能，了解常见的故障类型和解决办法，保证能正确地使用设备；单人使用的设备由操作人员负责，多人操作的设备由本岗位的组长负责，设备的操作人员应保持相对稳定，在设备的操作人员因事不能上岗进行操作时，应由受过相应培训的人员替代。

（2）所有的设备都要制定操作规程，要求操作规程的内容要详细、清楚，符合生产工艺对设备操作的要求。

（3）主要设备要统计故障率、停机时间，便于对设备的运行情况进行检查。

（4）设备的运载负荷是设备的参数之一，不可任意更改设备的技术参数，严禁设备超负荷运转，严禁设备带病运转。

（5）设备的维修保养应贯彻预防性维修为主的方针，通过日常保养加计划检修的制度加以实施，即在设备故障发生之前按照检修计划或相应的技术规定进行维修保养。机修工对设备负有维修的责任，定时和经常检查设备的运转情况并经常向操作工了解设备运转的状况，发现隐忧及时予以消除。

（资料来源：食品论坛：http://bbs.foodmate.net/）

四、加工企业生产组织

组织生产就是根据企业的长期经营计划，合理配置参与生产活动的各种资源，保障人力、物力得以充分利用，形成完整的生产线。加工企业生产组织的核心目的是使得加工的产品在生产过程中行程最短，时间最省，耗费最小，效益最高。为此，农产品加工企业需要遵循连续性、协调性、均衡性、适应性和平行性等基本原则。其中，生产过程中的协调性和平行性是连续性的前提。在农产品加工过程中，应保证各项工序在时间上紧密衔接，不发生或者少发生不必要的停顿和等待。同时要协同各生产环节的工人人数、设备数量等，保证生产的连续性。生产过程中还要适应市场多变性，灵活进行多品种、小批量生产，提高企业的适应能力。

农产品加工企业的生产组织形式包括流水生产线、自动生产线及一般生产线等。确定企业生产组织形式的依据包括生产的产品、设备条件、生产方法、生产方式、人员素质、生产规模、管理水平和市场需求等。

五、加工企业生产控制

生产控制是指生产计划执行过程中的一系列监督、检查、调节和校正等工作。生产控制涉及人、机、物等各方面，主要有生产作业控制、质量控制、库存控制、成本控制、资金控制等。生产作业控制是执行生产计划过程中对有关产品的数量和进度进行控制，保证交货数量。生产作业控制包括生产调度、作业核算、在制品管理等。生产调度就是组织执行生产计划，检查各环节的投入和产出进度，及时发现并解决生产过程中出现的问题。作业核算就是对生产作业计划执行情况及时准确地进行统计分析，为控制决策和计划决策提供有关数据。

在制品管理就是对在制品进行计划、协调和控制的工作，包括建立健全在制品、半成品的收发领用制度；正确、及时登记核对在制品、半成品数量及质量（表 4-7 和表 4-8）；合理分类、存放和保管制品、半成品等。

表 4-7 半成品检验记录

<table>
<tr><td colspan="7">农产品加工车间半成品检验记录</td></tr>
<tr><td colspan="7">日期：</td></tr>
<tr><td rowspan="2">序号</td><td rowspan="2">名称</td><td rowspan="2">质量（千克）</td><td colspan="3">馅料感官（√/×）</td><td rowspan="2">备注</td></tr>
<tr><td>色泽</td><td>组织状态</td><td>无异物</td></tr>
<tr><td>1</td><td></td><td></td><td></td><td></td><td></td><td></td></tr>
<tr><td>2</td><td></td><td></td><td></td><td></td><td></td><td></td></tr>
<tr><td>3</td><td></td><td></td><td></td><td></td><td></td><td></td></tr>
<tr><td>4</td><td></td><td></td><td></td><td></td><td></td><td></td></tr>
<tr><td>5</td><td></td><td></td><td></td><td></td><td></td><td></td></tr>
<tr><td>6</td><td></td><td></td><td></td><td></td><td></td><td></td></tr>
<tr><td>7</td><td></td><td></td><td></td><td></td><td></td><td></td></tr>
<tr><td>8</td><td></td><td></td><td></td><td></td><td></td><td></td></tr>
<tr><td>9</td><td></td><td></td><td></td><td></td><td></td><td></td></tr>
<tr><td>10</td><td></td><td></td><td></td><td></td><td></td><td></td></tr>
<tr><td colspan="4">车间主任确认：</td><td colspan="3">记录人：</td></tr>
</table>

表 4-8 农产品加工成品检验记录

<table>
<tr><td colspan="8">农产品加工成品检验表</td><td colspan="2"></td><td></td></tr>
<tr><td colspan="2">生产日期：</td><td></td><td></td><td colspan="4">正常打"√"</td><td colspan="2"></td><td></td></tr>
<tr><td>品名</td><td>净含量（g/kg）</td><td>外观</td><td>色泽</td><td>组织状态</td><td>风味</td><td>标签标识生产日期</td><td>毛重（g/kg）</td><td>异常情况描述</td><td>结果判定</td><td>备注</td></tr>
<tr><td></td><td></td><td></td><td></td><td></td><td></td><td></td><td></td><td></td><td></td><td></td></tr>
<tr><td></td><td></td><td></td><td></td><td></td><td></td><td></td><td></td><td></td><td></td><td></td></tr>
<tr><td></td><td></td><td></td><td></td><td></td><td></td><td></td><td></td><td></td><td></td><td></td></tr>
<tr><td></td><td></td><td></td><td></td><td></td><td></td><td></td><td></td><td></td><td></td><td></td></tr>
</table>

续表

品名	净含量（g/kg）	外观	色泽	组织状态	风味	标签标识生产日期	毛重（g/kg）	异常情况描述	结果判定	备注
注意：产品质量 < 1 000 g，单位标识为“g”；产品质量 = 1 000 g，单位标识为“kg”										
车间主任确认：					检验人：					

【任务实践】

制订农产品加工企业生产计划

1. 任务描述

农产品加工企业经营管理，应该根据企业或合作社实际情况，制备适合本企业的产品生产计划，并针对产出的产品进行基础检验，确保农产品质量安全。结合本任务中所学的加工企业管理知识与技能，请小组内每名成员思考如何制订农产品加工生产计划？

2. 任务建议

组织各小组成员积极讨论，结合情境案例中的实际情况，小组内成员一一分析企业基本情况，完成表 4-9，再编制农产品加工生产计划书。

表 4-9　农产品加工生产计划任务分解表

任务分解点	分析情况	计划安排
市场需求、销售预测		
生产目标		
生产计划（月）		
原材料供应		
人力资源		
设备情况		
生产绩效		
其　他		

3. 任务要求

以小组为单位结合学习任务汇报编制的农产品加工生产计划。

4. 任务评价

教师邀请每个小组派出一名同学总结发言，结合案例分析编制农产品加工生产计划的要点，由教师与学生代表组成评价小组，对每个小组完成项目工作任务的实际表现与成果进行评价打分，并将成绩计入学生的过程性考核中。

任务 4 数字智能生产管理

学习目标

1. 掌握农业信息流基本概念和构成；
2. 了解农业信息流动的过程；
3. 掌握农业生产风险信息的概念及分类；
4. 熟悉农业生产风险信息的特征；
5. 掌握智慧农业和农业物联网及农业大数据的概念、特征和构成；
6. 了解智慧农业的作用及主要内容；
7. 熟悉和理解农业物联网和农业大数据的应用。

情境导入

张某是 A 企业的负责人，受邀参观成都市的植物工厂，看到农业生产过程中的自动化运行装置和智能化生产过程，受到极大震撼。他原来一直认为在田间或饲舍装些摄像头和温湿度监测设备就可以称之为数字智能生产，看了之后才知道原来数字智能生产管理并不是这么简单。那么，农业生产企业如何构建自身的数字智能生产管理呢？作为数字智能生产管理代表的智慧农业如果落实到实际生产中呢？同学们，你们认为该如何呢？

学习任务

水稻田用上大田智能灌溉、无人植保机喷施农药等技术，人们就再也不用顶着烈日踩着水车给田里灌水了，也不用冒着生命危险背着喷雾器去打农药了。粮食的质量与产量都有了很大的提升。雨水收集再利用系统实现了节水型循环农业种植。

除了种植业以外，养殖户也开始采用高科技饲养家禽。村里的鸡舍、猪舍也实现了现代化管理，养殖户通过智能系统可以实现自动喂食、喂水，自动清洗动物粪便，还可以通过物联网监测与控制舍内环境，为鸡与猪创造良好的生长环境，肉、蛋的品质自然也就提高了。现代农业技术的发展对于农业生产的影响越来越大，智能化、无人化助力高质量的发展，因此，我们必须了解现代农业，尤其是数字智能生产管理中的基本要素，明晰智慧农业在农业生产中的重要作用及如何将智慧农业融入农业生产管理之中。

一、农业信息流

世界是物质的，而物质是运动的，物质的运动特征是可以用信息来表示和反映的。因此，反映客观世界可以通过描述与分析物质流、能量流、信息流的方式来进行，其中信息流又起着引导的作用。在农业系统中，同样存在贯穿农业社会经济运行全环节的农业信息流，它调节着农业系统内部其他流的数量、方向、速度、目标，并控制着人和物有目的、有规律的活动。农业生产者可以通过对农业信息流的分析，来认识农业生产经营活动的规律和特征。因此，农业信息流是开展数字智能生产的最为重要的基础。

（一）农业信息流的概念

信息流即信息的传播与流动，是指基于各种传递媒介而形成的信息流动，涉及信息的收集、传递、处理，直到信息的存储、分析、服务等全过程。农业信息流作为数字智慧生产管理的重要概念，是指农业系统中反映农业诸多要素，表征在各环节变化运动过程中形成的流动轨迹。

从信息流动的目的出发，农业信息流可分为两个层次。首先，农业信息流动可以直接表现为人们活动的目的，为独立存在的运动过程；其次，农业信息流能反映、引导和控制各种物质资源的运动，为农业系统生产、交换、分配和消费活动服务。

农业信息流是农业系统各自然体系、生产体系和组织体系中主体及其相关要素运动状态的轨迹反映，它往往处于庞大的系统与体系之中。在这个庞大的系统与体系中，要实现信息资源的高效、有序流动，对其进行有效调控必不可少。信息流源头常被称为信源，目的地被称为信宿，信源与信宿可以互换，因此农业信息流的运行网络与监控要比人流、物质流更加复杂与困难。

（二）农业信息流的要素构成

农业信息流与其他信息流一样，由信源、信道和信宿三个要素构成。农业信源是指可以产生农业信息资源的主体；农业信道包括信息从源头到目的地的所有直接与间接渠道；农业信宿则是需要农业信息资源的用户。

1. 农业信源

理论上讲，一切事物都可以产生信息，因此，一切有生命或没有生命的物质都可以成为信息源。但从信息传播角度讲，信源是指拥有相对信息优势的信息主体，包括善于积累和储藏信息的人以及生产、制作、储存和传播信息的机构等。

农业信源可以认为是与农业系统运行有关的信息来源主体。可以是物体本身，如附着墒情信息的土壤；也可以是信息产品，如农业期刊、短信、简报等；还可以是拥有信息优势的人员，如农业专家等。

农业信源可以有多种分类方法。根据信息源的内容，可以分为五类：

（1）自然信源。自然界是最基本的农业信息源，作物生长环境等信息均以大自然具体物质为载体，它们一般具有原始或初级信息。

（2）社会信源。农业民间社会经济组织常常是主要的社会信源，可以从中获取农业有关的民间组织状况及变化趋势等方面的信息。

（3）经济信源。农业产业是最主要的经济信息源，可以从中获取农业产业结构、农产品贸易和农民收入等方面的信息。

（4）科技信源。科技创新机构是最主要的科技信息源，可以从中获取科研成果、科研队伍、科技发展等方面的信息。

（5）管理信源。主要来自农业主管部门，可以从中获取农业相关的政策和管理等方面的信息。

根据农业信源的运动状态，可以将其分为静态信源与动态信源。静态信源包括农业文献信息源、实物信息源等；动态信源主要包括即时变化主体所反映的信息源，它们均处于变化之中，能自发地产生新的信息，目前动态信源已成为重要的研究对象。

2. 农业信道

农业信道即农业信息传递的通道或信息流运动的媒介，大致可以分为正式渠道和非正式渠道。正式渠道指在农业信息源头和目的地之间存在独立的控制者的交流渠道，信息流将在中介环节的控制下经过一系列环节流向用户。非正式渠道是指农业信息不经过其他中介环节而直接流向用户。在信息流动过程中，为了达到反复利用和永久利用的目的，往往通过建立中间站的方式来提升信息流动能力，就形成了信息中心、信息驿站等信息平台。这类平台既可以改变信息流的流动方向与时间，提高信息资源的利用效率，又可以进一步开发信息资源，优化信息资源的结构，提升信息资源功能，提高信息产品的水平。

信道的具体形式会因信息内容、信息发送主体、信息接收主体的不同而呈现多种类型。

在农业信息分析中，依据信息流动的环节与流程，农业信道可以分为两大类型：一是在信息采集环节存在的信息采集渠道，一般涉及农业生产、市场等信息采集、传递，直到后台信息处理系统的相关环节，这一过程中主要以传输原数据为主，加工成品数据为辅；二是在信息服务环节存在的信息推送渠道，即原数据经过系统处理后，传输给农业信息用户，这是开展信息服务的过程，渠道主要传输的是加工或半加工的成品数据。

信息源的选择取决于收集目的及信息内容，但同时也应该考虑可利用的信道。一般来讲，选择信息源要先基于现有信道，其中有些信道是不断重复使用的。

3. 农业信宿

农业信宿是指农业信息经过信道后的归宿，也就是农业信息用户，即农业信息的接收者，也就是农业信息流的目的地。农业信息用户的信息需求是信息流动方向、信道选择的基础。作为农业信息用户的个体或群体应具备三个方面的特征：① 拥有信息需求，即需要接收农业信息以解决相关问题；② 具备利用信息的能力，即具备一定的农业等领域知识，能够接收、处理和利用信息；③ 具有接收信息服务的行动，即事实上接收和利用信息。如果只具备信息需求和能力而未付诸行动，则是潜在信息用户。

农业信息用户存在于农业系统运行的各个领域，这里主要介绍农业企业型用户。农业企业型用户主要是指从事农业生产经营的企业、合作组织或农场等新型农业经营主体。首先，他们需要农业经济运行、农业市场供需等方面的信息，以优化自身的具体行为；其次，有关政策法规方面的信息是企业、合作组织或农场等新型农业经营主体经营管理的必要信息；再次，他们还需要技术标准、技术参数等方面的技术信息与市场销售前景经济效益等方面的信息。

（三）农业信息流动过程

从信息流的角度考虑，要实现农业系统的有序运行，必须加强农业信息流的监测与分析，强化农业系统运行各环节的信息采集、处理与反馈，这些内容都可以归纳为农业信息流的流动。

根据香农信息论，通信就是在两个系统之间传递信息，信息始于信源，后经信道，最后传输到信宿。参考传播学领域的信息传播经典模式，农业信息流动的过程可以认为是农业信息产生于农业信源，经过信道传输，最后到达农业信宿。具体过程主要由 5 部分组成：信源、编码、信道、译码和信宿。

（1）信源。信源即是农业信息的来源，可以是人、自然界的事物、机器等，是原始与加工信息的源头。农业信源可以是农业信宿本身，如土壤等，也可以是农业信息资源配置组织机构，如农业图书馆等。信源一般以某种符号（文字、图像等）或某种信号（语言、电磁波信号等）发出信息。

（2）编码。编码是将农业信息转换为信号的过程，可以分为信息编码和信道编码两个部分。信息编码就是把农业信源产生的信息序列变换成为另外一个码符号系列，如农业专家将各学科知识经过人脑转化成为另外一种编排而形成的语言文字表达。

（3）信道。信道即信息传递的通道，是农业信息流通系统的重要组成部分。信道的关键问题是信息容量，信道可以是电缆、光线、无线电波等通信系统中的实际介质，也可以是 U 盘、光盘等其他载体。

（4）译码。译码是把信道输出的编码信号进行变换，转换成文字或图像等信息。译码是编码的逆过程，但由于它还接收了系统通道中的噪声，因此译码不仅是简单还原，还包括消除噪声。

（5）信宿。信宿是信息的接收者，可以是人，也可以是机器。信宿收到的信息形式可以相同也可以不同。

在实际通信系统中，传递效率往往与传递质量相矛盾，香农信息论从理论上证明，编码是调节传递效率与传递质量的最佳工具，这也是香农信息论的核心。农业信息流动是在宏观环境影响下农业信源与农业信宿互动的过程和结果，主要受农业信息开发主体的信息开发和供给能力、农业信息用户的信息吸收和利用能力、农业信息传输系统的信息传递能力以及农业信息流动宏观环境影响力的影响。在科学度量这些因素对于农业信息传递效果影响力的基础上，采用物联网、云计算、大数据等多种现代信息技术作为手段支撑，努力实现信息传输手段和方式的多样化，提高农业信息传递水平与效率，是农业信息分析研究的重要内容。

案例链接：

香农被誉为“信息论之父”。概括地讲，香农信息论是以概率论、随机过程为基本研究工具，研究广义通信系统的整个过程，而不是整个环节，并以编、译码器为重点，其关心的是最优系统的性能及如何达到该性能（并不具体设计环节，也不研究信宿）。香农信息论方面值得注意的研究方向有信息概念的深化问题，信息失真理论的发展及在数据压缩中的应用，以计算机为中心的信息处理系统的基本理论等。在信息论中，香农提出了三个著名定律：

香农第一定理：可变长无失真信源编码定理。采用无失真最佳信源编码可使得用于每个信源符号的编码位数尽可能地小，但它的极限是原始信源的熵值。超过了这一极限就不可能实现无失真的译码。

香农第二定理：有噪信道编码定理。当信道的信息传输率不超过信道容量时，采用合适的信道编码方法可以实现任意高的传输可靠性，但若信息传输率超过了信道容量，就不可能实现可靠的传输。

香农第三定理：保真度准则下的信源编码定理，或称有损信源编码定理。只要码长足够长，总可以找到一种信源编码，使编码后的信息传输率略大于失真函数，而码的平均失真度不大于给定的允许失真度。

二、农业生产风险信息

（一）农业生产风险信息概念

在农业生产经营过程中，信息的不确定性和人的有限理性会使农业生产经营主体的预期收益与实际收益发生偏离，这种反映偏离概率和程度的消息、指令、数据、符号等被称为农业生产风险信息。

农业生产风险信息由农业生产风险因子、农业生产风险事故和农业生产风险损失 3 个基本要素构成。

（1）农业生产风险因子（Risk Factor）。农业生产风险信息的风险因子又称为风险发生的条件，它是导致农业生产风险事故发生的原因，自然因素、社会因素和人的行为因素是引发农业生产风险的 3 类风险因子。

（2）农业生产风险事故（Risk Peril）。农业生产风险信息的风险事故是造成农业生产经营主体实际收益与预期收益差异的各种偶发事件。

（3）农业生产风险损失（Risk Loss）。人们通常将风险损失定义为实际收益与期望收益差异变动所带来的损失。就农业生产而言，生产风险损失是指实际产出偏离期望产出而带来的经济损失。

（二）农业生产风险信息的分类

按照农业生产风险发生的概率、损失程度以及不同农业生产风险之间发生的相关性的差异，农业生产风险信息可以分为独立风险信息、系统风险信息和巨灾风险信息。

1. 农业生产独立风险信息

农业生产独立风险信息又称为非系统风险信息或可分散风险信息，是指某种因素的变化仅影响到单个个体的收益情况，使其收益发生损失的风险信息。在农业生产经营过程中，所谓独立风险信息是指具有风险事件或风险单位独立、风险发生偶然和风险损失不确定性的风险信息，例如局限于一个乡镇的空间范围内发生的冰雹灾害。

2. 农业生产系统风险信息

农业生产系统风险信息也称为不可分散风险信息，是指由于某种因素及其变化影响到所有或大范围内农业生产经营主体的收益情况，导致众多的农业生产经营主体同时遭受较大程度的农业损失。例如，由于地域的广延性和气象灾害的特点，在一个省的空间范围内发生了旱灾风险，造成省域范围内所有农业生产者同时遭受损失。

3. 农业生产巨灾风险信息

常规自然灾害通常发生的概率较高但造成的损失却不会太大，而巨灾则是发生概率很低但造成的损失却极其严重。换言之，巨灾事件发生的概率与造成的损失之间存在一定的规律。农业生产巨灾风险信息是指具有“低频高损”特点的风险信息，一般可以使用条件期望值来实现对农业生产巨灾风险信息的度量。

（三）农业生产风险信息的特征

农业生产风险的作用对象是有生命的动植物体，其价值形成有其特殊性，故与一般风险不同。农业生产风险信息除具备一般风险信息所拥有的客观性、偶然性、相对性的特点外，还具有以下 4 个独特的性质：

1. 农业生产风险信息的相关性

自然灾害是影响农业生产的重要因素，洪涝、干旱等不利气候条件的发生往往会导致农业产量的降低，而自然灾害的发生通常都具有地域性特征，灾害波及的范围很广，致使农业生产经营的风险单位通常表现为与时空高度相关，例如一场百年一遇的旱灾巨灾导致东北地区的所有风险单位同时遭受旱灾风险损失。这种农业灾害损失的同因性、风险灾害损失的高度相关性和连片性的特点表明农业生产风险信息具有相关性特征。

2. 农业生产风险信息的差异性

农业生产经营中面临的自然灾害具有比较明显的区域性，不同区域农业生产风险的类型、发生频率和强度的差异也十分明显。大江大河的中下游地区，地势相对较低，农作物生长容易遭受洪涝灾害风险；高原地区的降水量偏少，农作物生长容易遭受旱灾风险冲击；沿海地区农作物生长则易受台风风险的侵袭。与此同时，农业生产经营中自然灾害的季节性特点也较为突出，比如中国的霜冻灾害，春季主要发生在北方冬麦区，秋季主要发生在东北、华北及西北地区，冬季则主要发生在江南、华南及西南部分地区。农业生产区域性和季节性的特点使得农业生产风险信息具有差异性特征。

3. 农业生产风险信息的不确定性

农业生产有其特殊性，农作物的价值在其生长发育过程中是动态变化的，会随着动植物生长周期的变化，以及人类劳动和耗费投入的积累而产生变化。所以，对于农作物来说，在不同生长期受到自然灾害的冲击（即使灾害的大小一致），风险损失程度是不同的，由此具有风险程度的不确定性。此外，与其他灾害风险有所不同的是，农业生产经营中单一风险的发生容易引发其他风险事故，使得农业生产经营损失呈现扩散化的态势，并且往往难以辨别和区分不同风险所最终导致的农业生产经营损失程度。例如，在雨涝灾害季节，高温高湿很容易诱发动植物疫情，台风灾害往往伴有暴雨灾害。农业生产的上述特点在很大程度上赋予了农业生产风险信息的不确定性特征。

4. 农业生产风险信息的复杂性

农业生产风险信息的复杂性主要体现在风险损失的非一致性上。农业生产的对象——动植物是一个有生命的有机体，其自身对灾害有一定的适应和抗灾等调节能力，并且能够通过后期的生长来弥补前期灾害带来的影响，因此在有些特殊的情况下，农业生产经营过程中所遭受的风险最终不一定会导致农业损失的产生。此外，某地区农业生产风险的发生却使相邻地区的农业生产受益。比如，台风风险导致某地区农业生产遭受巨大损失，但台风所带来的雨水却使相邻区域农作物旱灾风险降低。需要特别指出的是，农业生产是自然再生产和经济再生产相交织的生产过程，人们使用的生产技术、投入水平、管理行为和抗灾救灾措施等相当程度地决定和影响着农业生产成果的大小。所以遭受相同自然灾害的农业生产单位可能具有不同的灾害损失结果，而这往往又被生产者的行为所放大和缩小，从而造成农业生产风险估计的复杂性，导致农业生产风险信息表达的复杂性。

三、智慧农业

（一）智慧农业的概念

智慧农业是农业中的智慧经济，或智慧经济形态在农业中的具体表现。智慧农业是智慧经济重要的组成部分；对于发展中国家而言，智慧农业是智慧经济主要的组成部分，是发展中国家消除贫困，实现后发优势，经济发展后来居上，实现赶超战略的主要途径。智慧农业建设已经是大势所趋。“十四五”规划提出建设智慧农业，《中共中央、国务院关于做好2022年全面推进乡村振兴重点工作的意见》，即2022年中央一号文件指出，推进智慧农业发展，促进信息技术与农机农艺融合应用。5G、人工智能、大数据等新一代信息技术在农业领域逐步得到有效运用，在让农民切身感受到科技带来的便利的同时，不断拉近我们与智慧农业的距离。

对比传统农业，智慧农业的蔬菜无须栽种于土壤，甚至无须自然光，但产量却可达到常规种植的3～5倍；农作物的灌溉和施肥无须人工劳作，而由水肥一体化灌溉系统精准完成，比大田漫灌节水70%～80%；种植空间不只限于平面还可垂直立体，土地节约高达80%；可利用无人机打农药，机器人大棚采摘。传统农业的耕地、收割、晒谷、加工已全程实现机械化。

因此，智慧农业是指将云计算、传感网等现代信息技术应用到农业的生产、管理、营销等各个环节，实现农业智能化决策、社会化服务、精准化种植、可视化管理、互联网化营销等全程智能管理的高级农业阶段。它是一种集物联网、移动互联网和云计算等技术于一体的新型农业业态。

智慧农业可分为狭义和广义两个方面。狭义的智慧农业就是充分应用现代信息技术成果，集成应用计算机与网络技术、物联网技术、音视频技术、无线通信技术及专家智慧与知识，实现农业可视化远程诊断、远程控制、灾变预警等智能管理的农业生产新模式。

广义的智慧农业则并不是新一代信息技术在农业的简单应用，而是具有更为丰富的内涵和外延，是将云计算、传感网、3S等多种信息技术在农业中综合、全面地应用，利用信息化的管理方式开展农业生产经营。广义的智慧农业实现了更完备的信息化基础支撑，更透彻的农业信息感知，更集中的数据资源，更广泛的互联互通，更深入的智能控制，更贴心的公众服务。同时，广义上的智慧农业还包括农业电子商务、食品溯源防伪、农业休闲旅游、农业信息服务等方面。

从智慧农业的概念中可以看出，智慧农业是利用物联网等信息技术改造传统农业的，以数字化来设计农业生产要素，智能化控制农业生产的技术和产品，它主要是通过传感技术、智能技术还有网络技术，实现农业技术的全面感知、可靠传递、智能处理、自动控制。传感技术用来采集动植物的生长环境和生育信息；网络技术是通过移动互联技术来传输信息；智能技术用来分析动植物生长情况和环境条件；自动控制技术则可以根据动植物生长情况对环境进行相应的调节，使环境更加适合动植物生长。

从技术依托来看，智慧农业主要依靠“5S”技术、物联网技术、云计算技术、大数据技术及其他电子和信息技术，并与农业生产全过程结合，是一种新的发展体系和发展模式。其中，“5S”技术包括遥感技术、地理信息系统、全球定位系统、数字摄影测量系统、专家系统。

可以说，智慧农业的本质是农业知识、商业知识通过数字基础设施与数字应用固化后的表现形式，其研发、建设与推广既要遵循我国农业农村的实际情况，又必须符合数字经济发展、产业数字化转型的一般规律。

知识链接：

何谓 5S 技术

1. 遥感技术（Remote Sensing，RS）

遥感是农业技术体系中重要的工具。遥感技术利用高分辨率（米级分辨率）传感器，全面监测不同作物的生长期并根据光谱信息，空间定性、定位分析农作物的生长情况，为定位处的农作物提供大量的田间时空变化信息。

2. 地理信息系统（Geographic Information System，GIS）

（1）农田数据库管理。GIS 主要用于建立田土地管理、土壤数据、自然条件、生产条件、作物苗情、病虫草害发展趋势、作物产量等内容的空间信息数据库并进行空间信息的地理统计处理、图形转换与表达等。[①]

（2）绘制作物产量分布图。

（3）农业专题地图分析。GIS 提供的复合叠加功能将不同农业专题数据组合在一起，形成新的数据集。例如，GIS 将土壤类型、地形、农作物覆盖数据复合叠加，建立三者在空间上的联系，种植户可以很容易地分析出土壤类型、地形、作物覆盖之间的关系。

3. 全球定位系统（Global Positioning System，GPS）

GPS 是一种高精度、全天候、全球性的无线电导航、定位、定时系统。

（1）系统组成。GPS 由包括 24 颗地球卫星组成的空间部分、地面监控部分以及用户接收机三个主要部分组成。

---

① 殷浩栋，霍鹏，肖荣美，高雨晨. 智慧农业发展的底层逻辑、现实约束与突破路径[J]. 改革，2021，333（11）：95-103.

（2）两大系统。目前，已建成投入运行的全球卫星定位系统有中国北斗系统、美国 GPS 系统和俄罗斯的 GLONASS。

（3）GPS 在农业中的作用。

① 精确定位。农业机械化系统根据 GPS 的导航可将作物需要的肥料送到准确位置，也可以将农药喷洒到准确位置。

② 田间作业自动导航。

③ 测量地形起伏状况。GPS 系统能精确定位和高精度测量地形。

4. 数字摄影测量系统（Digital Photogrammetry System，DPS）

DPS 是具有数字化测绘功能的软、硬件摄影测量系统。数字摄影测量是基于计算机技术、数字影像处理、影像匹配、模式识别等多学科的技术理论与方法，提取所摄对象并以数字方式表达的几何与物理信息的摄影测量学的分支学科。

5. 专家系统（Expert System，ES）

ES 是具有与人类专家系统同等能力解决问题的智能程序系统。具体地讲，专家系统是指在特定的领域内，根据某一专家或专家群体提供的知识、经验及方法进行推理和判断，模拟人类专家做决定的过程，以此来解决那些需要人类专家决定的复杂问题，提出专家水平的解决方法或决策方案。

（二）智慧农业的特征

现代农业相对于传统农业，是一个新的发展阶段和渐变过程。智慧农业既是现代农业的重要内容和标志，也是对现代农业的继承和发展。它是现代信息化技术与人类经验、智慧的结合及其应用所产生的新的农业形态。在智慧农业环境下，现代信息技术得到充分应用，可最大限度地把人的智慧转变为先进的生产力。智慧农业将知识要素融入其中，实现资本要素和劳动要素的投入效应最大化，使得信息、知识成为驱动经济增长的主导因素，使农业增长方式从依赖自然资源向依赖信息资源和知识资源转变。因此，智慧农业具备以下几方面的特征：

精准性。智慧农业利用现代化信息技术对农业资源进行高效、节能使用，能够根据时间、空间、环境参数（如空气温湿度、土壤温湿度、二氧化碳浓度、光照强度等）精确调节对作物的投入，实现少投入、高产出的效果。

高效化。智慧农业运用现代化智能机械和设备代替部分传统农事操作，提高农业生产效率，减少人为操作失误引起的损失，降低资源消耗，推动传统农业向现代集约化农业转化。

可追溯性。智慧农业不仅为生产企业提供动植物生长数据，还为消费者提供全透明化的质量安全追溯。通过记录农产品生产过程中的各种信息（如生长环境、气候、农药残留监测等），消费者可以通过扫描二维码便捷地追溯农产品的全部信息。

生产模式改革。智慧农业具有完善的农业科技及电子商务网络服务体系，通过网络使农业相关人员能够在线学习、咨询，获取技术及市场信息，改变传统依靠经验进行农业操作的模式。

数据驱动的智能决策。智慧农业依赖于大数据和人工智能技术，对生产过程中的海量数据进行加工处理，形成专家知识库，从而产生最优化的决策，保障农业生产全过程决策数据化、智能化。

全天候服务。智慧农业系统具备自主运算能力，能够快速得到反馈结果，提供全天候在线服务，提高实用性和针对性。

农业管理信用化、安全化。通过区块链等技术，智慧农业能够实现农业生产、流通、交易、消费等环节的数据透明管理，保障农业管理的高信用和安全性。

（三）智慧农业的作用

1. 有效改善农业生态环境

将农田、畜牧养殖场、水产养殖基地等生产单位和周边的生态环境视为整体，并通过对其物质交换和能量循环关系进行系统、精密运算，保障农业生产的生态环境在可承受范围内，如定量施肥不会造成土壤板结，经处理排放的畜禽粪便不会造成水和大气污染，且能培肥地力等。

2. 显著提高农业生产经营效率

基于精准的农业传感器进行实时监测，利用云计算、数据挖掘等技术进行多层次分析，并将分析指令与各种控制设备进行联动完成农业生产、管理。这种智能机械代替人的农业劳作，不仅解决了农业劳动力日益紧缺的问题，而且实现了农业生产高度规模化、集约化、工厂化，提高了农业生产对自然环境风险的应对能力，使弱势的传统农业成为具有高效率的现代产业。

3. 彻底转变农业生产者、消费者观念和组织体系结构

完善的农业科技和电子商务网络服务体系，使农业相关人员足不出户就能够远程学习农业知识，获取各种科技和农产品供求信息；专家系统和信息化终端成为农业生产者的大脑，指导农业生产经营，改变了单纯依靠经验进行农业生产经营的模式，彻底转变了农业生产者和消费者对传统农业落后、科技含量低的观念。另外，智慧农业阶段，农业生产经营规模越来越大，生产效益越来越高，迫使小农生产被市场淘汰，必将催生以大规模农业协会为主体的农业组织体系。

4. 促进农业转型发展

发展智慧农业可以改变以往的高耗型生产模式，优化农业产业结构；发展智慧农业可以减少之前发展农业带来的环境污染，在提高农产品数量的基础上提高农产品的质量。

（四）智慧农业的主要内容

1. 智慧管理

现代农业要求组织集约化生产，并实现农业可持续发展，因而首先必须摸清农业资源与环境现状，监测并预测其发展，加强农业的宏观管理与预警，从而合理开发与利用农业资源，实现农业的可持续发展。但由于我国农业资源类型多，区域差异大，变化快，而传统调查手段和方法难以达到快速、准确的目的，严重制约着有关农业资源管理政策与措施的制订。

随着现代信息技术的飞速发展，信息的获取达到实时、低成本、快速和高精度的效果，土地、土壤、气候、水、农作物品种、动植物类群、海洋鱼类等资源信息的获取不再困难，数据管理及空间分析能力将极大提高，现代农业宏观管理和预警决策手段更加丰富，管理和决策过程更加科学和智慧。

案例链接：

华为农业沃土云平台

为解决全球饥荒问题，华为以袁隆平的“海水稻”（耐盐碱地水稻）为突破口，布局智慧农业。华为与盐碱地稻作改良研究所双方将共同研发并向客户提供农业物联网系统解决方案。其位于青岛城阳的沃土云平台主要包括大数据 AI 分析决策支持系统、土壤改良大数据管理系统、精准种植管理系统、精准作业管理系统、病虫害预警诊断管理系统、智慧农业视频云管理平台、农业云计算中心、指挥调度服务中心等，能够实现农业生产环境的智能感知、智能预警、智能分析、智能决策和专家在线指导。

在“海水稻”的培育过程中，能让盐碱地上长出水稻，除了需要培育新的水稻品种外，还需要对植物和土壤进行调节，而这一套系统的基础就是华为所参与的“要素物联网系统”（土壤数字化）。该系统地上部分配有小型气象站、通信模块、高清摄像头，地下、地表则通过各种传感器（射频技术）对光、温、pH 值、盐度、碱度、氮磷钾、重金属、有机质含量、株叶形态、生长态势，对地下排水管的流量、流速、排盐量等信息进行收集，然后传送到华为云端大数据中心，通过 AI 人工智能系统和专家诊断，提供靶向药品、定向施肥，减少用水量、施肥量，实现对农业生产的全方位监控，并对农机的状态、位置、作业信息同样进行监控，实现对农机的管理和调度控制，除此之外还可对虫情信息、病菌孢子进行采集和监控，构建病虫害诊断预警系统，从而实现实时监测、精准控制，快速响应。

（资料来源：https://smb.zol.com.cn/705/7052913.html）

2. 智慧生产经营管理

农业生产系统都由四大要素组成，即农业生物要素、农业环境要素、农业技术要素和农业社会经济要素。每个要素中，都包含有许多因素。将各种农业过程的内在规律与外在关系用数学模型表达出来，即建立农业数学模型。农业模型包括定量模型、定性模型或者定量与定性相结合的模型，在模型的基础上建立各种农业专家系统、农业模拟决策系统、农业自动化系统等，使得农业生产系统生产的产品更加安全、竞争力更强、资源环境保护更加有效，以使农业生产系统更加“聪明”和“智慧”。

农村、农场、农民专业合作社、农业企业等通过计算机系统和移动终端对农业生产进行经营和管理，通过更广泛的互联互通，及时了解国内外各种农产品的市场动向，以便做出农业生产与经营决策。大力发展农业电子商务，使得广大农民有可能直接与国内外市场建立联系，以决定农业的生产与销售策略。

更深入的智能化技术使得人工智能技术在农业中的应用不仅限制在专家系统方面，机器学习、神经元网络等智能技术也得到全面发展和应用，而且应用领域还在不断扩展。从应用范围看，智能技术不仅应用在传统的大宗农作物上，而且在经济作物、特种作物上也开展应用。所开发的对象既包括作物全程管理的综合性系统，也包括农田施肥、栽培管理、病虫害预测预报、农田灌溉等专项管理系统。智能技术的应用也不再局限于示范区，有望较大面积地推广应用。从研究角度看，理论层面的研究将集中在专家知识的采集、存储和表达模型、作物生长模型，形成智能技术的研究核心和应用的基础。技术层面的开发将聚焦于集成开发平台、智能建模工具、智能信息采集工具和傻瓜化的人机接口生成工具。而且，智能应用系统的产品化水平将有质的飞跃，智能应用系统将像傻瓜相机一样，普通农民也能操作自如。

3. 智慧组织

现代农业是以国内外市场为导向，以提高经济效益为中心，以科技进步为支撑，围绕支柱产业和主导产品，优化组合各种生产要素，对农业和农村经济实行区域化布局、专业化生产、一体化经营、社会化服务、企业化管理，形成以市场牵龙头、龙头带基地、基地连农户，集种养加、产供销、内外贸、农科教为一体的经济管理体制、运行机制和组织体系。“基地+农户”“公司+农户”、农民经纪组织、农民专业合作社等各种组织将一家一户的小农业变成具有现代组织形式的现代农业，解决分散的农户适应市场、进入市场的问题。加入世贸组织后，国际农业竞争已经不是单项产品、单个生产者之间的竞争，而是包括农产品质量、品牌、价值和农业经营主体、经营方式在内的整个产业体系的综合性竞争。

信息技术是使这类组织更加有效的重要手段之一，更透彻的感知技术，更广泛的互联互通技术，使得这类组织充满智慧，及时了解国内外的各种农产品的市场动向，与国内外市场建立联系，及时在组织间传递这些信息，组织中的成员联系和分享信息更加容易，组织的决策更能惠及每个组织成员的利益。

4. 智慧科技

党的二十大报告明确指出，“全面建设社会主义现代化国家，最艰巨最繁重的任务仍然在农村”，2024 年中央一号文件强调，强化科技和改革双轮驱动。因此，要解决“三农”问题，必须重视农业科技作用的发挥，农村发展、农业进步、农民生活改善，都依赖于农业科技，农业现代化是在现代科学基础上，以现代科学技术和装备武装农业，用现代科学方法管理农业的农业发展新模式。过去的几十年，信息技术已经被广泛地应用到农业科学研究中，主要包括统计分析、模拟分析、文献数据库和科学数据库等几个方面。在田间统计分析研究工作中，提出了不少算法和实现程序，如作物数量性状遗传距离的计算方法、近交系数的计算方法等，并产生了一些有影响的农业应用软件，如遗传育种程序包、鸡猪饲料配方软件包、农业结构系统分析包等。模拟分析是采用信息技术对农作物、畜禽的生长过程进行模拟，并可以在短短的几分钟内得出模拟结果，以制定最佳的农艺措施和喂养措施，还可以对作物及畜禽的物种起源、发展过程进行再现，因而成为农业科学研究的重要技术手段。

（五）智慧农业发展的关键任务

数据是基础性战略资源，数字经济是现代经济发展的新动能。智慧农业的核心目标是实现农业全过程的智能化，本质是数据驱动。围绕数据这一关键生产要素，智慧农业发展需要突破数据获取、数据处理、应用服务等三方面的关键技术、装备和集成系统，实现从数据到知识到决策的转换。每一核心问题都有各自的关键理论和技术方法体系，这些理论、技术方法高度集成，形成完整的智慧农业系统。

数据获取是基础。通过精准感知和数据采集技术创新，构建“天空地”一体化的农业农村信息采集技术体系，开展数据采集、输入、汇总、应用、管理技术的研究，提升原始数据获取和处理能力，解决“数据从哪来、如何管”这一基础问题。重点推进满足农业农村需求的专业遥感卫星研发，突破无人机农业应用共性关键技术，攻克农业生产环境和动植物生理体征专用传感器，实现重要农区、牧区的农业资源环境、生产、经营、管理和服务等跨区域、全要素、多层次的数据采集；研发农业农村大数据管理平台，突破“集中 + 分布式”农业农村资源资产一体化云架构、数据安全等关键技术。

数据处理分析是关键。进行数据挖掘与智能诊断技术创新，构建农业大数据智能处理与分析技术体系，加强人工智能、虚拟现实、区块链 + 农业、大数据认知分析等战略性前沿性技术超前布局，解决“数据如何处理与分析”的关键问题。重点开展共性关键技术攻关，集成农学知识与模型、计算机视觉、深度学习等方法，研发动植物生产监测、识别、诊断、模拟与调控的专有模型和算法，实现农业生产全要素、全过程数字化、智能化诊断；围绕农村数字化服务，加强农业农村数据资源关联挖掘、智能检索、智能匹配与深度学习等关键技术研发，满足农民对公益服务、便民服务、电子商务、体验服务等全方位信息需求。

数据应用服务是核心。通过精准管控与信息服务技术创新，构建数据赋能农业农村智能化决策与管理技术体系，加快行业管理与服务流程的数字化改造，解决“数据如何服务”的出口问题。重点加强农业农村专有软件与信息系统的整合集成研究，研发环境智能控制系统、农产品质量快速检测与冷链物流技术、农产品可信追溯技术；提升智能装备自主研发能力，创制一批农业智能感知、智能控制、自主作业等物质装备，重点突破农业机器人、数控喷药、智能检测、智能搬运、智能采摘、果蔬产品分级分选智能装备；进行数字农业标准规范研制，建立数据标准、数据接入与服务、软硬件接口等标准规范。[①]

（六）农业物联网技术

1. 农业物联网的概念[②]

目前公认的物联网定义是通过智能传感器、射频识别（RFID）、激光扫描仪、全球定位系统、遥感等信息传感设备及系统和其他基于物-物通信模式（M2M）的短距无线自组织网络，按照约定的协议，把任何物品与互联网连接起来，进行信息交换和通信，以实现智能化识别、定位、跟踪、监控和管理的一种巨大智能网络。经过多年的发展，物联网技术与农业领域应用逐渐紧密结合，形成了农业物联网。

农业物联网是指物联网技术在农业生产、经营、管理和服务中的具体应用。具体来说，就是运用温度传感器、温度传感器、pH 值传感器、光传感器、CO2 传感器等各类传感器，广泛地采集大田种植、设施园艺、畜禽水产养殖和农产品物流等农业相关信息；通过建立数据传输和格式转换方法，集成无线传感器网络、电信网和互联网，实现农业信息的多尺度（个域、视域、区域、地域）传输；最后将获取的海量农业信息进行融合、处理，并通过智能化操作终端实现农业产前、产中、产后的过程监控、科学管理和即时服务，进而实现农业生产集约、高产、优质、高效、生态和安全的目标。

2. 农业物联网架构

通常情况下，应用在农业系统的物联网包括物联网感知层、物联网传输层和物联网应用层。

（1）物联网感知层。

物联网感知层由各种传感器组成，如温、湿度传感器，光照传感器、二氧化碳传感器、

① 唐华骏．农业赋能农业现代化高质量发展[J]．农机科技推广，2020（6）：4-5，9.

② 李道亮．物联网与智慧农业[J]．农业信息工程，2012（1）：1-7.

风向传感器、风速传感器、雨量传感器，土壤温、湿度传感器等。该层的主要任务是将大范围内农业生产的各种物理量通过各种手段，实时地转化为可处理的数字化信息或者数据。

信息采集层的主要任务是标记各种信息，并通过传感等手段，采集这些标记的信息和现实世界的物理信息，并将其转化为可供处理的数字化信息。

信息采集层涉及的技术和设备有：二维码标签和识读器、RFID 和读写器、摄像头、GPS、传感器、终端、传感器网络等。

知识链接：

RFID 即 Radio Frequency Identification（射频识别），俗称电子标签。这是一种非接触式的自动识别技术，它通过射频信号自动识别目标对象并获取相关数据。该技术在农产品质量追溯中有着广泛的应用。

（2）物联网传输层。

物联网传输层由互联网、广电网、网络管理系统和云计算平台等各种网络组成。

该层的主要任务是将采集层采集到的农业信息，通过各种网络技术汇总，并将大范围内的农业信息整合到一起。信息汇总涉及的技术有有线网络、无线网络等。

（3）物联网应用层。

物联网应用层是物联网和用户的接口，它与行业需求结合，实现物联网的智能应用。

该层的主要任务是汇总信息，并将汇总而来的信息进行分析和处理，从而将现实世界的实时情况转化成数字化的认知。

应用层是农业物联网的“社会分工”，它与农业行业需求结合，实现了广泛的智能化。

3. 农业物联网的应用

（1）农业物联网在种植业中的应用。

设施农业属于技术密集型的产业，是种植业应用物联网技术的典型代表。它是利用人工建造的设施，使传统农业逐步摆脱自然的束缚，走向现代工厂化的现代农业。同时它也是农产品打破传统农业季节性的限制，实现农产品反季节上市，进一步满足多元化、多层次消费需求的有效方法。

设施农业物联网应用主要由温度传感器、温控仪、湿控仪和空气测试仪等设备，通过 RS485 总线和数据采集与传输设备相连，将温度、湿度等数据实时地通过中国移动的 TD 或 GPRS 网络传送到远程智能系统，再将数据通过手机或手持终端发送给农业人员、农业专家，远程指导农业专家，并为他们的方案决策提供数据依据。

设施农业现场主要以大棚生产为主，所以，以温室大棚的农业物联网应用进行说明。

温室大棚能透光、保温（或加温），且温室大棚多用于低温季节喜温的蔬菜，花卉、林木等的栽培或育苗等。温室依不同的屋架材料、采光材料、外形及加温条件等又可分为很多种类，如玻璃温室、塑料温室，单栋温室、连栋温室，单屋面温室、双屋面温室，加温温室、不加温温室等温室结构。温室大棚不仅应密封保温，还要便于通风降温。现代化温室中具有控制温、湿度，光照等条件的设备，生产者用电脑自动控制调节农作物植物所需的最佳环境条件。

温室成片的农业园区接收无线传感汇聚节点发来的数据，并对其存储、显现和办理，可完成一切基地测试点信息的获取、办理和剖析，并以直观的图表和曲线显现给各个温室的用户。并依据生产者种植农作物或栽培植物的需求提供各种声光报警信息和短信报警信息，完成温室集约化、网络化的长途管理。此外，物联网技术可运用到温室生产的每一期间，剖析不同期间农作物/植物的体现和环境因子，并反映到下一轮生产中，最后完成更精准地处理，获得更优异的商品。

温室大棚应用物联网系统应满足的功能，见表 4-10。

表 4-10　温室大棚应用物联网系统的功能

序号	功能	说明
1	温室环境实时监控功能	① 用户通过电脑或者手机远程查看温室的实时环境数据，包括空气温度、空气湿度、土壤温度、土壤湿度、光照度、二氧化碳浓度、氧气浓度等视频数据，并可以保存录像文件，防止农作物被盗等； ② 温室环境报警记录及时提醒，用户可直接处理报警信息，系统记录处理信息，还可以远程控制温室设备； ③ 远程、自动化控制温室内的环境设备，提高工作效率，如自动灌溉系统、风机、侧窗、顶窗等； ④ 用户可以直观查看温室环境数据的实时曲线图，及时掌握温室农作物的生长环境
2	智能报警系统功能	① 系统可以灵活地设置各个温室不同环境参数的上下阈值，一旦采集到的参数超出同值，系统可以根据配置，通过手机短信、系统消息等方式提醒相应的管理者； ② 报警提醒内容可根据模板灵活设置，根据不同用户需求设置不同的提醒内容，最大限度地满足用户个性化的需求； ③ 用户可以根据报警记录查看关联的温室设备，更加及时、快速地远程控制温室设备，高效处理温室环境问题； ④ 用户可及时发现不正常状态的设备，通过短信或系统消息及时通知管理者，保证系统的稳定运行
3	远程自动控制功能	① 系统通过先进的远程工业自动化控制技术，让用户足不出户便能远程控制温室设备； ② 用户可以自定义规则，让整个温室设备随环境参数的变化自动控制，比如当土壤湿度过低时，温室系统自动浇水； ③ 提供手机客户端，用户可以通过手机在任意地点远程控制温室的所有设备
4	历史数据分析功能	① 系统可以通过不同条件组合查询和对比历史环境数据； ② 系统支持列表和图表两种不同形式，用户可以更直观地看到历史数据曲线； ③ 建立统一的数据模型，系统通过数据挖掘等技术可以分析更适合农作物生长、最能提高农作物产量的环境参数，辅助用户决策
5	视频监控功能	① 视频采集； ② 视频存储； ③ 视频检索及播放
6	手机客户端控制	① 用户可以通过农业温室智能监控系统手机客户端随时随地查看温室的环境参数； ② 用户可以使用手机端及时接收、查看温室环境报警信息； ③ 通过手机端，用户可以远程自动控制温室环境设备，如自动灌溉系统、风机、顶窗等

温室大棚物联网系统包括传感终端、通信终端、无线传感网、控制终端、监控中心和应用软件平台。

传感终端。温室大棚环境信息感知单元由无线采集终端和各种环境信息传感器组成。环境信息传感器监测空气温湿度、土壤水分、光照强度、二氧化碳浓度等环境参数，并通过无线采集终端以 GPRS 方式将采集的数据传输至监控中心，以指导用户生产。

通信终端及传感网络建设。温室大棚无线传感通信网络主要由温室大棚内部感知节点间的自组织网络建设和温室大棚间及温室大棚与农场监控中心的通信网络建设两部分组成。前者主要实现传感器数据的采集及传感器与执行控制器之间的数据交互。温室大棚环境信息通过内部自组织网络在中继节点汇聚后，将通过温室大棚及温室大棚与农场监控中心的通信网络实现监控中心对各温室大棚环境信息的监控。

控制终端。温室大棚环境智能控制单元由测控模块、电磁阀、配电控制柜及安装附件组成，并通过 GPRS 模块与管理监控中心连接。根据温室大棚内的空气温湿度、土灌温度水分、光照强度及二氧化碳浓度等参数，该控制单元能控制环境调节设备，包括内遮阳、外遮阳、风机、湿帘水泵、顶部通风、电磁阀等。

视频监控系统。视频监控系统作为数据信息的有效补充，基于网络技术和视频信号传输技术，全天候视频监控温室大棚内的作物生长状况。该系统由网络型视频服务器、高分辨率摄像头组成。网络型视频服务器主要提供视频信号的转换和传输，并实现远程的网络视频服务。

监控中心。监控中心由服务器、多业务综合光端机、大屏幕显示系统、UPS 及配套网络设备组成，是整个系统的核心。园区建设管理监控中心的目的是信息化管理及成果展示整个示范园区。

应用软件平台。应用软件平台可统一存储、处理和挖掘土壤信息感知设备、空气环境监测感知设备、外部气象感知设备、视频信息感知设备等各种感知设备的基础数据，并通过中央控制软件的智能决策，形成有效指令，最后，通过声光电报警指导管理人员或者直接控制执行机构调节设施内的气候环境，为作物生长提供优良的生长环境。

（2）农业物联网在养殖中的应用。

近年来，在国家对畜禽标准化规模养殖等扶持政策的推动下，我国畜禽业正处在由传统养殖向现代养殖转型的关键时期。畜禽养殖监控系统采用物联网技术，通过智能传感器在线采集畜禽舍养殖环境的参数，并根据采集数据分析结果，远程控制相应的设备，使畜禽舍养殖环境达到最佳状态，实现科学养殖、减疫增收的目标。畜禽养殖监控系统应满足的功能，见表 4-11。

表 4-11　畜禽养殖监控系统的功能

序号	功能	说明
1	温湿度调节，营造舒适的温湿度环境	实时监测采集养殖舍内外的温湿度数值，对比舍内、外的温度。在夏季，当室内温度高于室外温度时，启动风机交换空气、通风排湿；在寒冬，需要进行保温处理，适当进行送暖措施（如太阳能、电热炉、锅炉供暖）等

续表

序号	功能	说明
2	通风换气，保持养殖舍内空气清新	系统联动控制通风换气设备，可以及时排出污浊的空气，并不断地吸收新鲜空气；实时监测养殖舍内的氨气、硫化氢、二氧化碳浓度等，自动调节换气设备。同时系统考虑到对舍内温湿度的影响，冬天选择温度较高时通风换气，夏天选择凉爽的夜晚或早晨通风换气
3	光照度调节，保证充足的光照时间	充足的光照时间是保证动物健康、快速成长的重要因素。在养殖舍内光线阴暗或冬季日照时间不足的情况下，系统会适当增加辅助照明，以弥补光照度的不足
4	养殖舍内外压力的监测	由于养殖舍在某些时候通风差，造成养殖舍内外压力存在差异，不利于气体流通，进而导致内舍有害气体浓度过高。该系统可以实时监测、采集养殖舍内外的压力，当出现压差时，可联动控制运行相关设备，以保证空气流通
5	视频监控，随时掌握现场实况	在养殖舍内安装视频监控，以便用户随时查看动物的生长情况，减少人工现场巡查的次数，提高工作效率。从科学养殖、提高养殖管理水平、实现智能养殖的角度来看，视频监控是现代化养殖业发展的必然趋势

畜禽养殖监控系统由以下 7 个系统组成：

畜禽养殖智能监测系统。该系统通过传感器、音频、视频和远程传输技术在线采集养殖场的环境信息（二氧化碳、氨气、碱化氢、空气温湿度、噪声、粉尘等）和畜禽的生长行为（进食、引水、排源等），实时监测设施内的养殖环境信息，及时预警异常情况，减少损失。

畜禽养殖视频监控系统。该系统在养殖区域内设置可移动的监控设备，可实现以下功能：现场环境实时查看；远程实时监控；视频信息可回看、传输和存储，及时发现用户在养殖过程中碰到的问题，查找并分析原因，确保安全生产。

畜禽养殖智能控制系统。该系统实现畜禽舍内光照、温湿度、饲料添加等功能的智能化控制，根据畜禽的生长需要，分阶段智能调整环境条件，智能投放不同类别的饲料，实现精细化管理，减少病害的发生，进而减少损失。

数据库系统。该系统基于物资管理，便于盘点饲料和兽药等的输入与输出量，避免库存空缺或积压；基于销售管理，可以实时录入客户资源信息与销售信息。

智能电子耳标。智能电子耳标能证明牲畜的身份，可承载畜禽个体信息。各监管部门通过 RFID（射频识别）技术浏览相关信息，及时发现和精准处理疫情，降低由疫情造成的经济损失。

手机远程管理系统。手机控制是农业物联网控制系统的另一种便捷控制方式。用户预先在智能手机上下载物联网系统，通过手机上的客户端，用户可以远程查看设施环境数据和设备运行情况，还可以分析数据，方便灵活管理。

信息管理平台。各监督部门可通过该平台查看畜禽的生产、检疫、免疫、销售等情况，计划良种引进、培育与推广，维持良好的市场秩序。

（七）农业大数据技术

1. 农业大数据的基本内涵[①]

农业是产生大数据的无尽源泉，也是大数据应用的广阔天地。农业数据涵盖面广、数据源复杂。农业大数据指运用大数据理念、技术和方法，解决农业或涉农领域数据的采集、存储、计算与应用等一系列问题，是大数据理论和技术在农业上的应用和实践。

农业大数据是大数据理论和技术的专业化应用，除了具备大数据的公共属性，必然具有农业数据自身的特点。通常所讲到的农业，实际上应涵盖农村、农业和农民三个层面，具有涵盖区域广，涉及领域和内容宽泛，影响因素众多，数据采集复杂，决策管理困难等特点。狭义的农业生产是指种植业，包括生产粮食作物、经济作物、饲料作物和绿肥等农作物的生产活动等，不仅涉及耕地、播种、施肥、杀虫、收割、存储、育种等作物生产的全过程各环节，而且还涉及跨行业、跨专业、跨业务的数据分析与挖掘，以及结果的展示与应用，乃至整个产业链的资源、环境、过程、安全等监控与决策管理等。广义的农业生产是指包括种植业、林业、畜牧业、渔业和副业五种产业形式，均应该包含在农业大数据研究的范畴中。

知识链接：

对于大数据，首先要区分的是，“大数据”和“数据大”是完全不同的概念。在 20 世纪 90 年代，“大数据”概念只是针对一些在一定时间内无法用传统方法进行获取、管理和处理的那些数据集合的统称。美国《自然》杂志在 2008 年 9 月进一步提出了大数据的概念；全球知名的咨询公司麦肯锡（McKinsey）2011 年 6 月份发布了一份关于大数据的详尽报告——《大数据：未来创新、竞争、生产力的向导》，对大数据的影响、关键技术和应用领域等都进行了详尽的分析；2013 年 3 月，IBM 在北京发布了白皮书《分析：大数据在现实世界中的应用》，进一步解析和定义了最新的大数据的“4V”理论，即所具备的 4 个基本特征：规模化（Volume）、多样性（Variety）、高速率（Velocity）和真实性（Veracity）。

综上可见，大数据特指，不仅数据容量大，尤其是因为数据形式多样化、非结构化特征明显，导致数据存储、处理和挖掘等异常困难的那类数据集，特别是其中必然蕴含着巨大的应用价值。

2. 农业大数据的主要任务

基于大数据的理论和技术，不断推进农业大数据技术的创新与应用实践，结合国家农业现代化和农业信息化发展战略，突破农业大数据的一些关键技术，谋划和凝练一批农业大数据的示范和应用项目，将大数据提升到与物联网和云计算同等重要的地位，抢占大数据这一新时代信息化技术制高点，推进智慧农业不断发展。

在市场经济条件下，农业的分散经营和生产模式，使得在参与市场竞争中对信息的依赖性比任何时候都更加重要：信息和服务的滞后性，往往对整个产业链产生巨大的负面影响。由于市场经济的特点，农业生产很难在全国范围内形成统一规划，致使农业生产受市场波动

① 孙忠富，杜克明，孙飞翔，尹首一. 大数据在智慧农业中的应用与展望[J]. 中国农业科技导报，2013（6）：63-71.

影响颇大，而且农业生产很多方面是依靠感觉和经验，缺少量化的数据支撑。大数据时代，不仅可以通过建立综合的数据平台，调控农业生产，还可以记录分析农业种养过程、流通过程中的动态变化，通过分析数据，制定一系列调控和管理措施，使农业高效有序发展。

农业大数据的主要任务，具体表现在以下两个方面：

（1）优化整合农业数据资源。我国农业信息技术经历了多年的发展，研发了涵盖多层面、多领域的农业信息化系统，构建了很多不同级别、面向不同领域的数据资源，进而形成了庞大的信息资源财富。

我国有很多涉农网站，这些网站汇集了很多信息资源。但这些数据相互之间缺乏统一的标准和规范，在功能上不能关联互补，信息也不能共享互换，信息与业务流程和应用相互脱节，进而形成了“信息孤岛”。这些数据缺乏标准、难以共享，造成农业设施的低水平重复建设，数据利用率低，信息资源凌乱分散和大量冗余等。基于云计算构架和大数据技术，我们整合数据资源、规范数据标准、统一标识和规范协议等可实现计算资源的虚拟化建设，消除数据“鸿沟”、发展农业大数据资源。我们通过构造虚拟化技术平台，实现 IT 资源的逻辑抽象和统一表示，该平台可以在大规模数据中心的管理和解决方案交付方面发挥巨大作用。

（2）农业大数据平台建设。为了不断推进农业经济的优化，实现可持续的产业发展和区域产业结构优化调整，进一步推动智慧农业发展的进程，农业生产者需要及时掌握农业的发展动态，依托农业大数据及相关大数据分析处理技术，建设一个农业大数据分析应用平台。

在技术上，该平台基于先进的大数据系统框架，充分融合物联网在数据获取以及云计算在数据处理方面的技术优势，建设具有高效性、先进性和开放性的业务化应用平台。结构上，该平台应具有良好的可配置性。平台应具有稳健的设计构架、良好的人机交互功能，设计上便于技术人员开发使用。随着应用领域的拓宽、业务的发展、业务量的增加，系统也应该具有良好的扩展性和应用性。

3. 农业大数据的应用

随着国内外农业大数据快速发展，其典型应用体现在以下几个方面：

（1）大数据加速作物育种。传统的育种往往成本较高、工作量大、时间长，大数据的应用则可以加快此进程。过去的生物调查习惯在温室和田地进行，而现在的生物调查已经可以通过计算机进行运算了，海量的基因信息流可以在云端被创造和分析，同时进行假设验证、试验规划、定义和开发。在此之后，只需要有相对很少的一部分作物经过一系列的实际大田环境验证，就可以高效确定品种的适宜区域和抗性表现。这项新技术的发展不仅有助于低成本、快速地决策，而且能探索很多以前无法完成的事。

（2）精准生产——预测市场需求。市场经济下的农产品滞销，其实原因主要在于市场供需问题。如果能把农业产销市场中的数据汇总起来，指导合理生产并实现“供需平衡”并非难事。通过大数据采集技术发现某地农产品的市场需求高，那么当地农业管理部门就可以联系该地区的销货商，将农产品售往该地区。当地农业管理部门还可以提前通过大数据平台采集消费者的需求报告，并进行市场分析，提前规划生产，降低生产风险，帮助农户在农事方面做出更明智的决策。

（3）以数据驱动的精准农业操作。大数据技术的应用让现代农业可以通过遥感卫星和无人机管理地块和规划作物种植适宜区，预测气候、自然灾害、病虫害、土壤墒情等环境数据，监测作物长势，指导灌溉和施肥，预估产量。随着我国北斗导航能力和其他工业技术的提高，生产者可以跟踪作物流动，引导和控制设备，监控农田环境，精细化管理整个土地的投入，大大提高生产力和盈利能力。

（4）大数据实现农产品可追溯。农业大数据技术平台可以追踪农产品从田间到餐桌的每一个过程。RFID 标签可以记录农资和食品生产过程中的各种信息，如产品 EPC 信息、出货信息等。在流通环节中工作人员可以验证上一环节的信息，并将新的信息，如物流企业信息、车辆信息、出发地、目的地、货物批次信息等写入 RFID 标签和中心数据库中，使信息能够传递到供应链的下一环节。在销售环节中，工作人员验证上一环节信息，并将销售信息、出货/进货等信息写入 RFID 标签和中心数据库中。在消费者环节中，消费者通过互联网或者手机拍摄农资小包装上的二维码图片，并将其发送到后台，查询该商品的整个流通信息。从而验证商品的真实性。

（5）加强农业环境监测。农业大数据可以通过传感器检测农作物的生产环境从而感知农作物的生产。农业大数据采集农作物生长环境中的各项指数数据，再把这些采集的数据放到本地或云端的数据中心，从全面分析农业生产的历史数据和实时监控数据，提高到对作物种植面积、生产进度、农产品产量、天气情况、气温条件、灾害强度和土壤度的关联监测能力。

比如系统监测到大棚的土豆土壤湿度不足，那么系统就可以及时补充土壤湿度；如果监测到三号大棚的辣椒色泽浅，那么就可以通过监测数据分析出原因，如果是缺乏养分那就需要及时施肥。试想如果在作物的生长过程中，气候灾害可以得到规避及科学有效地防治，种植方法也可以得到有效改进，那么随之而来的将会是产量的稳定甚至提高，从源头上提高农业的生产效率。

（6）拉动农业产业链。农业大数据运用地面观测、传感器和 GPRS 信息技术等，加强了农业生产环境、生产设施和动植物本体感知数据的采集、汇聚和关联分析，完善了农业生产进度智能监测体系，提高了农业的生产管理、指挥调度等数据支撑能力。同时，农业大数据技术在种植、畜牧和渔业等关联产业生产中的应用也在不断推广，拉动了农业产业整体内需，从农业生产到农业市场、农产品管理，农业大数据将会大幅提高农业整条产业链的效率。

现代农业通过利用农业大数据，实行产加销一体化，将农业生产资料供应，农产品生产、加工、储运、销售等环节链接成一个有机整体，并组织、协调和控制农业中的人、财、物、信息、技术等要素的流动，以期获得农产品价值的增值。打造农业产业链条，不但有利于增强农业企业的竞争能力，增加农民收入和产业结构调整，而且有助于农产品的标准化生产和产品质量安全追溯制度的实行。

（7）加强农业技术指导。现代农业通过大数据技术，集合病虫害防治、土地科学施肥、农资溯源、大棚监控等多学科技术的应用，利用 4G 网络，指导农业用户在实际生产中的具体操作。可见，农业大数据是农业用户迫切需要的应用系统。

案例链接：

大数据助力育种“加速度”

中国农业科学院与阿里巴巴达摩院联合发布的面向育种数据处理全流程的智慧育种平

台实现了包括育种数据管理和分析、大模型大算力优化加速、人工智能算法预测亲本及优良品种的育种全流程整合，其数据容量、运行速度达到世界先进水平。截至目前，已有来自全球 23 家单位的育种家使用该平台。

平台建设依托三亚崖州湾科技城的国家南繁作物表型研究设施和大数据中心，将作物海量育种数据与先进大数据算法结合，开辟智慧育种“新赛道”。依托先进的数字化技术，中国种业企业加快推动好品种落地。

如果说传统育种是“大海捞鱼”，那么位于陕西杨凌的先正达集团中国杨凌技术中心则实现了“定向撒网”。借助分子标记技术，杨凌中心的育种家可以快速准确地从数十万乃至数百万材料中筛选出所需基因，不再单纯依赖田间观察和验证。

育种新技术也加速了整个育种进程。通过数据分析，筛选出具有优良特性、高潜力的品系，投放到遍布全国的测试体系。经过两到三年测试，即可获得高产稳产、抗病性比较优良的品种并加快推向市场。

2023 年，先正达公司共有 121 个品种通过国家审定，在 2023 年有 14 个品种入选中国农业农村部《2023 年国家农作物优良品种推广目录》，为大面积提高粮食单产提供良种支撑。

（资料来源：新华网《从“会育种”到“慧育种”：数字化赋能农作物良种培育》http://www.hq.xinhuanet.com/20240320/cd4dabe254484791b0fa5519e61569a6/c.html）

【任务实践】

制订种植企业的果园智慧升级改造方案

1. 任务描述

张忠的农业企业位于成都市金堂县，种植面积 300 亩，种植耙耙柑和猕猴桃，企业已经在果园内布置有摄像头、温湿度监测器等简单设备。以张忠的农业企业为研究载体，分析如何对企业的果园进行数字智能化升级改造，注意收集了解升级改造过程中国家及地方的优惠政策。小组内每名成员撰写“如果我是企业升级改造人员，我该如何进行升级改造并需要考虑哪些问题”的简要述评。

2. 任务建议

组织小组交流数字智能化升级改造时需要考虑哪些方面，包括应用的技术有哪些、需要什么功能等，每名成员思考如何让果园的数字智能化升级改造经济有效。

3. 任务要求

研究张忠的果园，写明如何对果园进行数字化、智能化改造，针对相应的升级改造计划结合学习任务中介绍的数字智能生产管理的知识阐述小组拟定的智慧果园升级改造方案。

4. 任务评价

教师根据每个调研小组提交的智慧果园升级改造方案、每个同学撰写的述评和建议，由教师与学生代表组成评价小组，对每个同学完成项目工作任务的实际表现与成果进行评价打分，并将成绩计入学生的过程性考核。

项目五

守护生命的源泉——农产品质量安全管理

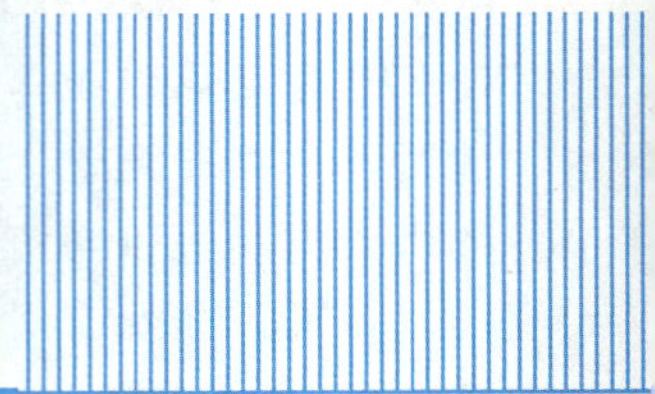

【内容介绍】

农产品质量安全是农业高质量发展的基础保障，是全面推进乡村振兴的重要支撑，是农业农村现代化的关键环节，进一步做好从生产、储藏到流通、消费等各个环节的全链条识别监测、评估和预警防控，是抓好农产品质量安全的题中应有之义。规范农产品生产经营行为，从源头上为食品安全构筑起一道坚固的防线，为农产品放心消费提供有力保障，是质量兴农、品牌强农、农业绿色发展的坚实基础。实现“从农田到餐桌”的全过程、全链条的监管，进一步提升农产品质量安全治理水平，保障“舌尖上的安全”，对满足人民对美好生活的需要，助推农业农村高质量发展具有重大而深远的意义。

【学习导航】

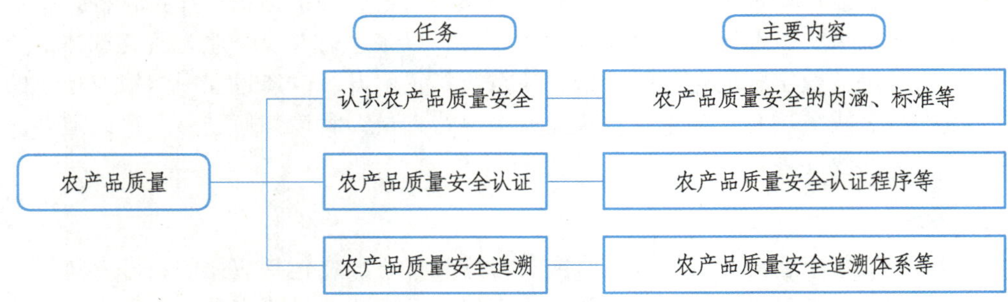

任务 1　认识农产品质量安全

1. 了解农产品质量安全的内涵；
2. 掌握农产品质量不安全的特点；
3. 掌握农产品质量不安全的主要来源；
4. 了解农产品质量标准的内容；

A 茶园的王老板在参观了 B 茶园的生产环境和加工作业车间后，感触很深，看来要注重农产品的质量并非易事。现在市场竞争如此激烈，王老板深知打铁还须自身硬，赢得竞争必须树立质量为本的企业经营理念。那么如何才能生产出好的农产品呢？是依靠生产设备和生产工人吗？同学们，你们是怎么认为的呢？

农产品质量安全，是指农产品质量达到农产品质量安全标准，符合保障人的健康、安全的要求。当前提高农产品质量安全水平，就是要提高防范农产品中有毒物质对人体健康可能产生危害的能力。因此，了解农产品质量不安全的特点，从源头上分析农产品质量不安全的原因，并围绕农产品产地、投入品、生产经营等方面建立起农产品质量安全标准化体系，才能提升对农产品质量安全的意识，切实保障群众“舌尖上的安全”。

一、农产品质量安全内涵

（一）农产品质量安全的概念

农产品是指来源于农业的初级产品，即在农业活动中获得的植物、动物、微生物及其产品。农产品质量安全是指农产品的内在品质与外在因素对人体健康的影响状况。广义的农产品质量安全还包括在生产、储存、流通和使用过程中形成或残存的营养、危害及外在的特征因素，既有等级、规格、品质等特性要求，也有对人、环境的危害等级水平的要求。

（二）农产品质量不安全的特点

（1）危害的直接性。大多数农产品是直接消费或加工后被消费。受物理性、化学性和生物性污染的农产品均可能直接对人体健康和生命安全产生危害。

（2）危害的隐蔽性。农产品质量安全的水平或程度仅凭感观往往难以辨别，需要通过仪器设备进行检验检测。受科技条件的制约，部分参数或指标的检测难度大、检测时间长。因此，对农产品质量安全状况难以及时、准确地做出判断，危害具有较强的隐蔽性。

（3）危害的累积性。不安全农产品对人体的危害，往往经过较长时间的积累才能表现出来。例如，部分农药、兽药残留在人体内积累到一定程度后，才可能导致疾病的发生并恶化。

（4）危害产生的多环节性。农产品生产的产地环境、农业投入品相关投入环境以及生产、加工、流通、消费等各个环节，均有可能对其产生污染，引发质量安全问题。

（5）管理的复杂性。农产品生产周期长，产业链条复杂，区域跨度大；农产品质量安全管理涉及多学科、多领域、多环节、多部门，控制技术相对复杂；加之我国农业生产规模小，生产者经营能力不高，致使农产品质量安全管理难度大。

案例链接：

世界农业发展的历史表明，农产品生产和消费大体经历了追求数量增长、强调数量与质量并重以及在保证数量的基础上突出质量和效益三个阶段。农产品质量安全发展的一般规律是：

（1）农产品质量安全水平与社会经济发展水平相适应；

（2）农产品质量安全水平与科学技术发展水平相适应；

（3）农产品质量安全水平与消费者不断提高的生活水平要求相适应；

（4）农产品质量安全水平受制于生产经营的集约化程度。

富县苹果与传统苹果产业相比，是从品种、模式、管理方式、施肥打药等方面的更新。为满足消费者的需求，富县积极发展富士新优早中熟品种，解决晚熟品种占比大、品种单一问题，形成错峰上市。在技术上，富县苹果采用矮化密植、立架栽培、水肥一体等现代化苹果种植模式，利用大行间采取机械化作业，配备水肥一体化系统，果农打药不上树，采果不上树，节省了人工，降低了养护成本。

（三）农产品质量不安全的主要来源

（1）物理性污染。物理性污染是指因物理性因素对农产品质量安全产生的危害，例如，因人工、机械等因素在农产品中混入杂质或农产品因辐射导致的放射性污染等问题。

（2）化学性污染。化学性污染是指在生产、加工过程中使用化学合成物质对农产品质量安全产生的危害，例如，因使用农药、兽药、添加剂等造成的残留对农产品质量安全产生的危害。

（3）生物性污染。生物性污染是指自然界中各类生物性污染对农产品质量安全产生的危害，例如，致病性细菌、病毒以及某些其他毒素等的污染。

知识链接：

草原产业高质量转型升级促进牧民增收

四川省阿坝州红原县以草原畜牧业转型为契机，走出一条生态美、产业旺、业态活、乡村兴、百姓富的产业转型高质量发展之路。

转型升级，因地制宜补强链条。红原县通过建设草原畜牧业转型升级综合示范园区，辐射带动全县草原畜牧业生产方式由“四季放牧＋冷季抗灾补饲”向“暖季适度放牧、冷季舍饲”转型，经营方式由千家万户分散、粗放养殖向家庭生态牧场＋适度规模标准化养殖场转型，管理方式由“线下粗放管理”向“线上＋线下一体化精准管理”转型。

创新模式，多向融合实现增收。红原县实施草场分区、牦牛分群、人员分工，“联牧联营”生产。通过合作社整合草场，科学划分草场利用功能区，大幅度降低了天然草地承载压力。同时，将犊牛、能繁母畜、公牛等分群管理，配套差异化日粮分类饲养，形成暖季顺势育肥、冷季错峰出栏、全年平稳产乳的格局，使牧户年均增收达到 10 万元以上。

（资料来源：人民网四川频道新闻资讯栏目）

二、农产品质量安全标准

项目 5　农产品质量标准和认证（1）

（一）农业标准化

1. 农业标准化的含义

农业标准化是指以农业为对象的标准化活动。其内涵是指农业生产经营活动要以市场为导向，建立健全规范化的工艺流程和衡量标准。具体来说，是指为了提高农业生产经营活动的效率和效益，针对农业经济、技术、科学、管理活动中需要统一、协调的各类对象，制定并实施标准，使之实现必要而合理的统一活动。

2. 农业标准化的对象

农业标准化的对象主要包括产品及种子（包括种子、种苗、种禽、鱼苗等）的品种规格、质量、等级、安全、卫生要求，试验、检验、包装、储存、运输、使用方法，生产技术、管理技术、术语、符号、代号等。

3. 农业标准化的内容

农业标准化的内容主要包括以下 8 个方面：

（1）农业基础标准。在一定范围内作为其他标准的基础并普遍适用的标准，主要指在农业生产技术中涉及的名词、术语、计量、包装、运输、储存等。

（2）种子、种苗标准。主要包括农林果蔬等种子、种苗、种畜、种禽、鱼苗等品种种性和种子质量分级标准，生产技术操作规程、包装、运输、储存、标志及检验方法等。

（3）产品标准。主要包括农林牧渔等产品品种、规格、质量分级、试验方法、包装、运输、储存、农机具标准、农资标准以及农业用分析测试仪器标准等。

（4）方法标准。以试验、检查、分析、抽样、统计、计算、测定、作业等各种方法为对象制定的标准，包括选育、栽培、饲养等技术操作规程、规范，试验设计、病虫害测报、农药使用、动植物检疫等方法或条例。

（5）环境保护标准。针对大气、水质、土壤、噪声等环境质量、污染源检测方法以及其他有关事项制定的标准，如水质、水土保持、农药安全使用、绿化等方面的标准。

（6）卫生标准。针对食品、饲料及其他方面的卫生要求制定的标准，主要包括农产品中的农药残留及其他重金属等有害物质残留允许量的标准。

（7）农业工程和工程构件标准。围绕农业基本建设中工程的设计、施工、安装、农业工程构件等制定的标准，如塑料大棚、种子库、沼气池、牧场、畜禽圈舍、鱼塘、人工气候室等标准。

（8）管理标准。如标准分级管理办法、农产品质量安全监督管理办法及各种审定办法等。

案例链接：

中国草莓之乡建德标准地建设

建德是我国最早发展“大棚草莓”种植的县市之一，被誉为“中国草莓之乡”。建德草莓历经40年发展，从无到有，从有到优，成为建德农业的支柱产业和迈向共同富裕的富民产业。目前，建德草莓产业规模位居浙江第一、全国第三，全市草莓种植面积达7.5万亩，年产值达40亿元。

尽管建德草莓已经走向全国乃至世界，但依然存在本地种植规模偏小、布局偏散、传统生产方式不符合种植标准化等矛盾。为解决这些问题，建德在全省首创草莓“标准地”做法。其核心是，由村集体统一流转土地、统一土地平整、统一建设大棚、统一对外招租、市场主体经营、统一技术管理、统一品牌销售。在发展产业增加农户收入、带动农户就业的同时，每年为村集体增收。2021年，建德市杨村桥、大同、航头、乾潭4个乡镇共试点推进1 300亩草莓“标准地”，为村集体创收250万元，草莓“标准地”建设已取得初步成效。在“千鹤一线红”共富草莓园，梅城镇通过集中连片流转、土地清表等方式盘活闲置土地，在龙溪、顾家两村共打造320亩草莓共富园，每年为本地农户增加800元/亩的租金收益。

“标准地”模式，使草莓产业的生产方式更现代化，经营方式更专业化，发展方式更多元化。草莓“标准地”从源头解决“地从哪来、谁来种地、如何种地”等难题，有效促进土地、农业生产资料的优化配置。同时，通过大力引育农村实用人才、莓二代等，把“好地”流向“好主体”，不断提高“标准地”经营管理水平。

（资料来源：中国日报网，https://baijiahao.baidu.com/s?id=1735061503243371573&wfr=spider&for=pc）

（二）农产品质量标准

1. 农产品质量标准的分类

（1）按照执行的层次分为国家标准、行业标准、地方标准和企业标准。国家标准、行业标准、地方标准和企业标准之间的关系是，对需要在全国范围内统一的技术要求，应当制定国家标准；对没有国家标准而又需要在全国某个行业内统一的技术要求，可以制定行业标准；对没有国家标准和行业标准而又需要在省、自治区、直辖市范围内统一的技术要求，可以制定地方标准；企业生产的产品没有国家标准和行业标准的，应当制定企业标准。国家鼓励企业制定高于国家标准的企业标准。

（2）按照严格的程度分为强制性标准和非强制性标准。强制性标准通过法律法规的形式颁布、实施，生产经营者必须执行；非强制性标准由政府委托的部门或自律性的行业协会制定，并得到了社会认可。

（3）按照涉及的环节分为产前、产中和产后标准以及生产全过程的标准。① 产前标准，包括农业投入标准和农业环境标准。② 产中标准，主要是对食用农产品中化学物质残留量的限制。③ 产后标准，包括农产品的包装和标识方面的标准以及农产品贸易方面的标准。④ 生产全过程的标准，包括农产品标准、生产技术规程以及生态农业和有机食品的质量标准。

（4）按照应用对象分为专用标准和非专用标准。专用标准（又称为垂直类标准）专门针对某一农产品，用于容易产生危害的产品。这些标准是直接用以指导生产、加工、流通和进出口贸易的标准。非专用标准（又称为水平类标准）主要适用于食品生产和饮料生产企业。

（5）按照实施的地域分为国际标准和国家标准。国际食品法典委员会制定的食品质量标准可以被看作是国际标准，由国务院标准化行政主管部门制定的需要在全国范围内统一的技术要求为国家标准。

2. 农产品质量标准的特点

（1）覆盖面广，数量多。农产品质量标准几乎覆盖了从农业生产环境、农用生产资料到农业生产、农产品加工、农产品流通和贸易的各个环节。

（2）农产品质量标准制定的参与程度高。农产品质量标准的制定都有政府部门及相关企业参与，部分国家还有专门的标准化方面的主管机构参与。农产品质量标准具有很强的科学性和可操作性。

（3）农产品质量标准不断被修订。随着科技水平的提高、消费者权益意识的增强，农产品质量标准不断被修订。

（4）农产品质量标准国际化。随着农产品国际贸易的发展，不同的国家认同统一的农产品质量标准，在经济一体化程度较高的地区，这种趋势尤为明显。

3. 农产品质量安全标准体系

农业标准体系是由众多农业标准组成的一个庞大而复杂的系统，从农业标准化活动来看，农业标准体系是由领域、内容、层级组成的立体框架结构。在领域上，种植业技术标准包含水稻、小麦、玉米、大豆、油菜、棉花、蔬菜、水果、茶叶、花卉、食用菌、糖料、麻类、橡胶等不同产品所涉及的技术标准；畜牧业技术标准包含猪、牛、马、羊、鸡、鸭、兔、蜂、饲料等产品所涉及的技术标准；渔业技术标准包含鱼、虾、贝、藻等产品所涉及的技术标准。在内容上，农业标准包括安全和质量两类标准，安全类标准主要是影响农产品安全的物理性、化学性和生物性危害因素方面的标准，质量类标准主要是农产品质量标准以及与农产品质量有关的标准。在层级上，经过多年的建设与发展，目前我国初步形成了国家标准、行业标准、地方标准、企业标准四个层级的农产品技术标准体系框架。

国家标准是指由国务院标准化行政主管部门制定的需要在全国范围内统一的技术要求。国家标准分为强制性国家标准、推荐性国家标准和指导性技术文件，国家规定的标准代号分别为 GB、GB/T 和 GB/Z，其管理部门为国家标准化管理委员会。行业标准是指没有国家标准而又需要在全国某个行业范围内统一的技术标准，由国务院有关行政主管部门制定并报国务院标准化行政主管部门备案。行业标准分为强制性标准和推荐性标准。推荐性行业标准的代号是在强制性行业标准代号后面加“T”，如农业的推荐性行业标准代号是 NY/T。地方标准是指没有国家标准和行业标准而又需要在省、自治区、直辖市范围内统一的产品的安全、卫生要求，由省、自治区、直辖市标准化行政主管部门制定并报国务院标准化行政主管部门备案，由国务院标准化行政主管部门通报国务院有关行政主管部门。企业标准是指由企业制定的作为组织生产依据的，或在企业内制定适用的严于国家标准、行业标准或地方标准的企业（内控）标准。企业标准由企业自行组织制定并按省、自治区、直辖市人民政府的规定备案（不含内控标准）。

知识链接：

我国是农产品的生产大国，也是消费大国。随着我国经济的不断发展、人们生活水平的日益提高，农产品质量安全受到了各级政府和社会各界的普遍关注。我国农产品质量安全检测体系的法律依据主要有以下五类法律法规进行规范：

（1）综合性法律，如《中华人民共和国农产品质量安全法》《中华人民共和国畜牧法》《中华人民共和国农业法》《中华人民共和国渔业法》等；

（2）产地环境法律法规，如《中华人民共和国环境保护法》和《基本农田保护条例》等；

（3）投入品法律法规，如《中华人民共和国种子法》《农药管理条例》《兽药管理条例》《饲料和饲料添加剂管理条例》等；

（4）认证和标准的法律，如《中华人民共和国计量法》《中华人民共和国标准化法》等；

（5）一些地方规章，如《上海市食用农产品安全监管暂行办法》《广东省食品安全条例》等。

【任务实践】

制订保障目标农产品质量控制的方案

1. 任务描述

以A茶园经营的茶叶制品或任意选择一种农产品为研究载体，分析容易出现质量问题的原因，研究培育、生产、加工、销售过程中最容易出现质量问题的环节。小组内每名成员撰写“如果我是质控工作人员，我该如何控制农产品质量”的简要述评。

2. 任务建议

组织小组交流日常生活中遇到劣质农产品的经历，选取最典型的一例农产品作为本组研究质量安全管理的目标农产品，每名成员思考如何避免出现农产品质量安全问题。

3. 任务要求

研究A茶园茶叶或其他目标农产品，写明农产品质量情况，针对目标农产品结合章节学习任务中介绍的农产品质量安全管理的知识阐述自己拟定的质量控制方案。

4. 任务评价

教师根据每个调研小组提交的质量安全控制方案、每个同学撰写的述评和建议，由教师与学生代表组成评价小组，对每个同学完成项目工作任务的实际表现与成果进行评价打分，并将成绩计入学生的过程性考核。

任务 2　农产品质量安全认证

学习目标

1. 了解绿色食品认证的概念与特点；
2. 掌握绿色食品认证标准；
3. 了解有机食品认证的内涵；
4. 辨析有机食品认证的机构与依据；
5. 掌握农产品质量安全认证的特点。

情境导入

A 茶园老板经过勘查后，发现引起茶叶质量安全问题的主要来源在于附近铁矿区污染土壤和农药除草剂的大量施用，于是下定决心进行园区整改。B 茶园负责人告知可以申请示范基地建设或者申报绿色食品、有机食品的认证，帮助提升茶园的茶叶制品质量。那么如何才能完成农产品质量安全的认证呢？需要完成哪些认证程序？又需要提交哪些资料呢？

学习任务

农产品质量认证始于 20 世纪初美国开展的农作物种子认证，并以有机食品认证为代表。到 20 世纪中叶，随着食品生产传统方式的逐步退出和工业化比例的增加，国际贸易的日益发展，食品安全风险程度的增加，许多国家引入从“农田到餐桌”的过程管理理念，把农产品认证作为确保农产品质量安全的有效措施。

项目 5　农产品质量标准和认证（2）

一、绿色食品认证

（一）绿色食品的概念和特点

1. 绿色食品的概念

绿色食品是指企业按绿色食品质量体系要求，遵循可持续发展原则，按照特定生产方式和规定标准生产，并经专门机构认定、许可使用绿色食品标志的无污染、安全、优质食品。绿色食品是遵循可持续发展原则，按照特定生产方式生产，经专门机构认定，许可使用绿色食品标志商标的无污染的安全、优质、营养类食品。

2. 绿色食品的特点

（1）产品原料产地必须符合绿色食品生态环境质量标准要求；

（2）种、养、加过程必须符合绿色食品生产操作规范并接受监管部门的全程监控；

（3）企业必须按照绿色产品质量标准和卫生标准规定要求，建立健全企业质量标准体系；

（4）允许少量使用符合国家标准的化肥、农药，不得使用转基因技术，生产绿色食品的原料必须是无公害的农产品；

（5）绿色食品包装、装潢和标志必须符合国家绿色食品规定的标准要求；

（6）绿色食品生产、加工必须经过农业农村部绿色食品监测中心或委托指定监测中心全程监控，产品经农业行政主管部门认证并发给绿色食品证书。

（二）绿色食品的标准

1. 绿色食品标准体系

（1）绿色食品标准是绿色食品发展理念的技术载体，是绿色食品生产和管理的技术指南，是绿色食品事业高质量发展的技术保障。

（2）绿色食品标准的属性：绿色食品标准是推荐性农业行业标准。

2. 绿色食品标准体系框架

按照“安全与优质并重、先进性和实用性相结合”的原则，注重落实“从土地到餐桌”的全程质量控制理念，建立了一套定位准确、结构合理、特色鲜明的绿色食品标准体系，包括产地环境质量标准、生产技术标准、产品标准、包装储运标准等 4 个部分，对绿色食品生产的产前、产中和产后全过程各生产环节进行规范控制。

（1）绿色食品产地环境标准。

根据农业生态的特点和绿色食品生产对生态环境的要求，充分依据现有国家环保标准，对控制项目进行优选，分别对空气、农田灌溉水、养殖用水和土壤质量等基本环境条件做出严格规定。

（2）绿色食品生产技术标准。

根据国内外相关法律法规、标准，结合我国现实生产水平和绿色食品的安全优质理念，分别制定了生产资料基本使用准则和生产认证管理通则，包括农药使用准则、肥料使用准则、兽药使用准则、饲料及饲料添加剂使用准则、渔药使用准则、食品添加剂使用准则、畜禽卫生、防疫准则、海洋捕捞水产品生产操作规程、产品抽样准则、产品检验规则等。同时根据上述基本准则，制定了具体种植、养殖和加工对象的生产技术规程。

（3）绿色食品产品标准。

根据国内外相关产品标准要求，坚持安全与优质并重，先进性与实用性相结合的原则，针对具体产品制定相应的品质和安全性项目和指标要求，如种植业、畜禽、渔业、加工产品的标准。

（4）绿色食品包装贮藏运输标准。

为确保绿色食品在生产后期的包装和运输过程中不受外界污染而制定了一系列标准，主要包括包装通用准则和储藏运输准则。

3. 绿色食品标准具体要求

绿色食品标准分为两个技术等级，即 AA 级绿色食品标准和 A 级绿色食品标准。AA 级绿色食品标准要求：生产地的环境质量符合《绿色食品产地环境质量标准》，生产过程中不使用化学合成的农药、肥料、食品添加剂、饲料添加剂、兽药及有害于环境和人体健康的生产资料，而是通过使用有机肥、种植绿肥、作物轮作、生物或物理方法等技术培肥土壤、控制病虫草害、保护或提高产品品质，从而保证产品质量符合绿色食品产品标准要求。

A 级绿色食品标准要求：生产地的环境质量符合《绿色食品产地环境质量标准》，生产过程中严格按绿色食品生产资料使用准则和生产操作规程要求，限量使用限定的化学合成生产资料，并积极采用生物学技术和物理方法，保证产品质量符合绿色食品产品标准要求。

（三）绿色食品的认证程序

农业农村部的“中国绿色食品发展中心”是全国统一的绿色食品认证和管理机构。中国绿色食品发展中心依据《绿色食品标志管理办法》，制定了绿色食品认证程序，主要分为 8 个过程：① 认证申请；② 受理及文审；③ 现场检查、产品抽样；④ 环境监测；⑤ 产品检测；⑥ 认证审核；⑦ 认证评审；⑧ 颁证。

知识链接：

什么是绿色食品标志

绿色食品标志图形由三部分构成，即上方的太阳、下方的叶片和中心的蓓蕾。标志图形为正圆形，意为保护、安全。颜色为绿色，象征生命活力。整个图形表达明媚阳光下人与自然的和谐与生机。绿色食品标志是我国第一个证明商标，由中国绿色食品发展中心于 1996 年在国家工商行政管理总局商标局（2018 年改为国家市场监督管理总局）依法注册。它的创立、使用与保护，开创了我国证明商标的先河，如图 5-1 所示。

图 5-1　绿色食品标志图

二、有机食品的认证

（一）有机食品的概念和内涵

1. 有机食品的概念

有机食品是指符合国家食品卫生标准和有机食品技术规范的要求，在原材料生产和产品加工过程中不使用农药、化肥、生长激素、化学添加剂、化学色素和防腐剂等化学物质，不使用基因工程技术，并通过有机认证使用有机食品标志的农产品及其加工产品。

2. 有机食品的内涵

有机食品也可称为生态食品，它必须符合四个基本条件：

（1）原料来自有机农业生产体系或采用有机方式采集的野生天然食品；

（2）生产加工过程严格遵守有机食品的种养、加工、包装、储藏、运输的标准，不使用任何人工合成的化肥、农药和添加剂；

（3）在生产与流通过程中，有完善的质量跟踪审查体系和完整的生产及销售记录档案；

（4）通过授权的有机食品认证机构的认证。

（二）有机食品的认证依据和认证机构

1. 有机食品认证依据的法律法规

有机食品认证是国际通行的认证方式。《有机产品认证管理办法》是我国现行对有机产品认证、流通、标识、监督的强制性要求。《有机产品认证实施规则》是对认证机构开展有机产品认证程序的统一要求，该规则对认证申请、受理现场检查的要求、提交材料和步骤、样品和产地环境监测的条件和程序、检查报告的记录与编写、做出认证决定的条件和程序、认证证书和标志的发放与管理方式、收费标准等做出了规定。《中华人民共和国农产品质量安全法》从法律上对农产品质量安全标准、产地、生产、包装和标识以及检查、法律责任等方面做出了规定。此外，一些与认证认可有关的其他法规文件，如《中华人民共和国标准化法》《中华人民共和国计量法》《中华人民共和国认证认可条例》《认证咨询机构管理办法》《认证培训机构管理办法》《认证书和认证标志管理办法》等，分别从不同角度体现了国家推行的产品质量认证制度和管理系统，有机食品认证也需要遵照执行。

2. 有机食品认证的组织机构及管理

国家市场监督管理总局负责全国有机食品认证的统一管理、监督和综合协调工作。地方市场监督管理部门负责所辖区域内有机食品认证活动的监督管理工作。国家推行统一的有机食品认证制度，实行统一的认证目录、统一的标准和认证实施规则、统一的认证标志。国家市场监督管理总局负责制定和调整有机产品认证目录、认证实施规则，并对外公布。有机食品认证机构应当依法取得法人资格，并经国家市场监督管理总局批准后，方可从事批准范围内的有机食品认证活动。

（三）有机食品的认证程序

有机食品认证程序是指认证机构依据相关标准和技术规范，对申请认证的农产品及其加工产品进行系统评估并颁发证书的过程。该程序旨在保障食品安全和生态环境，确保产品从生产到销售的各个环节符合有机标准。认证程序包括：① 认证申请；② 预审审查，制订初步检查计划；③ 签订有机食品认证检查合同；④ 实地检查评估；⑤ 编写检查报告；⑥ 综合审查评估意见；⑦ 颁证决议。

知识链接：

拒绝有机认证的条件

认证委托人存在以下情况之一的，不予批准认证：

（1）提供虚假信息，不诚信的；

（2）未建立管理体系或建立的管理体系未有效实施的；

（3）列入国家信用信息严重失信主体相关名录；

（4）生产、加工或经营过程使用了禁用物质或者受到禁用物质污染的；

（5）产品检测发现存在禁用物质的；

（6）申请认证的产品质量不符合国家相关法律法规和（或）技术标准强制要求的；

（7）存在认证现场检查场所外进行再次加工、分装、分割情况的；

（8）一年内出现重大产品质量安全问题，或因产品质量安全问题被撤销有机产品认证证书的；

（9）未在规定的期限完成不符合项纠正和/或纠正措施，或提交的纠正和/或纠正措施未满足认证要求的；

（10）经检测（监测）机构检测（监测）证明产地环境受到污染的；

（11）其他不符合《有机产品认证实施规则》和（或）GB/T 19630-2019《有机产品生产、加工、标识与管理体系要求》的要求，且无法纠正的。

三、农产品质量安全认证的特点

（一）过程长，环节多

农产品生产和消费是一个“从农田到餐桌”的完整过程，要求农产品质量安全认证（包括体系认证）遵循全程质量控制的原则，从产地环境条件、生产过程到农产品包装、运输、销售实行全过程现场认证和管理，一般历时 3～12 个月。

（二）时令性强

农业生产季节性强、生产周期长，在作物生长的一个完整周期中，需要认证机构适时地进行经常性检查和监督，以确保农产品生产过程符合认证标准要求。同时，农业生产受气候条件影响较大，气候条件的变化直接对一些危害农产品质量安全的因素产生影响，进而不断改变生产者对农药、兽药等农业投入品的使用，从而产生农产品质量安全风险，因此对农产品质量安全认证的时令性要求高。

（三）地域性特点突出

农业生产地域性差异较大，相同种类的动植物在不同地区受气候、土壤、水质等因素的影响，发生病虫害的类型和程度也不一样，由此决定了保障农产品质量安全采取的技术措施也不尽相同，农产品质量安全认证的地域性特点比较突出。

（四）风险评估因素复杂

农业生产的对象是复杂的动植物生命体，具有多变、非人为控制等特点。农业生产中农产品受遗传及生态环境影响较大，其变化具有内在规律性，不以人的意志为转移，农产品质量安全控制的方式、方法多样，与工业产品质量安全控制的工艺性、同一性有很大的不同。

（五）个案差异较大

农产品质量安全认证的农产品种类繁多，物种差异大，农产品质量变化幅度大。此外，现阶段我国农业生产的组织化和标准化程度较低，与工业产品认证相比，农产品质量安全认证的个案差异较大。

案例链接：

农产品质量安全标志冒用案

某地农业农村部门在第三季度的日常巡查中，发现辖区内某水果经营者销售的桃类产品包装存在异常。经查证，该批产品外包装显著位置印有“绿色食品”中英文字样，并标注了完整的质量认证编码。执法人员通过农产品质量安全追溯系统核实，该编码实际登记主体为当地某葡萄种植企业，认证范围仅限于葡萄品类。

调查显示，涉事果农为提高产品溢价，在未经认证的情况下，擅自模仿正规认证企业的包装设计模板。其自主生产的桃类产品既未通过绿色食品认证程序，也未取得相关企业授权。该行为构成《中华人民共和国农产品质量安全法》明令禁止的冒用农产品质量标志违法行为。

依据该法第七十四条规定，执法部门依法做出行政处罚决定：责令其立即停止违法行为，没收违法销售所得 960 元，并处 5000 元罚款。

【任务实践】

有机食品的认证申请

1. 任务描述

以 A 茶园为例，参考有机食品认证申请流程，对应茶园的基本信息，帮助其完成有机食品的认证申请书填报。

2. 任务建议

小组讨论交流，参考中绿华夏认证中心的有机农产品申请程序，对照申请表格，分工完成有机农产品认证申请书。

3. 任务要求

结合有机食品认证的程序，参考有机产品植物生产与加工新申报文件内容，完成认证申请书填写。

4. 任务评价

教师查看认证申请书，由教师与学生代表组成评价小组，对每个同学完成项目工作任务的实际表现与成果进行评价打分，并将成绩计入学生的过程性考核。

任务 3 农产品质量安全追溯

学习目标

1. 掌握农产品质量安全预警的类别；
2. 能够区分先行指标、同步指标和滞后指标；
3. 掌握我国农产品质量安全追溯系统的特点；
4. 辨析国际不同国家农产品质量安全追溯体系的区别。

情境导入

A 茶园在同学们的帮助下成功申请了有机茶叶及加工的认证体系，不仅如此，A 茶园还重视电子商务工作，依托优质的茶叶资源，在多个电商平台销售有机茶叶。但是近期 A 茶园电商小店总是收到投诉，原因是平台上涌现出很多跟 A 茶园同品牌的冒牌茶叶。同学们，你们认为有什么办法能够帮助老板进一步树立自己的品牌吗？能不能尝试建立一个 A 茶园的可追溯质量安全码呢？

学习任务

在当前全球化和数字化的时代背景下，食品安全已成为全球性的关注焦点。农产品作为人类日常饮食的基础，其安全性、新鲜度和营养价值直接关系到公众健康。因此，农产品的质量监管不仅是维护消费者权益的需要，也是农业可持续发展的要求。通过追溯体系，可以有效追踪农产品的生产、加工、运输和销售的全过程，一旦发现问题产品，可以迅速定位问题环节，及时召回，有效防止不合格产品流入市场，保障消费者健康。通过科技手段加强追溯管理，不仅可以增强消费者对农产品的信心，还能促进农业的高质量发展，实现从传统农业向现代农业的转型。

一、农产品质量安全预警

受农产品本身特殊性的影响，农产品质量安全预警内容涉及范围广，判断的依据复杂。仅从预警对象看，可将其划分为三类：

（一）产品监测预警

农产品质量安全预警的目的在于确保农产品的质量安全，农产品监测预警就是基于这一目的，将农产品所含的物理性、化学性、生物性危害物等污染物残留值作为预警指标，借助已制定的科学标准数据库，针对不同目标，科学界定不同预警指标的警度值，并依此编制不同目标条件下农产品质量安全预警基础表，进行农产品质量安全预警。

一般来说，植物性农产品质量安全通过检测各种农药残留指标结果进行评判与预警，畜禽类农产品质量安全通过检测各种兽药残留指标及微生物污染指标结果进行评判与预警，水产品类农产品质量安全通过检测各种药物指标结果进行评判与预警。

（二）过程风险分析预警

在农产品从生产到消费的过程中，产地环境、农业投入品，包装物、运输条件、储存环境等对农产品质量安全都有影响。因此，要对农产品质量安全进行有效防范和预警，就需要对影响农产品质量安全的众多风险因素进行综合评判与预警。

常见的风险因素主要有三方面：① 产地环境污染。主要是农产品生产场所的大气、水、土壤等环境污染，以水环境污染和土壤污染最为常见。② 生产中的农业投入品污染。主要包括农药、兽药、化肥、植物生长调节剂、饲料添加剂、农膜等农业投入品污染，以农药、兽药残留最为常见。③ 生产中的农事操作不当污染。主要包括农业投入品的不规范使用，农产品收获、储存、运输、销售等环节产生的各种污染等。

（三）整体宏观预警

农产品质量安全具有公共物品的特性，属于政府公共管理行为。农产品质量安全宏观预警过程既是一个信息分析过程，也是一项系统工程。农产品质量安全宏观预警就是要根据所确立的指标体系，通过现场检测以及对产前信息的智能分析，发现苗头性的信息并做出预警。

宏观预警指标体系一般由先行指标、同步指标和滞后指标构成。其中，先行指标主要包括农药使用量、兽药使用量、饲料使用量等指标，用于对农产品质量安全的走势进行预测；同步指标由种植业农药残留检测值、畜牧业兽药残留检测值、水产业药物残留检测值等构成，用于反映当前农产品质量安全的基本走势；滞后指标主要用于对农产品质量安全循环的峰与谷进行确认。

案例链接：

某省农产品质量安全黄色预警事件处置

2023 年春季，中国某农业大省依托其建立的农产品质量安全“红橙黄”三级预警体系，成功化解了一起系统性农药残留风险事件。该省农业农村厅在春季专项监测中发现：监测周期内全省农药采购量同比激增超 40%，其中某类禁用农药占比异常升高至预警阈值以上。通过智能分析模型，结合气象数据与种植结构特征，系统预判“春季叶菜类农残风险上升”，随即向省内主产区下发黄色预警及《风险提示函》，重点监控茄果类、叶菜类产品。

预警响应期间，监管人员在主产区某合作社抽检中发现，黄瓜样品存在某高毒农药残留超标现象。借助区块链溯源码溯源体系，锁定问题批次来自某违规使用高毒农药的育苗基地。政府部门立即启动应急响应，封存涉案产品并销毁关联地块作物，有效阻断了问题农产品流通链条。

后续评估显示，受预警影响的产区农产品市场呈现短期价格波动，但优质安全农产品溢价显著提升，农户标准化生产参与率同步增长。基于滞后指标反馈，该省完善了散户管理模式，推行“网格化+电子承诺制”，将数万散户纳入新型农业经营主体统一管理，并强化卫星遥感、物联网等数字技术在投入品监管中的应用，形成“风险预警—精准处置—制度优化”的闭环管理体系。

该案例显示农产品质量安全预警系统的运行逻辑在于通过先行指标（如农药采购量）捕捉风险信号，利用同步指标（检测数据）实施靶向治理，依托滞后指标（市场反馈）评估政策效果，最终实现从风险预防到体系升级的全程管控，为现代农业治理提供了可复制的技术路径。

（资料来源：http://nynct.jiangsu.gov.cn/art/2023/7/31/art_13275_10967565.html）

二、可追溯体系

（一）可追溯体系的含义

国际标准化组织将可追溯性定义为，通过登记的识别码，对商品或行为的历史、使用情况和所处位置予以追踪的能力。可追溯体系就是在产品供应的整个过程中对产品的各种相关信息进行记录存储的质量保证系统，也就是食品生产、加工、贸易各个阶段信息流的连续性保障体系。其目的是在产品出现质量问题时，能够快速有效地查询到出问题的原料或加工环节，必要时将产品召回，实施有针对性的惩罚措施，由此来提高农产品的质量安全水平。

（二）部分国家农产品质量安全追溯体系

1. 日本的可追溯体系

自 2001 年以来，日本开始试行并推广农产品与动物性食品的可追溯体系。从 2003 年开始对牛肉制品实施追溯，2005 年对通过全国农协上市的肉类和蔬菜等所有农产品实施追溯。日本农协要求各地农户在生产过程中必须严格记录各类农产品生产信息，主要包括生产者和销售者、使用农药及用药次数、收获及出售时间等信息，然后将数据整理并上传至数据库，并对每种农产品制作相应“身份证”，建立消费者终端查询，形成了适合本国国情的农产品质量安全可追溯体系。

2. 美国的可追溯体系

2002 年美国将食品安全提高到国家安全的战略高度，提出了“实行‘从农田到餐桌’的风险管理控制机制”，并建立了农产品质量安全可追溯制度。2003 年，美国农业部开始建立家畜追溯体系并制定了《食品安全跟踪条例》；2005 年《鱼贝类产品的原产国标签暂行法规》正式生效。美国农产品追溯体系主要从农业生产、包装加工和运输销售三大主要环节进行控制和管理，通过产品供应商（运输企业除外）建立的前追溯制度和后追溯制度形成完整的可追溯链条，当任一环节出现问题时，通过前追溯制度可以查到问题的根源并进行及时处理。运输和销售过程实行食品供应可追溯制度和 HACCP 体系认证制度，运输企业主要负责将供应商后追溯信息转给批发商或零售商。

3. 欧盟的可追溯体系

欧盟的农产品物流追溯体系最初是为应对疯牛病而于 1997 年逐步建立起来的，在 2000 年 1 月发布的《食品安全白皮书》中，首次将"从农田到餐桌"的全过程管理纳入食品安全体系，采用 HACCP 食品安全认证体系，对农产品的生产、加工和销售等关键环节进行追溯。2002 年 1 月，欧盟颁布《通用食品法》，要求农产品经营企业对其生产、加工和销售过程中使用的相关材料也要执行可追溯标准，同时规定自 2005 年 1 月 1 日起，欧盟境内的农产品都要具有可追溯性，特别是在欧盟销售的肉类食品，不具备可追溯性的不允许上市交易。目前，欧盟采用国际通用的全球统一标识系统（EAN·UCC 系统）对农产品进行跟踪和追溯，在产品标识和可追溯方面走在世界前列。

（三）我国农产品质量安全追溯体系

我国的农产品质量安全追溯体系大体上可分为两个部分：

1. 政府开发的可追溯系统

政府开发的以条码作为记录介质的可追溯系统。如山东省寿光市蔬菜安全可追溯性信息系统、浙江省台州市农产品产地编码查询系统等。

2. 企业开发的可追溯系统

企业开发的可追溯系统大都使用纸质的标识技术，相关的企业有广东省深圳市嘉农现代农业发展有限公司、浙江省临海市上盘西蓝花专业合作社等。政府主导型大多是应政府或上级监管部门要求，被动履行义务，实现其生产产品的可追溯。与政府主导型不同的是，企业主导型建立可追溯系统的动机更为单一，简单来说就是要提高企业竞争力，塑造品牌形象，以满足市场竞争的需求。农产品质量安全对于政府、企业、普通消费者来说，都是至关重要的大事。建立农产品可追溯系统的首要目的是保障农产品质量安全，保障人民生命健康。

3. 我国农产品质量安全可追溯体系的特点

为了保障可追溯体系的有效运行，国家出台了一系列相关指导政策，建立了较为完善的法规和制度保障体系。我国农产品质量追溯呈现由上至下、由点及面、多部门多地方推进的局面。农业农村部作为最直接的行业主管部门，积极推进追溯体系建设，呈现出政府主导的追溯体系不断完善的趋势。随着我国农产品可追溯体系的逐步建立，国家及各相关部门在标准化建设、人才培养、经费保障等方面投入巨大，为可追溯体系的有效开展提供了支撑。

案例链接：

数字化追溯体系破解农产品安全溯源难题

2022 年，某农业大省针对频繁出现的农产品质量安全事件，启动全域数字化追溯体系建设。通过区块链技术生成“一物一码”溯源标识，整合生产档案、物流轨迹、检测报告等全链条数据，为每份农产品建立不可篡改的“数字身份证”。这一系统在 2023 年的一次突发事件中展现出关键作用。

2023 年 8 月，某大型连锁超市在例行抽检中发现，一批西红柿存在某类杀菌剂残留超标。超市工作人员扫描产品包装上的区块链追溯码，系统瞬间解析出完整信息流：该批次产自省内某设施农业合作社，种植记录显示采收前 7 天曾突击施用未备案农药，物流数据则追踪到 2.5 吨问题产品已流向 3 个地级市的 12 个零售终端。监管部门依托追溯平台启动应急响应，24 小时内完成跨区域协同处置并向相关商超推送电子下架令，召回未售出产品 1.8 吨，通过物联网传感器记录的温湿度数据、农药采购电子台账锁定违规操作主体。

溯源数据显示，合作社技术员为应对突发病害，擅自使用高效农药却未更新生产档案。监管部门依法对企业处以 20 万元罚款，同时利用历史数据验证同期其他批次合规性，避免传统“一刀切”处置可能引发的 3 000 吨农产品滞销损失。事件处置全程通过追溯平台向社会公示，涉事企业质量信用评级下调，而合规经营主体扫码查询量反增 35%，市场出现“良币驱逐劣币”效应。此次事件推动追溯体系迭代升级，贴有追溯码的农产品溢价率稳定在 8%~15%，形成“数据跑赢风险”的治理新格局。

（资料来源：https://baijiahao.baidu.com/s?id=1827085962845233313&wfr=spider&for=pc）

【任务实践】

建立农产品质量安全可追溯系统

1. 任务描述

以茶叶作为研究对象，选择一家大型农产品超市进行实地调查，查看其采用的可追溯系统情况，并追踪其生产、加工、运输、销售的过程，了解其生产地、生产方式、检测情况等，再对标 A 茶园情况建立溯源档案。

2. 任务建议

同学们分小组进行实地调查，在调查时可以扫描茶叶包装上的追溯二维码，以得知产品相关信息，做好相关记录。调查 A 茶园的生产、加工、运输、销售的过程，了解其生产地、生产方式、检测情况等。

3. 任务要求

根据实地调查的可追溯系统相关情况，同学们需要分析判断 A 茶园应该怎么建立溯源档案。建议从主体信息管理、农业投入品管理、标准化生产过程管理、质量检测管理等方面建立溯源档案。

4. 任务评价

教师查看学生完成的溯源档案，由教师与学生代表组成评价小组，对每个同学完成项目工作任务的实际表现与成果进行评价打分，并将成绩计入学生的过程性考核。

项目六

打开市场的窗口——农业企业营销管理

【内容介绍】

随着中国加入 WTO 和全球经济一体化，农产品市场化程度越来越高，我国现代农业企业将更多地接受国际市场的挑战。农产品作为商品中的一类，过去被很多人所忽视，造成农产品市场营销环节较为薄弱，进而使我国农业生产经营面临着严峻的挑战。因此，加强现代农业企业营销管理，对其生产和发展具有重要的意义。

农产品市场是由众多的消费者组成，他们的需求存在着种种差异。加之农产品生产投资大，生产周期长，受地域、季节限制等，使市场细分更有其必要性。农业市场细分是选择目标市场、制定营销策略的前提和基础。市场细分对现代农业企业发展的重要意义主要表现在：农业市场细分有利于企业管理者发掘市场机会。从农业市场细分中，可以发现尚未满足的或未充分满足的消费者需要，这就是农业企业发展的机会所在；由于资源的有限性，使得农业企业管理者不能平均分配资源于各个市场，只有经过市场细分，才能扬长避短，农业企业管理者才能合理有效地配置和利用农业资源，集中有限的人力、物力和财力等资源主攻自己的目标市场，取得事半功倍的效果；农业市场细分有利于企业选择正确的目标市场和制定有效的市场营销组合策略，只有确定了有效的农业目标市场，才能使农业企业的经营管理工作更加有的放矢，从而制定适宜的农产品策略、价格策略、分销策略以及相应的促销策略。

【学习导航】

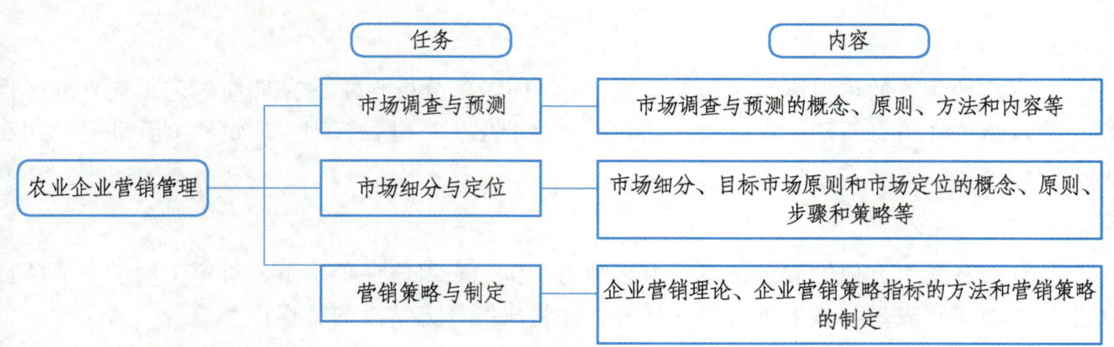

任务1 市场调查与预测

1. 理解农产品市场调查的概念；
2. 掌握农产品市场调查的核心内容与方法；
3. 了解农产品市场调查的实施步骤；
4. 理解农产品市场预测的原则与作用；
5. 了解农产品市场预测的核心内容与步骤；
6. 掌握农产品市场预测的使用方法。

项目6 市场调查与预测

A公司是广东省前些年养猪行业的“霸主”，销售额名列前茅。随着时代的发展和变迁，A公司却没有像别的农业企业一样不断改革创新，尤其是在销售方面，不够了解养猪行业的最新市场情况，也没有结合现状对未来进行市场预测，更没有采取创新性的销售策略和销售模式，导致A公司在市场竞争如此激烈的形势下，企业市场份额不断受到竞争对手的挤压，销售业绩逐年下滑，最后濒临破产倒闭。同学们觉得导致A公司销售额不断降低的主要原因是什么呢？

农产品市场调查与预测对于农民、农业企业和政府决策都具有重要意义。合理的调查和准确的预测可以帮助农民科学制定种植计划，合理配置资源，避免过剩和供应不足。对于农业企业来说，则可以帮助企业进行合理的生产安排，避免库存积压和产品滞销。对于政府来说，有效的调查和准确的预测可以指导政策制定，提高市场调节能力，维护市场稳定。在未来，农业科技的进步和消费者需求的变化将对农业发展产生重要影响，农产品市场的调查和预测的准确性和科学性将更加重要。因此，了解并学习农产品市场调查和预测的概念、内容、步骤和方法等对于农业企业的销售来说起着至关重要的作用。

一、农产品市场调查

（一）农产品市场调查的概念

农产品市场调查是指通过科学的方法，系统、全面地收集、整理和分析有关农产品市场的各种信息，包括农产品的供求状况、价格变动、消费者需求偏好、市场竞争格局、销售渠道、政策环境等多方面数据的过程。其目的是准确把握农产品市场的发展趋势，为农产品生产者、经营者以及政府相关部门制定经营策略，调整产业结构，优化资源配置，提升市场竞争力。

（二）农产品市场调查的内容

（1）市场需求调查：了解消费者对各类农产品的需求量、需求结构、消费习惯、购买力、消费预期等，以及不同季节、地区对农产品需求的变化情况。

（2）市场供给调查：统计各类农产品的生产规模、产量、产地分布、品种特性、产品质量、生产成本等信息，同时分析预测未来的供给趋势。

（3）行情调查：收集农产品的市场价格数据，包括批发价、零售价、季节性价格波动等，并分析影响价格变动的各种因素。

（4）竞争状况调查：研究市场上主要农产品供应商或竞争对手，包括他们的市场份额、产品优势、营销策略、品牌影响力。

（5）销售渠道与物流调查：了解农产品从生产到销售各个环节的流通渠道、物流模式及其效率。

（6）政策法规环境调查：关注国家及地方关于农产品生产、加工、销售等方面的政策法规变化，以及对农产品市场的扶持措施和监管。

（7）创新调查：调研农产品种植、养殖、加工、保鲜、包装等方面的新技术和创新模式，以及消费者对此类新技术、新产品的接受度。

（8）潜在市场机会调查：探索新的市场需求和增长点，如绿色有机农产品、特色农产品、深加工农产品等领域的市场需求和发展。

通过以上内容的深入调查和科学分析，有助于为农产品的生产、加工、销售提供决策依据，优化产业结构，提升市场竞争力。

案例链接：

湖北省新增 3 个农产品成本调查县

2023 年 10 月 12 日从湖北省发展改革委获悉，随着十堰市丹江口市、宜昌市兴山县、荆门市京山市被增设为农产品成本调查直报调查县（市），全省农产品成本调查县总数已达到 38 个。随着田间地头的“数据库”扩容，我省农产品成本调查样本的科学性和代表性进一步优化。

农民种粮食、搞养殖是亏还是赚？农产品成本变化对每个消费者的口袋有何影响？通过农产品成本调查，可以了解我国农业生产效益，为研究制定农产品价格、农业补贴、农业保险等政策提供重要支撑，对引导种养结构合理调整、促进农民增收发挥重要作用。

湖北作为粮食主产省之一，截至目前，国家下达我省的农本调查任务共 45 项，调查任务量与安徽、河南并列全国第一。全省已建立了由 17 个市州，35 个县市区，1 300 多个农调户（场）组成的农产品成本收益调查网络系统。主要调查品种包括早、中、晚籼稻，小麦、玉米、大豆、油菜籽、烤烟、棉花和生猪 10 个直报调查品种和其他 32 个常规调查品种，农户种植意向、存售粮、农资购买等专项调查。

（三）农产品市场调查步骤

农产品市场调查是一项系统性的工作，主要目的是了解和掌握农产品的供需状况、市场价格、消费者需求以及行业发展趋势等信息。其步骤一般包括以下几个方面：

（1）确定调查目标：首先明确市场调查的目的和需要解决的问题，比如是研究某种农产品的销售情况、消费者喜好、竞品分析还是预测市场趋势。

（2）制定调查内容和方式。根据调查目标制定具体的调查内容和方式，包括但不限于选择合适的抽样方法（如随机抽样、分层抽样等）、设计调查问卷或访谈提纲、确定数据收集渠道（如实地调研、网络问卷、电话访问等）。

（3）收集数据、实施方案。这可能包括对农户、农产品加工企业、批发市场、零售终端、消费者的直接访谈或问卷调查，也包括收集相关政府部门发布的统计数据和研究报告整理与分析，将收集到的数据进行归类、编码、录入，并运用统计软件进行数据分析，挖掘出有价值的信息，如市场需求量、消费习惯、价格波动规律、竞争格局等。

（4）撰写报告。根据数据分析结果，结合实际情况，进行深度解读和总结，撰写成农产品市场调查报告，报告中应包含现状描述、问题发现、原因分析、趋势预测及对策建议等。基于调查结果，为农产品生产者、经营者提供市场进入、产品开发、营销策略等方面的决策提供参考，通过系统科学的农产品市场调查，帮助涉农主体更好地适应市场需求，提升竞争力。

（四）农产品市场调查的方法

（1）文献资料收集法：通过查阅政策文件、行业报告、统计数据、学术论文等，了解农产品行业的历史发展、市场规模、市场竞争格局、消费趋势等相关信息。

（2）实地考察法：直接到农产品生产地、批发市场、农贸市场、超市等地进行实地调研，观察农产品的种类、品质、价格、销售状况以及消费者购买行为。

（3）问卷调查法：设计针对性的调查问卷，对农户、消费者、经销商等进行抽样调查，获取他们在农产品种植、采购、销售、需求等方面的详细数据和意见。

（4）深度访谈法：与行业内专家、企业负责人、农民、消费者等进行面对面深度访谈，以深入了解农产品市场的内在运行机制、存在的问题及未来发展趋势。

（5）竞品分析法：对比分析同类或同地区农产品的竞争优势、劣势，以及在品牌建设、营销策略、销售渠道等方面的特点。

（6）数据挖掘法：利用大数据技术，对电商、社交媒体等平台上的农产品销售数据进行分析，揭示消费者的购买偏好、价格敏感度等信息。参与农产品从生产、加工、流通到销售的各个环节，亲身体验并记录各环节的实际运营情况以便更全面、准确地把握农产品市场的现状和发展趋势。

案例链接：

我国猕猴桃市场与产业调查报告

我国猕猴桃资源十分丰富，种植面积及产量均位居世界第一。同时，贫困地区猕猴桃栽培面积达到 167.1 万亩，占全国猕猴桃总规模的 46.4%，已成为助推脱贫攻坚和产业兴旺的重要产业之一。为摸清猕猴桃产业现状和存在问题，把握猕猴桃产业发展趋势，中国农学会农业监测预警分会组织四川省农业科学院信息农经所等单位成立专题研究组，先后深入贵州、四川、陕西等猕猴桃主产区，对猕猴桃产业发展情况进行调查分析。

2013—2019 年，猕猴桃种植规模快速增加，单产水平持续提升，但产地收购价逐年降低，种植户产业收入不断下降；猕猴桃消费方式仍以鲜食为主，人们对高端化、多元化的猕猴桃产品需求逐步增加，我国猕猴桃人均消费量超过国际平均水平；预计未来 3～5 年，我国猕猴桃面积增速将放缓，随着前期扩张的猕猴桃陆续进入丰产期，产量仍有提升空间；我国猕猴桃人均消费量将与发达国家基本持平；随着自主研发的猕猴桃新品种在国外注册品种权并授权国外商业化种植，有望打破被新西兰垄断的国际贸易市场格局，猕猴桃出口量将会有大幅提升。

（资料来源：https://mp.weixin.qq.com/s?__biz=MzI3ODE3NjIxNw==&mid=2659566141&idx=2&sn=514cf40e2950d6cb2c9a91ac65d59395&chksm=f02a6a8bc75de39d6a54da342f1aeb3407ce2987c2cce004417ec111fa293a3a2d043afea8d7&scene=27）

二、农产品市场预测

（一）农产品市场预测的概念

农产品市场预测是指依据历史数据、当前市场动态、政策环境、经济形势、科技发展以及气候条件等多种信息和因素，运用统计学、经济学、管理学等相关理论与方法，对农产品的未来市场需求量、价格走势、销售状况等进行科学合理的推测与估计。这一过程旨在为农业生产者、经营者提供决策参考，帮助他们合理安排生产计划、优化资源配置、规避市场风险，同时也有利于政府部门制定有效的农业政策，保障农产品市场的稳定健康发展。

（二）农产品市场预测的原则

（1）广泛性原则即收集信息时尽量全面，不仅收集直接反映市场交易活动的信息，还要收集与市场供求有关的信息。

（2）准确性原则即收集信息力求准确，能真实地反映事物本来面目，避免误听误信，造成决策失误。

（3）针对性原则即收集信息有较强的针对性，紧紧围绕农户经营需要去收集信息，节省收集信息的时间和耗费。

（4）及时性原则即收集信息力求迅速，有较强的时间观念。对收集的信息要及时进行分析，包括对信息的鉴别、筛选、综合、分析、推导等工作，从而掌握市场变化的动向。

（三）农产品市场预测的作用

（1）为政府、企业制定农产品经营决策和农业计划提供科学依据，避免或减少决策不当、计划不周造成的浪费和损失。

（2）向农产品生产者及早提供比较准确的市场信息，减少生产的盲目性，使微观经济与宏观经济相衔接，产需接近平衡，促进经济发展。

（3）有利于企业掌握农产品市场供求趋势，了解市场变化规律，促进产品销售，提高经济效益。

（四）农产品市场预测的内容

（1）需求预测。通过对消费者的心理和习惯分析、国民收入和分配政策的研究，推断出城乡购买力的变化与投放的趋势，以及农产品数量、质量、品种、规格等需求变化的趋势，以便组织货源，适销对路。

（2）生产预测。预测农产品生产的发展规模、结构变化、自然因素等对生产量和上市量的影响，掌握其基本数据和上市时间，以便组织好收购和供应。

（3）流通预测。对农产品流通领域的各种经济成分、各条渠道、各个环节的基础设施的能力、容量、分布、工作条件及其变化，进行分析和推断。

（4）价格预测。根据农产品供需变化的诸因素，包括宏观控制措施和计划价格、工资、利率、税收等经济杠杆的影响，预测其生产成本和价格构成，以及农产品和工业品之间的比价，各类农产品之间的比价，同类农产品的季节、品质、地区、批零等差价。

（5）国际市场预测。对农产品国际市场的供求变化、国内市场和国际市场的关系进行分析和推断。

案例链接：

莱芜市强化预测规避市场风险提升农产品质量

一是多渠道加强重要农产品市场价格分析研判。由于气候等原因，在部分时段的某类或某几类农产品出现碰头而集中上市，市场容量不能适应，经销商因采购进来销不出去就停止采购，导致价格越低越滞销。而一家一户的小农生产与农产品大市场已经难以有效衔接，对农产品“周期病”难以有效应对，面对市场风险表现得束手无策。对此，莱芜市持续加强农产品市场监测，密切关注市场供求和价格变化情况，深入分析研判市场形势，及时发布预测预警信息，畅通购销信息渠道，充分发挥信息引导作用，有效规避“姜你军”“蒜你狠”“向钱葱”“猪周期”等农产品市场大起大落的现象发生。对采集的农产品数据信息，及时进行加工整理，定期向社会发布，包括各地的农产品市场价格变化和预测预警信息，积极对莱芜生姜、大蒜及主要蔬菜价格每周汇报、分析，资料上传莱芜市农业农村局网站，为企业经营和居民消费提供服务。截至目前，共发布重要农产品价格信息500多条次，有效缓解和杜绝“卖难”和“卖贱”的难题。

二是多方式实施特色农产品种植规模宏观指导。农业部门积极为农民提供真实客观的信息作为决策依据，引导农民理性生产，防止过度生产和退出，缓和农产品的供需矛盾。通过农民合作社和龙头企业的帮助，主动和市场对接，“互联网＋农业”可以有效解决农产品市场信息传送的滞后、区域分割，实现产销对接，根据市场终端需求来量化指导农业生产，从而提高农业生产的效率，顺应农业市场发展的必然趋势。加强对特色农产品种植户的指导，指导种植户选种、耕种、管理。加大对种植户的培训，提升种植特色农产品的技能，确保农产品种植的收益。今年以来，根据对主要农产品市场中长期发展趋势分析，积极指导广大农民和新型农业经营主体调整种植规模，提升特色农产品质量和档次水平，利用“12316”、农技QQ群和农业信息网等渠道，编制发布种植指导意见23期次，有效把特色农产品品牌推向国内、国际市场，实现农户小生产和大市场的有效对接。

三是多途径持续提升农民增收和农业增效水平。当前，千家万户的小生产与千变万化的大市场衔接短板制约，导致农业生产增产不增收。鉴于此，莱芜市积极发展“订单”农业和农超对接，变“产供销”为“销供产”，从而解决信息不对称的问题，最大程度实现重要农产品的供需结合，有效避免农产品生产和市场需求脱钩。像大力推广农超对接模式，农民与超市签订长期购销合同，发展订单农业，建立长期稳定的合作关系，使农民按需生产，规避市场波动风险，有效保护农民利益，解决市场价格波动对农民收入的影响。与此同时，加强产销精准对接，利用“大数据”和“互联网＋”等信息技术，发展农产品电商平台。万兴、泰丰、东兴源、万邦等公司内部通过公司官网、产品网、微博、微信、公共平台等进行品牌宣传，外部通过百度、淘宝、京东、阿里巴巴等平台积极发展线上线下客户，提升了特色农产品市场效益。目前全市50%以上企业都设有农产品销售，全市工商注册登记电子商务企业173家。像万兴公司，境外客户通过阿里巴巴境外网站对客户进行维护，2017年境外成交额12亿元。国内客户通过1688批发网、中国制造网、天猫旗舰店、淘宝店铺、京东旗舰店进行客户维护，2017年国内成交金额6.8亿元。

（资料来源：中华人民共和国农业农村部网站，https://www.moa.gov.cn/xw/qg/201811/t20181126_6163688.htm）

（五）农产品市场预测的步骤

（1）准备阶段：明确预测的目的、要求、项目和内容，拟定预测提纲，选择预测方法，规定预测时间要求和费用，确定预测工作的组织领导和人员分工。

（2）预测阶段：进行农产品市场调查，搜集和整理有关资料，开展农产品市场研究，分析农产品供求变化的规律性，确定农产品定量预测中各种必要数据，根据历史资料和有关农产品市场变化规律，对农产品市场进行定性、定量和定时预测。

（3）评价和检验阶段：对各种预测结果进行综合、分析、判断、跟踪观察，遇有新情况，及时修改预测值，找出预测误差，分析产生原因，以提高农产品市场预测质量。

（六）农产品市场预测的方法

（1）定性预测。以经验分析为主，有直接调查法：包括对农村各类经济地区、各类农户、各类农产品的生产情况的典型调查和抽样调查，对各类消费者不同需求的典型调查和抽样调查等。集合意见法：包括专家意见法、管理人员评议法、生产者代表座谈法、销售人员组合法、消费者代表征询法、商业网点调查法等。历史类比法：包括对各类差异因素如国家经营政策、基本规模、生产发展速度、国民收入变化、消费者购买力变化、人口变化、价格变化、技术发展、消费心理等对农产品需求的影响，进行历史性综合分析。

（2）定量预测。以数学方法为主，有时间序列法（包括不变性预测法、百分比率增加法、移动平均数法、指数平滑法、趋势外推法、季节指数法等）、相关因素预测法（包括回归方程预测、计量经济数学模型预测、市场因子分析等），以及“自上而下”（演绎性方法）和“自下而上”（归纳性方法）的预测、联测、先兆指标预测等。

【任务实践】

关于A公司失去“养猪霸主”身份的分析报告

A公司是广东省前些年养猪行业的“霸主”，销售额名列前茅。随着时代的发展和变迁，A公司却没有像别的农业企业一样不断改革创新，尤其是在销售方面，没有采取创新性的销售策略和销售模式，这便导致A公司在市场竞争如此激烈的形势下，企业市场份额不断受到竞争对手的挤压，销售业绩逐步下滑，最后濒临破产倒闭。同学们认为导致A公司销售额不断降低的主要原因是什么？

1. 任务描述

结合上述所学的农产品市场调查和预测的相关知识，请你分析A公司近年来是如何失去“养猪霸主”的身份的？以小组为单位撰写一份500字以上的分析报告，并对A公司给出具体建议。

2. 任务建议

组织同学们在各自小组内结合农产品市场调查和分析的知识对A公司的情况进行分析，每位同学提出自己的观点和建议，最后由组长进行汇总，形成一份小组分析报告。

3. 任务要求

小组内讨论时，组长对组内每位同学给A公司提出的建议和措施进行记录，以便老师查验是否每位成员都有所参与。分析的原因和提出的建议均需结合所学知识。

4. 任务评价

教师首先查看每个小组组长记录的学生建议，对每位学生的参与度进行加分；其次从上述所学的专业知识角度以及是否给出了具体的建议两个角度对每个小组提交的报告进行评分并给出建议；最后在课堂上对每个小组的作业进行点评。

任务2　市场细分与定位

学习目标

项目6　市场细分与定位1

1. 理解企业市场细分的概念与细分因素；
2. 掌握企业市场细分的原则与实施步骤；

3. 理解企业目标市场选择的概念及因素；

4. 掌握企业目标市场选择的方法及策略；

5. 理解企业市场定位的概念及策略。

情境导入

JC 食品公司成立于 2010 年，主要生产葵瓜子、西瓜籽、南瓜子等快消食品。公司拥有葵花子生产线 3 条，黑瓜子生产线 2 条，南瓜子生产线 1 条。公司目前主要市场是西南片区、北方片区和华南片区，产品主要销售到各大城市商超、便利店、炒货店、供应链及线上平台。公司主要的商超渠道都是采取以销定产的传统经销商销售模式，虽然发展稳定，但是目前的市场占有率依然太小。

经过访谈调研发现，企业对自身品牌和产品没有清晰的定位，导致在经销商和消费者中没有存在感，企业的发展太过缓慢。面对激烈的竞争环境，像 JC 食品公司这样的中小企业依旧遵循传统的销售模式已经难以发展，变幻的营商环境中企业应该找到属于自己的营销策略才能增强自身的竞争力。因此，企业将面临如何做好市场细分，利用自身优势寻找到企业的机会点，找到适合自己的市场定位从而提升自己的市场竞争力等现实问题。请同学们思考应该如何从市场角度提升 JC 食品公司的销量。

学习任务

现代市场营销理论认为，市场是由一切具有特定的欲望和需求并且愿意并能够以交换来满足此欲望和需求的潜在顾客组成的。对大多数消费品而言，所面对的是一个由人数众多的消费者组成的大市场，而且是一个差异性、层次性非常大的市场。对任何企业而言，由于受自身实力和资源的限制，很难满足所有的市场需求。企业必须对市场进行细分，选择目标市场，通过提供差异化产品创造更高的客户价值，通过市场定位在目标消费者心中形成市场位置，最终获取最大的利润。市场细分、目标市场选择和市场定位是现代市场营销的重要内容。

市场细分、目标市场第一步是要根据消费者的不同需求、特征或行为方式把整个市场划分为更小的群体，并且每个群体都追求特定的产品或营销组合。第二步是选择目标市场，即对每个细分市场的吸引力进行评估，确定一个或几个想要进入的细分市场。第三步是差异化，即通过向市场提供不同的产品创造更高的顾客价值。第四步是市场定位，即相对于竞争产品，使公司的产品在目标消费者心中占据清晰、鲜明、理想的位置。

一、企业市场细分

项目 6　市场细分与定位 2

（一）市场细分概念

市场细分的概念最早由美国市场学家温德尔·史密斯在 1956 年提出，由美国营销学家菲利浦·科特勒发展完善并形成了成熟的 STP 理论。在市场营销领域，STP 理论是一种重要的战略工具，它有助于企业更好地理解消费者，识别市场差异，并精准地定位目标市场。STP理论是指“市场细分（Segmentation）”“目标市场（Targeting）”“市场定位（Positioning）”，它强调了将广泛的市场细分为更具体的群体，并通过有针对性的定位和有效的传播来满足其需求的过程。

市场细分（Segmentation）是 STP 理论的第一步。市场细分是指从消费者的角度出发，通过市场调研，根据消费者的需求、动机、消费行为、消费习惯等方面的多元性和差异性来划分，把某一市场整体划分为若干消费者群的市场分类过程。一般可对目标客户、目标产品、市场营销者、市场关系等要求进行市场细分。随着市场细分理论的广泛认可，其自身也不断吸收实践经验得到发展和完善。市场往往是多样化的，消费者在需求、喜好、行为和特点等方面存在差异。

案例链接：

JC 食品公司市场细分情况

JC 食品公司成立于 2010 年，是一家位于四川省德阳市的以葵瓜子、西瓜子、南瓜子生产和销售为主业的民营企业。公司现有员工 1 200 多人，其中人事、财务、采购、营销等公司管理层员工 200 人左右，其余 1 000 多人全部为生产线工人。在生产能力方面，JC 食品公司现有厂房 4 800 多平方米，设有 6 条各类瓜子生产线，其中葵瓜子生产线 4 条，南瓜子和西瓜子生产线各 1 条。2022 年，JC 食品公司累计实现各类瓜子产品生产加工量 1.38 万吨，较 2021 年增加 0.21 万吨。

目前，JC 食品公司主要是按照地域分布来进行市场细分，即通过将市场划分为北方片区、西南片区、华南片区 3 个目标市场，在此基础上开展市场营销活动。其中各个细分市场的具体地域情况如表 6-1 所示。

表 6-1　JC 食品公司市场细分现状

片区	包含的省（自治区、直辖市）
北方片区	北京市、天津市、河北省、辽宁省、吉林省、黑龙江省、山西省、山东省、河南省、内蒙古自治区、甘肃省、宁夏回族自治区
西南片区	四川省、贵州省、云南省、广西壮族自治区
华南片区	湖南省、江苏省、浙江省、广东省、福建省、安徽省

在表 6-1 所示的市场细分基础上，JC 食品公司通过和各地经销商进行合作，按照行政区划及区域经济发展水平的不同，将各省（市、自治区）的市场进一步细分为一二线城市市场、三四线城市市场、乡镇集市市场三级市场体系，结合不同地区对瓜子商品的消费情况及特点，由经销商负责当地的市场拓展和营销，为公司的发展提供必要的营销资源支持。

（二）企业市场细分原则

市场细分的目的是通过对消费者需求差异进行定位，从而降低成本并提升收益。但产品的差异化必然导致成本和营销费用的增加，经营者必须在市场细分带来的收益和增加的成本之间进行权衡，因此，市场细分必须遵循以下原则：

（1）可衡量性，即细分所依据的标准和变量必须具备可识别性，细分后市场的购买能力和规模都可以被具体度量。

（2）可进入性，即选定的细分市场须与企业自身实力相当，经营者有能力可以占领这一细分市场。具体表现为经营者可顺利在该细分市场中开展营销活动。

（3）可营利性，即经营者在该细分市场的投入可以取得最大的利益。

（4）差异性，即不同细分市场之间要体现出明显的区别，经营者可根据不同的目标市场差异制定不同的营销策略。

（5）相对稳定性，即细分市场可在一段时间内保持相对稳定，从而确保经营。

（三）企业市场细分的步骤

市场细分是一个分类选择的过程，通常按照选择市场范围、列举潜在客户需求、分析不同需求、有效筛选、为细分市场命名、复核六个步骤进行，最终在细分市场中选定目标市场，实现市场细分的目的。细分市场能帮助经营者准确地选择目标市场，制定营销策略，有助于及时发现市场机会，开拓新市场，有利于提高竞争力和经济效益。

（四）企业市场细分的因素

企业市场细分的因素包括地理、人口、心理、行为、受益等五个方面，具体如表 6-2 所示：

表 6-2　企业市场细分的因素

市场细分	细分变量
地理细分	国家、地区、城市、农村、气候、地形
人口细分	年龄、性别、职业、收入、教育、家庭人口、家庭类型、家庭生命周期
心理细分	社会阶层、生活方式、个性
行为细分	时机、追求利益、使用者地位、产品使用率、忠诚程度、购买者准备阶段
受益细分	追求的具体利益、产品带来的益处

资料来源：https://wiki.mbalib.com/wiki/市场细分

结合以上多种因素进行综合细分，以更精准地定位目标市场，可以更好地理解并满足不同客户群体的特定需求，从而设计出更具针对性的产品和服务，提高营销效率与效果。

二、企业目标市场选择

（一）企业目标市场选择的概念

目标市场（Targeting）是 STP 理论的第二步。在这一阶段，企业需要从各个细分市场中选择一个或多个最有潜力的目标市场。企业目标市场选择是指企业在进行市场营销活动时，根据自身的资源条件、产品特性以及市场需求等因素，确定并选择最有利于企业发展的、具有较高营销价值的消费者群体或者细分市场作为其主要服务和满足的对象。这个过程包括市场细分、目标市场定位以及市场选择三个关键步骤。

（1）市场细分即按照消费者的需求、购买习惯、地理位置、年龄、性别、收入水平等因素，将整个市场分割为若干具有相似需求特征的消费者群体。

（2）目标市场定位：在市场细分的基础上，企业进一步分析和评估各个细分市场的吸引力和自身在该细分市场的竞争能力，确定要进入并重点服务的细分市场。基于以上分析，企业最终选定一个或多个细分市场作为自己的目标市场，集中力量去满足这些目标市场中消费者的需求，以实现企业的经营目标和战略规划。合理的目标市场选择，企业可以更精准地定位产品和服务，更有效地分配和使用资源，从而提升营销效率和效果，增强竞争力，实现可持续发展。

（二）企业目标市场选择考虑的因素

企业选择目标市场时需要考虑多种因素，确保其市场定位准确、营销策略有效，以下是一些主要的考虑因素。

（1）企业的资源。主要指企业资金、技术设备、职业素质、竞争能力、管理水平等。若企业资源充足，供应能力强，就可采用差异性市场策略和无差异性市场策略；若企业资源不足，最好采用集中性市场策略。

（2）产品特点。有些同质性产品，如钢铁、大米、食盐等差异性较小，竞争主要集中在价格上，比较适合无差异性市场策略；对另外一些差异性较大的产品，如汽车、照相机、服装等，就适合采用差异性市场策略或集中性市场策略。

（3）市场特点。如果消费者的需要和偏好接近，购买量和方式大体相同，就可以采用无差异性市场策略；反之，则宜采用差异性市场策略或集中性市场策略。

（4）产品生命周期。产品处于生命周期的不同阶段，决定着策略的选择。在投入期，市场产品少，竞争者也少，可采用无差异性市场策略或集中性市场策略。在成长期和成熟期，进入市场的产品增多，竞争者亦趋增多，应采用差异性市场策略。进入衰退期，为保持原有市场，延长产品生命周期，则以集中性市场策略为主。

（5）竞争状况。需考虑两个方面：一是竞争对手的数量。当竞争者较少时，可采用无差异性市场策略；当竞争者较多时，应选择差异性市场策略或集中性市场策略。二是竞争对手的实力。若实力相当，则以避免直接冲突为原则去选择策略，以免造成不必要的损失；若本企业力量很弱，无论对手采用何种策略，则以采用集中性市场策略为宜。

（三）企业目标市场选择的方法

所谓目标市场是指在进行市场细分后的若干“子市场”中，通过各类营销活动选定的，能创造最大价值的特定消费群体。进行目标市场选择时，首先要对不同的细分市场进行科学评估。评估的内容包括三个方面的内容：

（1）评估规模和增长率。经营者选择进入某一市场自然是期望能获取利益，因此一般会根据自身规模确定进入何种细分市场。但小规模经营者需要注意，如果细分市场规模过小，缺乏足够的客群则无法达到预期的经济效益，应当直接放弃。另外，还应当考虑细分市场是否具备潜力和增长能力，是否能为经营者带来持续的经济回报。

（2）细分市场结构的吸引力。可运用波特五力模型，对细分市场内的竞争者威胁、潜在竞争者威胁、替代产品威胁、购买者威胁和供应商威胁进行逐项评估。这五类群体决定着某个或某几个细分市场是否存在内在的吸引力。

（3）评估目标和自身能力。自身的资源是有限的不可能覆盖全部市场，因此在进行细分市场评估时，经营者要结合发展目标、资源配置情况综合考量。如某一细分市场对实力要求较高，经营者则需要慎重考虑；只有选择那些有条件进入、能充分发挥自身优势的细分市场才能实现效益最大化。在进行目标市场选择时，一般会运用无差别性市场策略、差别性市场策略、集中性市场策略，确定一个或几个具有一定规模、市场发展前景较好的子市场作为目标市场。

（四）企业目标市场选择的策略（表 6-3）

表 6-3　目标市场确定策略

策略	内容	优缺点
无差别性市场策略	将整个市场作为目标市场，只考虑消费需求共性不考虑差异。运用一种产品、一种价格、一种营销方式吸引尽可能多的消费者	优点：产品单一，能以同一质量标准大批量生产，能降低生产和销售成本。 缺点：容易形成激烈的市场竞争
差别性市场策略	将整体市场细分为若干子市场，针对不同市场设计不同产品，制定不同营销策略以满足不同的消费需求	优点：有利于扩大销售、占领市场、提高声誉。 缺点：增加了管理难度，提高了生产和销售费用
集中性市场策略	在细分市场后，选择 2 个或少数几个细分市场作为目标市场，实行专业化生产和销售，从而提高市场占有率	优点：能集中优势力量，生产或提供适销对路的产品或服务，降低成本，提高企业或产品的知名度。 缺点：因市场较小、品种单一，如市场需求发生变化，经营者可能应变不及而陷入困境，因此有较大的经营风险

选定的目标市场应具有一定的规模和发展潜力，目标市场中按细分变量选择的细分市场应是每一细分层级中最具吸引力、最符合企业发展目标和企业经营者能力的市场。

案例链接：

在上述提到的市场细分的基础上，JC 食品公司通过对各片区、省（自治区、直辖市）及不同地理位置的市场进行评估，目前主要将市场布局重点放在三四线城市市场和乡镇集市市场上，并采取如下市场选择策略：

（1）三四线城市市场。

由于 JC 食品公司的市场品牌相对较弱，所以在三四线城市市场的选择中，目前公司主要集中在人口相对聚集的城市商圈、大型居民社区，同时尽量避开洽洽瓜子、徽记瓜子等业内头部企业，选择这些城市的次级商圈、城乡接合部、居民小区周边、工厂周边商圈、高校周边等作为目标市场。根据上述目标市场的总体消费水平偏低、人流量较大、品牌意识相对较弱的特点，重点进行小包装类瓜子产品的布局与推广，以品质和价格作为推广点，逐步提高公司的市场品牌。

（2）乡镇集市市场。

各地的乡镇集市市场是JC食品公司目前重点推广的目标市场，此类市场的主要特点是品牌意识明显较弱、消费水平较低，且业内头部企业在此类市场的布局相对不足。因此，JC食品公司近年来持续加大对乡镇集市市场的开拓，通过加大主打性价比的大包装瓜子类产品的市场布局和营销力度，抢占市场份额，扩大营销额，目前已经成为公司主要的收入来源。

（3）其他市场定位。

在一二线城市市场选择方面，由于业内头部企业在此类市场上的优势十分明显，因此JC食品公司目前采取的是尽量远离高档商圈的竞争策略，将产品布局重点放在消费水平相对较低的居民社区周边市场、城乡接合部、位于城市非核心区域的工厂周边等市场，并重点推广性价比相对较高的大包装类瓜子商品。同时，需要注意的是，2019年以来，JC食品公司逐步加大了对线上营销渠道的开拓与发展，上述市场细分及选择的标准逐步趋向模糊。JC食品公司通过开设企业店铺、直播带货等方式，面向网络用户进行瓜子产品的推销，使得公司的目标市场范围逐步扩大，线上销售额也有了快速增加。但是，从线上营销的开展情况来看，消费者来自的地区并没有明显的特点，但购买的瓜子产品仍主要集中在性价比相对较高的大包装类瓜子商品上，此类消费者通常不太关心和注重商品品牌，但对价格比较敏感。

三、企业市场定位

（一）企业市场定位的概念

定位（Positioning）是STP理论的第三步。定位理论最早由20世纪70年代的艾·里斯与杰克·特劳特提出，所谓定位就是指把产品定位在潜在客户的心中。此后菲利普·科勒进一步发展定位理论，首次提出市场定位的概念。所谓市场定位就是对公司的产品进行设计，使经营者区别于其他竞争对手，从而在目标消费者中形成特有的个性或形象，通过这种感知差别从而取得竞争优势，使自身与其他经营者严格区分开来，并在顾客心中占有特殊的位置。

市场定位内容包括产品定位、企业定位、竞争定位、消费者定位，定位的方式包括产品差别化、服务差别化、人员差异化、形象差异化。但市场定位与传统的产品差异化有本质区别。传统的产品差异化是从生产者角度出发追求产品的变异，而市场定位是为了寻求并建立某种产品特色。经营者要结合消费者的痛点以及竞争者的软肋，对自身的产品和服务如何满足消费者需求进行差异化定位，在激烈的市场竞争中脱颖而出。

在这一阶段，企业需要在目标市场中树立一个独特而有吸引力的品牌形象。定位是关于如何在消费者心目中塑造企业或产品的位置，以便在竞争激烈的市场中脱颖而出。企业需要明确自己的差异化优势，强调为目标市场提供的价值，并通过有效的市场传播手段将这些信息传达给消费者。通过有效的定位，消费者可以更清楚地理解企业的独特价值，从而做出购买决策。

案例链接：

JC 食品公司市场定位现状

根据对国内瓜子炒货类市场的细分及目标市场分析，JC 食品公司目前采取了“避强定位”的市场发展策略，即根据公司规模相对较小、市场品牌优势不足的基本情况，避免与恰恰、徽记等业内头部企业的直接竞争，而是通过主打性价比的竞争策略，在三四线城市、乡镇集市等消费能力相对偏低、品牌敏感性不强、价格相对敏感的目标市场上，加大资源投入，树立高性价比的品牌形象。同时，JC 食品公司为了逐步提高自身的品牌形象，从 2020 年开始在大力加强线上营销资源体系建设的同时，尝试推出一系列小包装的高端瓜子产品，注重此类产品的质量把控，在价格定位上逐步向恰恰、徽记及其他网红品牌看齐。但从实际的营销情况来看，由于公司的品牌形象相对较弱，且目前的高端瓜子产品定价也偏高，使得公司的高端产品营销情况并未达到预期目标，公司提高和优化自身的市场定位目标并未顺利实现。

（二）企业市场定位的策略

根据企业所确立的目标市场的竞争状况和所确定的市场地位的战略目标，企业可以采取不同的、有针对性的市场竞争策略作为实现市场定位的手段。企业市场定位的策略一般有三种：

1.“针锋相对”的定位策略

“针锋相对”就是与市场上最强的竞争对手“对着干”。这种策略是将本企业的产品定位于与竞争对手相似的位置上，同竞争对手展开激烈的争夺，最终将竞争对手挤出原有位置，并取而代之。这种定位使企业从一开始就与最强的企业站在同一高度，更能激发企业奋发的精神和拼搏的潜力，一旦成功，就会获得巨大的市场优势。当然，“针锋相对”是一种风险较高的定位策略。这种策略往往要求企业设法抢占市场的制高点，这样花费的代价是巨大的。因而企业必须具备以下的条件：

（1）企业的产品要有明显的优点，即要有独到的特色和良好的信誉；

（2）企业要有足够的实力，能承担由于竞争带来的各种后果；

（3）必须以大面积的市场范围为目标，市场太小会得不偿失。

案例链接：

“步步高”是采用“针锋相对”的定位策略获得成功的案例。VCD 产业在国内短短几年时间，造就了大批明星企业。在“步步高”进入这一市场时，VCD 业界最红火的是“爱多”公司。该公司聘请香港功夫电影明星成龙演绎的广告在中央电视台播出之后，成龙口中的“爱多，好功夫！”家喻户晓。但“爱多”也是一个新企业，底子并不太厚。而“步步高”一上市，就紧盯“爱多”，模仿其广告创意，聘请出道于北京、成名于香港的另一功夫电影明星李连杰演绎了一段“步步高”功夫，台词是“步步高，真功夫!”并和“爱多”的广告一起在中央电视台播出。一时间，中央电视台的广告中“功夫”不断，热闹非凡。“步步高”则一炮走红，大获成功。

2.“填空补缺”的定位策略

这种策略是寻找没有被竞争对手发现的或竞争对手无力占领但又为许多消费者所重视、希望的潜在市场，填补市场上的空白。这种定位策略风险很小，成功率很高，常常被多数市场后进企业采用，但采用这种定位策略的前提是企业能够发现一个或多个既安全又有利可图的市场空缺。

案例链接：

四川文君酒正是采用“填空补缺”的定位策略获得成功的。四川是酒的故乡，尤其是四川宜宾有“中国酒乡”的美称。随着酒类市场的复苏与扩大，名、特、新酒层出不穷。仅四川省酒类生产企业已达 13 000 多家，其中名列全国十大名酒的就有“宜宾五粮液”等五朵金花。四川文君酒厂面对如此激烈的市场竞争局面，冷静地对市场进行了分析，发现主要竞争对手提供给消费者的是“优质高价”产品，其购买群体主要是集团消费者和少数高收入消费者；数以万计的小酒厂卖的则是“低质低价”酒；“高质低价”酒市场几乎没有。由此，他们发现了以广大工薪阶层和正在富裕起来的广大农民为销售对象的市场机会。“高质低价”的市场定位，促进了四川文君酒厂的快速发展。1991 年，该企业跻身于中国 500 家最佳经济效益企业之列。1993 年 12 月，“文君酒”被列入国家名酒之列，获“中国名酒”和“中国酒王”称号。1996 年，文君酒厂被评为“中华老字号企业”。2000 年，“文君酒”再次被评为“中国知名白酒”。时至今日，“文君酒”已成为我国著名的“十大历史文化名酒”之一，被民间称为“幸福酒、好运酒”。

3.“另辟蹊径”的定位策略

这种策略是指当企业意识到自己无力与强大的竞争对手相抗衡时，在新的领域突出自己的特色或在某一方面取得领先地位，以此获得相对优势。这种定位策略风险较小，成功率较高。但企业采用这种定位策略必须符合以下几个条件：

（1）市场符合消费发展大趋势，市场潜力大；

（2）市场竞争格局比较稳定，市场领导者实力强大，地位不可动摇；

（3）本企业在某些方面具有一定的经营特色。

案例链接：

德国和日本的汽车制造商在进入美国汽车市场时，就避开与美国制造商在大型豪华车上的竞争，而在服务大众的小型汽车细分市场上突出特色。结果石油危机后，美国人对节油的小型汽车的爱好不断增长，由此发展成了一个广阔的市场，促使两国汽车制造商在美国汽车市场上的经营成功。

【任务实践】

为 JC 食品公司制定企业市场细分与定位的具体策略

1. 任务描述

结合以上对 JC 食品公司的市场细分、目标市场和定位现状等的描述，结合上述所学的企业市场细分与定位的相关知识，每位同学对 JC 食品公司给出具体建议和措施，帮助其制定针对性的策略进而提升该公司市场竞争力、提高销量。

2. 任务建议

鼓励同学们自行查阅关于 JC 食品公司的更多资料，帮助其对该公司有更详尽的了解，进而结合课堂所学知识为该公司制定企业市场细分和定位的针对性策略。

3. 任务要求

每位同学需要提交对 JC 公司市场细分与定位的分析，描述其存在的问题，进而为其制定具体策略。

4. 任务评价

教师在查验学生给出的策略方案时，需要重点核查学生是否对 JC 公司进行了详尽的分析，同时制定的策略是否与分析的问题相符合以及是否切实可行。同时在班级内对同学们制定的策略进行评比，帮助同学们取长补短。

任务 3　营销策略与制定

1. 掌握企业营销理论的界定及发展；
2. 了解企业营销策略指标的分析方法；
3. 掌握企业营销策略的制定。

情境导入

南京 C 生态农业公司是一家集有机农产品种植、技术研发和农业科技服务等为一体的综合生态农业科技企业。经过多年发展，公司经营规模和产品种类不断扩大丰富，在江苏省乃至全国范围内逐渐形成了较为广泛的品牌影响力。但是面对日益严峻的市场竞争环境，C 公司面临着十分严峻的市场生存压力和竞争威胁，尤其是在市场营销方面，由于公司在线上营销建设上存在的不足而使得公司在市场核心竞争力方面处于一定的劣势，同时公司在网络营销策略的制定实施上也有不少的缺陷。如何加强公司农产品网络营销策略改进，提升公司市场核心竞争力，构建系统强有力的网络营销体系是现阶段 C 公司市场营销工作的重点和亟待解决的关键问题。

学习任务

在当今竞争激烈的市场环境中，企业的成功很大程度上取决于其营销策略的有效性。一个良好的营销策略能够帮助企业实现产品的广泛认知，培养品牌忠诚度，提升销售业绩，以及获得更大的市场份额，提高客户满意度，还能灵活适应市场变化，并着眼于长期利润增长。因此，企业应认真制定和实施有效的营销策略，以在竞争激烈的市场环境中取得成功。

一、营销理论的界定及发展

20 世纪 60 年代，美国学者杰罗姆·麦卡锡（Jerome McCarthy）提出了营销经典策略“4P”，这一营销策略主要包含产品（Product）、价格（Price）、渠道（Place）、促销（Promotion）四个要素，4P 营销理论以市场为导向去进行营销策略的组合，对市场的各种可控影响因素进行归类与总结，这一理论佐证了市场营销是企业发展不可或缺的部分，标志着传统营销理论的形成。随着顾客需求对市场的影响越来越大，4P 理论开始受到挑战。到 20 世纪 90 年代，美国学者罗伯特·劳特朋（Robert Lauterborn）在结合 4P 理论优势的基础上，针对 4P 存在的问题提出了 4C 营销理论，即需求（Consumer needs）、成本（Cost）、便利（Convenience）和沟通（Communication）。他提出应该重视对顾客需求与欲望的研究，认为企业应该把追求顾客满意度放在第一位，且产品必须满足顾客的需求。而对于顾客购买产品时愿意且能够支付的价格也是需要放在次位进行关注的问题，其次应尽量满足消费者购买产品时的便利性，最后要与消费者之间建立有效的营销沟通。4C 营销理论在一定程度上弥补了 4P 对于市场与消费者之间关系探讨的缺失，推动企业通过市场与消费者建立更紧密的关系。

（一）4P 营销理论

1. 产品

产品（Product）是市场营销的核心要素之一，它涵盖了产品的设计、功能、品质、包装等方方面面。企业需要确保产品能够满足消费者的需求和期望，具备竞争优势，通过不断创新和改进，确保产品在市场中具有吸引力和竞争力。

2. 价格

价格（Price）是指企业为产品定价的过程。定价需要考虑多方面因素，如成本、竞争对手的价格、市场需求等。合理的定价策略能够影响消费者的购买决策，从而影响产品的销售情况，不同的定价策略，如高价策略、低价策略、市场定价等，都会在不同情境下产生不同的效果。

3. 渠道

渠道（Place）是指将产品从生产商传递到最终消费者手中的分销渠道。选择合适的渠道可以确保产品高效地传达到目标市场，并满足消费者的购买需求，这包括零售商、分销商、电子商务平台等不同的销售途径。

4. 促销

促销（Promotion）是指企业通过各种营销手段来宣传和推广产品，包括广告、促销活动、公关、市场营销活动等。通过创造有效的推广策略，企业可以增强产品的知名度，吸引潜在客户，从而提高销售量。

4P 营销理论的核心在于平衡这四个要素，使它们相互协调，形成一个完整的市场营销策略。例如，在推出新产品时，企业需要考虑如何设计出具有竞争力的产品（Product），以什么样的定价（Price）策略使其具有吸引力，通过哪些渠道（Place）能够最有效地将产品送达消费者手中，以及通过什么样的推广（Promotion）方式让目标客户了解并购买产品。

然而，随着市场环境的不断变化和数字化技术的崛起，营销领域也在不断演变。因此，除了传统的 4P 理论，还有 7P、8P 甚至更多 P 的衍生理论不断涌现，以适应多样化的市场需求和营销方式。

综上所述，4P 营销理论作为市场营销的基础，强调了产品、价格、渠道和推广等要素的重要性，帮助企业制定综合的营销策略。然而，在实际操作中，企业需要根据市场变化和目标受众的需求，灵活调整和补充其他策略，以取得更好的市场效果。

（二）4C 营销理论

（1）消费者需求（Customer）：企业应生产消费者所需要的产品而非自己能制造的产品，即要瞄准消费者的需求和期望。

（2）消费者愿意付出的成本（Cost）：企业定价要研究消费者的收入状况、消费习惯和同类产品的市场价，而非单纯依赖品牌策略。

（3）为消费者所提供的方便（Convenience）：销售的过程应着重考虑如何使消费者快速便捷地购买到产品，如提供送货上门、电话订货、电视购物等新的销售行为。

（4）与消费者的沟通（Communication）：消费者不仅是单纯的受众，同时也是新的传播者。企业应实现与消费者的双向沟通，以建立长期稳固的关系。

4C 营销理论强调以消费者需求为导向，将消费者的需求、成本、便利和沟通作为市场营销组合的四个基本要素。这一理论体现了现代市场营销观念的变化，即从以企业为中心转变为以消费者为中心，强调与消费者的互动和沟通，以实现顾客价值和企业效益的双赢。总的来说，4P 和 4C 属于两种不同思想的营销理念，前者是以产品为主，而后者则是以市场和消费者的需求为主。虽然有一部分人主张现阶段企业应以 4C 营销理念为核心进行营销活动，但是，大部分学者仍然主张要以“4P”为核心指导思想来进行营销活动的运作，“4C”营销理论只是对“4P”理论的一种深化和补充，并不能完全取代“4P”理论。实际上这两种理论是一种互补的关系，所以，“4Ps”在现阶段依然是企业在制定营销策略和进行营销活动时的主要依据。表 6-4 为 4P 与 4C 的相互关系对照表。

表 6-4　4P 与 4C 的相互关系对照表

类别	4P 理论		4C 理论	
阐释	产品（Product）	服务范围、项目，服务产品定位和服务品牌等	客户（Customer）	研究客户需求欲望，并提供相应产品或服务
	价格（Price）	基本价格、支付方式、佣金折扣等	成本（Cost）	考虑客户愿意付出的成本、代价是多少
	渠道（Place）	直接渠道和间接渠道	便利（Convenience）	考虑让客户享受第三方物流带来的便利
	促销（Promotion）	广告、人员推销、营业推广和公共关系等	沟通（Communication）	积极主动与客户沟通，寻找双赢的认同感
时间	20 世纪 60 年代中期（麦卡锡）		20 世纪 90 年代初期（劳特朗）	

知识链接：

4I 营销理论

进入互联网时代，网络为企业和消费者搭建起了双向沟通的渠道，消费者话语权被不断放大，这也要求市场营销策略需要不断延展出新的内涵，更关注与消费者的互动，满足不同个体的个性化需求。根据这一发展趋势，唐·舒尔茨（Don. E. Schultz）提出了网络整合营销 4I 营销理论，即趣味、利益、互动、个性。4I 营销理论不是对传统营销理论的变革，而是在市场进程下基于传统理论的继承、优化与补缺。对于“精细化”“个性化”的重视，以及对于双方交互和利益的重视，让 4I 营销理论更加符合移动互联网时代的传播规律，推动企业取得满意的营销效果。

4I 营销理论的内容：

从 4P 理论到 4C 理论，日新月异的营销环境变化要求企业的营销组合策略不断优化、升级，以满足市场需求。传统媒体时代，信息传播以单线条进行流动，消费者只作为信息的被动接受者，接受企业的营销信息。进入移动互联网时代，新媒体的迅速发展及自媒体的诞生带来了信息的爆炸式增长，多元信息从不同渠道流入，让消费者从“接收者”成为“挑选者”。以市场为导向的营销策略逐步向以受众为中心的营销策略进行过渡，在此基础上形成的 4I 营销理论，重视趣味性，以受众利益为驱动，关注与受众的交互，挖掘与满足受众个性化需求，成为企业在进行营销策略组合时最好的指引。

1. 趣味性

移动互联网的普及和新媒体的快速发展构架起了高度发达的信息网络，产品资讯、使用体验、广告等各式各样的信息依托互联网通过多种渠道传递给受众。在信息爆炸式增长的背景下，受众被海量信息所裹挟，资讯需要通过重重关卡才能获得受众的关注，而在这个传播过程中有趣味性的内容往往能更快被受众发现，从而起到有效的营销效果。基于此传播规律，为企业在策划营销内容时注意内容的趣味性提出了要求，对受众心理及时下热点进行精准把握，转变营销模式和内容的规范化使其更具有趣味性，而这一模式的转变可有效推动受众从被动接收信息到主动接收信息，锁定目标受众的注意力。同时趣味内容与品牌或产品形成聚合也有助于强化目标受众对于品牌或产品的印象，有助于塑造品牌在目标受众心中的形象。从受众角度来说，认识以趣味性为核心准则创作的内容，能有效激发受众对内容的探索欲和传播欲，让受众愿意自发地将内容传递给其他人，实现内容的裂变式传播，这对于企业而言也是有效的影响。基于此，不难看出企业在运用 4I 营销理论时，应遵循将趣味性放在重要位置的原则，以实现营销内容的有效传播。

2. 利益性

利益驱动是人类社会一种最基本的动力源泉，因此在营销环节中重视人的趋利性也尤为重要。互联网时代，受众可以从各种渠道全面了解企业及其同类竞争企业的所有信息，是否参与到营销活动中来取决于消费者对信息筛选后的选择，因此这就要求企业在进行营销时重视利益，让目标受众能够通过企业的表达感受到企业可以使他们获得相应利益，以此提高目标受众对于企业营销活动的接受度。但利益性所代表的内容并不应该只以经济利益来代指，目标受众所能获得的服务、心理满足、荣誉以及自我表达等都是利益中需要兼顾的。这也要求企业在营销策略制定时考虑和重视目标受众的多元利益需求，以此提升目标受众对于企业和品牌的情感认同，取得更好的营销效果。

3. 互动性

互动指的是彼此连接、相互作用的过程，从社会学角度来看互动是个体与个体或者群体与群体之间通过不同手段进行信息的相互交换，久而久之形成了心理变化或相互依赖行为的过程。不同于传统媒体时代信息的单向传播，网络媒体及各类社交平台的发展搭建起了个体、群体之间互动的渠道，而互动性也成为互联网时代一个重要的特征，这一发展为企业营销活动指明了方向。遵循互动性的要求，运用网络互动性实现与目标受众交流，重视与目标受众的沟通过程，方能让营销效果得到发挥。对于企业和目标受众而言这种互动无疑都是有益的，一方面企业通过沟通收集目标受众的喜好、体验反馈及预期设想等对产品和品牌进行提升，以使其更符合目标受众的需求；另一方面目标受众可主动了解到企业文化、营销活动、功能定位等是否符合自己的需求，甚至亲自参与到整个营销活动中来。此外，这种动态的进程还能不断拉近企业与目标受众之间的距离，构架起长期的、良性的相互关系。平等交流让受众有表达自己机会，也提高了企业在目标受众心中的预期值，对于提升用户忠诚度有着积极的影响。

4. 个性化

互联网时代强调个性化成为趋势，因此在营销过程中遵循个性化的重要性不言而喻。随着市场导向从卖方向买方转移，目标受众对产品或品牌的独特性、个性化要求不断提升，一个企业能够在同类中脱颖而出需要精准把握目标受众的个性化消费需求，在产品设计上以目标受众的个性需求为导向，投其所好使目标受众在心理上形成“焦点关注”的满足感，对于需求的细分也能更有针对性地实现对目标受众的精准营销，实现营销效果的大幅提升。而针对目标受众提供个性化、私人定制的营销服务则能有效吸引目标受众的关注，在改善用户营销体验的同时，也能实现企业与目标受众之间良性关系的建立，提高目标受众对于企业的认同。

相较于传统媒体时代，个性化营销难度大、成本较高，信息技术的高速发展使得企业能快速收集目标受众个性化需求，依托大数据对需求进行细化分析，让定制化一对一的精准营销成为可能。因此，企业在营销策略制定时更应把握这一浪潮。

二、4I 营销理论适用性分析

移动互联网时代，新媒体及各类社交平台成为主流传播媒介，专注于网络特性的营销方式及以目标受众为导向的营销策略成为市场所需，4I 营销理论所提出的趣味性、利益性、互动性及个性化，在一定程度上弥补了 4P 营销理论对于目标受众需求关注度不足以及 4C 营销理论中个性化营销缺失的问题，不仅得到学术界和行业的普遍认可，也被广泛运用于实际营销环境下各行各业的网络营销策略制定中。

三、营销策略指标的分析方法

近年来，对于营销策略指标的分析方法经过不断地发展和完善，已衍生出多种评价方法，并且各有优劣，表 6-5 整理和比较了各种不同的评价方法。例如：常用于供应商评价的数据包络分析法，这种方法被广泛运用到投产和产出较多的多目标决策单元的绩效评价当中，能够较好地避免主观性。层次分析法则较为系统、客观、科学、合理，考虑定量和定性因素，可以对实际问题进行系统分解，分析结果呈现出明显的层次性，容易理解和掌握。

表 6-5　多种指标分析方法比较

评价方法	优点	缺点
调查判断法	直接，能够节省评价成本	容易受到个人主观因素的影响，需要由具有丰富经验的人员来进行
线性加权法	包括多种不同的主要指标，能对指标进行全面、科学的评价和分析	在对指标权重进行分配时，容易受到主观性影响
综合评价法	能够较好地避免主观性，从而获得客观的评价分析结果	操作过程比较复杂，成本较高
层次分析法	系统、科学，具有清晰的层次性	较为复杂
数据包络分析法	对多目标决策问题能够进行有效评价和分析	对有效决策单元进行评价和分析时，必须和其他方法相结合同时进行
模糊综合评价法	操作简便	指标数量多，在权重确定方面较为烦琐
神经网络选择法	能够客观合理地对定性和定量问题进行处理	评价算法较为烦琐

四、企业营销策略的制定

结合市场营销的 4P、4C 理论，企业营销策略的制定可以从以下几个方面展开。

（一）产品策略

1. 施工质量与产品性能需求——产品整体质量的提升

企业产品质量是企业经营与发展的关键，是企业的生命之源，产品配方及工艺很大程度上决定了产品的质量与档次。加强产品的研发能力，努力吸纳更多技术人员，努力发掘具有创新能力的技术人才，能够从根本上提升产品的整体质量。同时，企业规模与实力的增强，也为新产品研发提供了充足的资金保障。但对小企业来说，人员、设备、资金等皆无法媲美大中型企业，极大地限制了小企业从研发角度入手来提升产品的整体质量。而生产环节人工操作较多，生产流程的准确性同样会对产品的质量造成影响。因此，企业应另辟蹊径，从生产环节入手，要求员工树立强烈的产品质量意识，把产品质量管理贯穿于产品生产的全过程，以提升产品的质量。

2. 品牌需求——区域品牌的建立

消费者之所以需要品牌是由于品牌能够方便消费者辨认和识别所需的商品，维护自己的利益以及促进产品生产商不断改良企业产品。对于企业来说，建立区域性品牌，能够促进产品销售，树立企业的良好形象，保护品牌所有者的合法权益，有利于对企业的不良行为进行约束，有助于扩大产品的销售。一旦消费者对某一品牌产生一定的偏爱之后，那么该品牌标志之下的产品组合的改变和扩大就容易让消费者接受。从整个市场分配来说，大企业并不能完全地占据所有的市场份额，仅仅是占据其中的优势地位，这样的市场分配与制度，就为小企业创造了生存的条件与机遇。因此，根据客户的需求，需要从品牌建立的方面不断满足客户的需求，制定出更加吸引客户的营销策略。此外，地方政府总是会照顾当地的企业，建立区域性品牌，还有利于利用资源，能够获得多种优惠和支持。

案例链接：

美食纪录片“舌尖上的中国”品牌营销策略

2012 年 5 月，中央电视台播出了 7 集美食类纪录片“舌尖上的中国”。该片通过对中华美食多侧面、多角度的深入介绍，展现了食物给中国人的生活带来的仪式、伦理等方面的文化；反映了中华农业文明的博大精深，中华饮食文化的源远流长。该纪录片的播出，随即成为对中华传统美食具有较为深远影响的一次营销活动。该美食纪录片强烈刺激和影响了消费者的网购兴趣、网购目标、网购行为。深入剖析美食纪录片“舌尖上的中国”的播出及其衍生的消费者网购热潮行动，可以窥见农产品品牌事件营销的基本策略。其中，品牌属性的建议就是最重要的一环。

营销的事件与营销的目标品牌属性应该有紧密的关联性，这是事件营销成功的关键。只有两者关联性强的事件营销活动，才能让消费者在目睹事件过程产生联想和想象，主动寻找、建立与企业所营销的品牌之间的联系。因此，用于事件营销活动的事件必须与目标农产品的品牌属性有紧密的关联性。纪录片“舌尖上的中国”作为一部美食纪录片在中央电视台播出，其事件本身是一项反映我国美食文化的文化传播活动。但该片在内容上却细致地介绍了许多具有地域代表性的优质农产品，对其优质属性更是进行了深刻阐述。因而，该纪录片的这种无心插柳柳成荫的传播活动，直接导致了一场生动的事件营销活动，消费者在观看该片的过程中，主动将注意力锁定在纪录片介绍的美食产品及其相关农产品之上。该纪录片引发消费者网购美食热潮的成功关键因素就是纪录片所介绍的内容与农产品品牌属性有高度的关联性，促使消费者在观看片子后产生强烈的联想与想象，进而实施自己的美食消费行动。

（二）价格策略

企业通常采用不同价格策略的主要目的在于能够使得当期企业获得的利润最大化，同时扩大市场的占有率，最主要的是维持企业的生存。

1. 折扣价格需求——完善产品折扣能力

为了满足顾客在产品折扣价格上的需求，在进行折扣定价时，企业通常会对货款付清的顾客酌情降低产品的价格；对于多次在本企业购买产品的客户，给予一定的优惠打折策略，使客户形成一种习惯性心理，在下次购买时，为了不放弃已有的折扣，而继续在本店进行购买，从而以这种折扣的方式不断提高顾客的忠诚度。具体的措施可以采取批量区间优惠策略，如采购 200 桶以上打 95 折，500 桶以上 9 折等。另外，还可以对本区域内的客户进行优惠，比如东三省的比外省优惠 5%。这样能够吸引大量的本土顾客，从而促进区域经济的发展。

2. 弹性定价需求——产品差异化定位

弹性定价需求是指消费者对商品价格变动的敏感程度。如果一个商品的需求弹性大，意味着当价格发生变化时，消费者对该商品的需求量变化明显；若需求弹性小，则说明价格变化对需求量影响不大。企业根据不同的市场环境和消费者群体对价格的敏感度来调整产品定价，实现收益最大化。产品差异化可以体现在设计、品质、服务、品牌形象等多个方面。差异化定位吸引对特定功能、特色或品牌有高忠诚度的消费者，这些消费者可能对价格的敏感度相对较低，从而为企业提供了实施较高定价的可能性。同时，对于价格敏感但对某些特性要求不高的消费者群体，企业可以通过提供性价比高的产品吸引消费者，实现弹性定价。因此，企业通过灵活运用弹性定价策略与产品差异化定位，可以在满足不同消费者群体需求的同时，有效提高市场份额和盈利能力。

3. 产品价位与性价比需求——提升产品定价能力

低价策略虽然能够吸引消费者眼球，但同时也会带来信任程度降低等负面影响。企业可以根据消费者不同的需求，制定不同价位的产品，不同的产品价格，能够间接促使企业的销售渠道增多。同时，给予顾客多方面的选择。对于不同用途的产品，都进行低中高三类甚至更多的分类，以满足消费者多样的需求。

项目 6　营销渠道策略（上）

（三）渠道策略

1. 直销需求——加强企业直销

在进行销售的过程中，对于企业来说，整体的销售目标是不断地扩大在市场中占有的份额。此时，员工就应该为了能够使得企业达到目标，设定自己的目标进行奋斗，在企业提升销售人员的薪资待遇的同时，销售人员也为企业创造更好的业绩，相互支撑，从而能够让企业获得更大的市场份额，不断做大做强。但是，在实际执行和操作的过程中，很多制度在执行上具有一定不得不可操作性，与现实之间存在一定的距离。这就需要企业制定不同的分销模式，以此来解决不同的销售问题。

2. 网络销售需求——开展网络营销

项目 6　营销渠道策略（下）

随着社会的不断发展，网络技术的不断升级，出现了一个新兴的营销手段——网络营销。从当前市场客户需求的调查可以看出，当前网络销售对客户的整体需求影响比较大，在该销售渠道中，主要是将之前已有的传统营销手段、理念以及实践等一系列行为与网络相结合，网络作为其一个重要的补充单元，融入已有的营销中，使当前的营销手段实现营销再造，再升级，促进企业的发展。

（四）促销策略

促销在企业的营销活动中是不可缺少的部分，促销的主要目的在于极大地引发和刺激消费者的购买欲望，其中最常见的促销方式主要有以下 4 种。

1. 折扣促销

折扣促销是最常见也是最简单的促销方式之一。它指的是商家在原价的基础上给客户一定的折扣，吸引客户购买商品或服务。这种促销在促进消费者购买的同时，也可以快速地清理产品/服务库存。折扣促销方式可以针对产品或服务在不同领域、不同季节进行不同力度的调整，以达到最佳促销效果。例如，时尚、服装行业在不同促销季节进行超值折扣活动通常都能吸引一个群体的消费者。

2. 赠品促销

赠品促销是一种“买一送一”或“买一送 n”的举措，商家可以根据消费者购买的产品或服务提供不同的经典和相关赠品。赠品可以是低成本的周边产品、增值服务或折价券等形式，以此来增加产品的附加价值。这种促销方式不仅能够吸引消费者，同时也能够增加品牌形象和受众对品牌的认知和忠诚度，长远看可以增加商家的营业额。

3. 活动促销

活动促销是一种以活动为载体的营销策略。商家可以组织不同形式的活动，如展览、抽奖、试用等形式吸引消费者到店。此外，商家还可以通过营销工具来扩大活动的范围，例如线上活动、民间宣传、电子邮件营销等。活动促销方式一般针对当季、当地、长假等时间节点制定和执行。此种促销方式可以增加消费者对品牌的认知度和忠诚度。同时，它也是提高客户体验和沉淀客户关系的良好方式。

4. 产品创新促销

产品创新促销是一种刺激消费者购买新产品或服务的方式。商家通过创新商品、优化服务等形式针对消费者需求，提供差异化的价格和产品体验。例如，某餐饮公司推出新品，会在前期对受众进行市场调研和开展推广活动，以此来吸引消费者的购买兴趣。产品创新促销不仅能够提高消费者的好奇心和参与感，同时也可以增加品牌在市场中的创新性和领导地位。

【任务实践】

为南京 C 生态农业公司制定营销策略

1. 任务描述

结合以上对 C 生态农业公司营销现状的描述，结合上述所学的营销理论和策略的制定等相关知识，每位同学对 C 生态农业公司给出具体建议和措施，帮助其制定针对性的营销策略，帮助其提升公司市场核心竞争力，构建强大的营销体系。

2. 任务建议

鼓励同学们自行查阅关于 C 生态农业公司的更多资料，帮助其对该公司有更详尽的了解，进而结合课堂所学知识为该公司制定针对性的营销策略。

3. 任务要求

每位同学需要提交对 C 生态农业公司目前营销情况的分析，描述其存在的问题，进而为其制定针对性的营销策略。

4. 任务评价

教师在查验学生给出的策略方案时，需要重点核查学生是否对 C 生态农业公司进行了详尽的分析，同时制定的策略是否与分析的问题相符合以及是否切实可行。同时在班级内对同学们制定的策略进行评比，帮助同学们取长补短。

项目七 企业生存的血液——农业企业财务管理

【内容介绍】

农业企业财务管理是确保企业稳健运营和可持续发展的关键。农业企业财务管理主要包括资金管理、资产管理、成本管理、利润管理、现金流量管理等。本项目重点学习成本管理和利润管理，成本管理涉及成本构成、核算和分析，帮助农业企业降低生产成本，提高竞争力。利润管理则是关于利润的构成、计算和分析预测，确保农业企业盈利能力和可持续发展。

【学习导航】

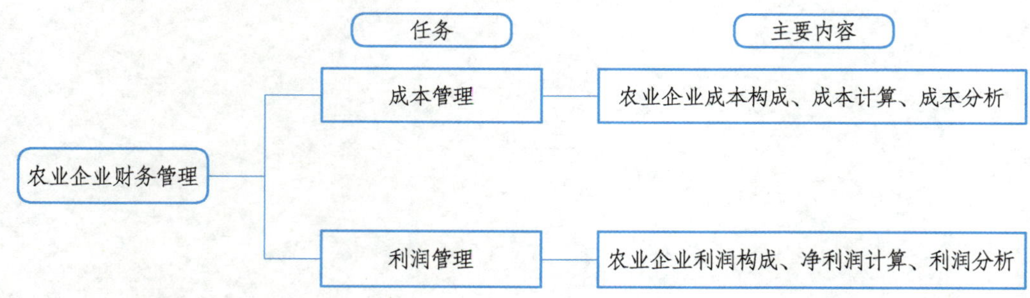

任务1 成本管理

学习目标

项目7 农产品成本概述

1. 了解农业企业成本的构成；
2. 掌握农业企业成本的核算；
3. 掌握如何分析农业企业成本。

情境导入

L林业局种子站202×年10月在种子林采集杉木原果50 000个至晾晒场，支付采集工资10 000元，应计提福利费1 400元，耗用材料1 600元。杉木原果经干燥脱壳、精选包装，生产种子4 000千克，已验收入库，支付工资费用2 000元，集体福利费280元，耗用材料1 720元，以银行存款支付委托生产加工费1 000元。该种子林培育总成本（成熟生产性生物资产账面原值）200 000元，按预计采收10年平均计提折旧。当年发生的种子林管护费用1 000元，银行存款支付。同时该种子站收购红松种子2 000千克，支付收购款30 000元，收购杉木种子1 000千克，支付收购款16 000元。该站当年发生各项管理费用（间接费用）14 000元。同学们，面对这么多的数据，我们应该如何核算该种子站的农产品成本呢？

学习任务

农业企业成本管理对于降低生产成本、提升盈利能力、增强市场竞争力以及提升管理水平和决策效率等都具有重要意义。农业企业成本管理有助于降低生产成本，优化资源配置，减少浪费，从而提高生产效率。农业企业成本管理有助于提升农业企业的盈利能力，而成本是影响利润的关键因素之一，通过有效的成本管理，农业企业就可以在保证产品质量的前提下，降低成本，增加利润，这不仅可以提高企业的经济效益，还可以为企业的可持续发展提供有力保障；农业企业成本管理有助于增强企业的市场竞争力，通过成本管理，可以降低成本，提供更具竞争力的价格，从而吸引更多消费者，扩大市场份额；农业企业成本管理有助于提升企业的管理水平和决策效率，通过对成本的实时监控和分析，可以及时发现生产经营中存在的问题和风险，为企业的决策提供有力支持，促进企业内部各部门之间的协调与合作，提升企业的整体运营效率。

一、农业企业成本构成

（一）直接材料费用

直接材料费用是指农业生产过程中直接耗用的原材料、辅助材料、备品配件、外购半成品、燃料、动力、包装物以及其他直接材料。对于种植业来说，它主要包括种子、化肥、农药、燃料和动力（抽水浇地用电费）等费用；对于养殖业来说，它主要包括饲料、畜禽的医药费等费用；对于林业企业来说，它主要包括种子、苗木、化肥、农药、燃料等费用。这些费用都是农业生产过程中必不可少的投入。

（二）直接人工费用

直接人工费用是指直接从事农业生产人员的工资、奖金、津贴和补贴。这些人员包括生产工人、生产单位管理人员等。他们的工资和福利是农业企业成本的重要组成部分。

（三）其他直接支出

其他直接支出包括直接从事农业生产人员的职工福利费，以及固定资产折旧费、租赁费、修理费、机物料消耗、低值易耗品摊销、土地开发费、土地承包费、场地占用费、养殖业的死亡畜禽处理净损失等与农业生产直接相关的费用。这些费用虽然不直接涉及原材料和人工，但它们是维持农业生产活动正常进行所必需的支出。

（四）间接费用

间接费用是指应分摊计入各种农产品成本的各项费用，如农业、林业、牧业、渔业生产单位为组织和管理生产活动而发生的共同费用，包括生产单位管理人员工资、职工福利费、折旧费、修理费、办公费、水电费、差旅费、运输费、保险费、检验费、劳动保护费、季节性和修理期间停工损失以及其他不能直接计入产品成本的费用。这些费用虽然不直接与某一特定的农业生产活动相关，但它们是维持整个农业生产系统运转所必需的。

二、农业企业成本核算

在确定了农业企业的成本内容后，企业还需要根据生产经营特点和管理要求，确定成本核算对象，设置成本项目，并选择适当的成本计算方法。这样，农业企业就能更准确地核算和控制成本，为企业的决策和管理提供有力支持。

（一）农业企业成本核算方法——种植业

1. 当年生大田作物的成本计算

当年生大田作物是指作物生长期不超过一年的农作物，一般为当年播种、当年收获的作物；也有少部分跨年度收获的作物。

农作物成本的计算包括单位面积成本和单位产量成本。单位面积成本是指种植某种农作物平均每单位播种面积所支出的费用总额。其计算公式为：

某作物单位面积（亩）成本＝某作物生产费用总额/某作物播种面积

单位产量成本是指种植某种农作物平均每单位产品所支出的费用总额。其计算公式为：

某作物单位产量（千克）成本＝（某作物生产费用总额－副产品价值）/某作物产品产量

2. 多年生作物的产品成本计算

多年生作物是指人参、剑麻、胡椒等经济作物，其特点是生长期限长。因此，多年生作物抚育年限和提供产品的年限比较长。多年生长作物有两种情况：一是连续培育几年，一次收获产品，如人参；一是连年培育，年年获得产品，如剑麻、胡椒等。由于收获次数不同，其成本计算方法也不同。

（1）一次性收获的多年作物，应按各年累计的生产费用计算成本。其主产品单位成本的计算公式为：

一次性收获的多年生作物主产品单位成本＝（往年费用＋收获年份截至收获月份累计费用－副产品成本）/收获的主产品总产量

（2）多次收获的多年生作物，在未提供产品以前的费用，视同长期待摊费用处理。投产后按计划总产量的比例或提供产品年限的比例将往年费用分配计入投产后各年产出产品的成本。当年产出产品的成本包括往年费用本年摊销额和投产后本年发生的全部费用。多次收获的多年生作物的主产品单位成本的计算公式为：

作物主产品单位成本＝（往年费用本年摊销额＋本年全部费用－副产品成本）/本年收获的主产品总产量

（二）农业企业成本核算方法——林业

计入林业产品的生产费用，橡胶应计算至加工成干胶片，茶叶应计算至加工成商品茶。没有加工设备的，橡胶可计算至鲜胶乳，茶叶可算至鲜叶。经济林木产品单位成本的计算公式为：

某种经济林木产品单位成本＝（该林经济林木本年全部抚育费＋停割停采期间费用－副产品价值）/该林经济林木产品年总产量

（三）农业企业成本核算方法——畜牧业

1. 基本猪群的产品成本计算

基本猪群的主产品为母猪繁殖的仔猪，其副产品为厩肥、猪鬃等。对副产品一般按市价作为其成本，全部饲养费用减去副产品成本，即为主产品的总成本。

确定基本猪群主产品的总成本后，再按照一定的计算方法分别计算出仔猪出生时的活重和出生后两个月内的增重，确定仔猪的活重单位（千克）成本和增重单位（千克）成本。

出生的仔猪成本均按活重计算。仔猪出生至满两个月断奶时的成本，以及期末结存未断奶仔猪的成本，也以当时的活重和活重单价计算，仔猪出生活重和出生后两个月内增重的单位（千克）成本计算公式为：

仔猪出生活重和两个月内价值增重的单位（千克）成本＝（基本猪群全部饲养费用－副产品）/（出生活重＋出生后两个月内的增重）

仔猪的活重单位（千克）成本计算公式为：

仔猪活重单位＝期初结存两月内仔猪成本＋基本猪群全部饲养费用

2. 幼猪、育肥猪的产品成本计算

畜龄在两个月以上、4 个月以下的猪为幼猪；畜龄在 4 个月以上的猪为育肥猪。幼猪和育肥猪的主要产品是增加的重量，其副产品是指厩肥、猪鬃以及猪的残值。幼猪和育肥猪的增重成本和活重成本计算公式如下：

幼猪（育肥猪）增重的单位（千克）成本 =（该猪群全部饲养费用 − 副产品价值）/该猪群的增加重量

幼猪（育肥猪）群增加的重量 = 存栏活重（含死猪重量）+ 购进和转入活重 − 期初结转期内购进，转入活重。

计算出某猪群的活重单位成本后，即可分别计算出本期转出、售出和期末存栏猪的全部活重成本。计算方法比照仔猪相关的计算公式。

3. 各猪群饲养日成本的计算

为了考核养猪业饲养费用水平，可计算饲养日成本。计算公式：

某猪群饲养日成本=该群饲养费用/该群饲养头日数

（四）农业企业成本核算方法——渔业

1. 鱼苗成本的计算

鱼苗成本计算的对象就是鱼苗，通常以万尾为成本计算单位。其成本计算公式为：

每万尾鱼苗成本 = 育苗期全部生产费用/育成鱼苗万尾数

2. 成鱼成本的计算

多年放养、一次捕捞的成鱼成本，包括捕捞前各年作为在产品结转的费用和当年发生的费用。其成本计算公式为：

成鱼单位（千克）成本 =（捕捞前各年的生产费用 + 当年捕捞的生产费用）/成鱼总产量

3. 捕捞成本的计算

捕捞是指在天然湖泊、江河、海洋捕捞自然生长的渔业产品。当年发生的全部捕捞费用，应当完全由当年捕捞的渔业分摊，对不同的渔业产品，可按计划成本或销售价格的比例，将总成本在不同渔业产品之间进行分配。

案例链接：

农业企业（畜牧业）成本核算流程及会计分录

举例：GM 畜牧养殖有限公司是一家规模化的养殖企业，通过自己繁殖种猪饲养，饲养流程为：种猪—乳猪—小猪—育肥猪四个工序，销售成品为种猪、育肥猪。

成本核算流程分录如下：

一、领料（根据领料单出库数量×加权平均单价计算）

1. 原料领料

借：生产成本—饲料成本

贷：原材料—原料仓

2. 药品领料

借：生产成本—药品

贷：原材料—药品

3. 直接人工消耗（根据工资表的生产一线人员工资汇总）

借：生产成本—直接人工

贷：制造费用—人工工资

借：制造费用—人工工资

贷：应付职工薪酬

4. 消耗品消耗（分为：五五摊销法和一次性摊销法）

借：生产成本—消耗品

贷：制造费用—消耗品

二、繁殖自产生物资产（分子为母猪从怀孕到产子之间发生的成本，分母为生下活的健康小猪的头数）=母猪的实际消耗成本/生下活的健康小猪的头数

借：消耗性生物资产

贷：生产性生物资产

三、外购生物资产（根据付款单据汇总）

借：消耗性生物资产

　　生产性生物资产

贷：银行存款

四、猪群达到可销售状态转库存（根据猪群成品入库单计算，类似工业企业的库存商品，为了简化，和销售单匹配）

借：消耗性生物资产

生产性生物资产

贷：生产成本—饲料成本

　　生产成本—药品消耗

　　生产成本—直接人工

　　生产成本—消耗品

　　单位成本＝各猪群生产成本总成本/各猪群生物资产总头数

五、结转销售成本（根据销售出库单上数量×成本单价）

借：主营业务成本

贷：消耗性生物资产

　　生产性生物资产

单位成本（成本单价）＝各猪群生产成本总成本/各猪群生物资产总头数

六、确认收入（根据销售数量×销售单价确认）

借：应收账款

贷：主营业务收入

成本计算恒等式：

生物资产月初期初数据（头数×成本单价）+本月投入数据（原料+人工+制造费用）-本月出库数据（销售头数+死亡头数）=生物资产月末数据（头数×成本单价）

三、农业企业成本分析

（一）农业企业成本分析内容

农业企业成本分析是一项复杂而重要的任务，需要综合考虑多个方面，以帮助企业做出更明智的决策，优化成本结构，提高经济效益。农业企业成本分析的内容相当丰富，主要涵盖以下几个方面：

（1）土地租赁或购买成本：农业企业通常需要租赁或购买土地来开展业务，这部分成本会受到土地位置、质量和面积的影响。

（2）农业生产成本：这包括直接与农业生产相关的投入成本，如种子、肥料、农药、灌溉等。这些成本通常会因作物种类和农业生产方式的不同而有所差异。

（3）人工成本：农业企业需要雇佣农民、技术员、管理人员等来维持公司运营，员工工资和福利是一项重要的成本。此外，间接劳动成本，如培训和管理费用，也应纳入考虑范围。

（4）设备购置和维护成本：农业企业通常需要购买农业机械设备，如拖拉机、收割机等，并定期进行维护和修理，以确保生产的顺利进行。

（5）运输和储存成本：农产品在收获后需要进行运输和储存，这些环节的成本也应计入总成本中。

（6）其他成本：包括行政管理费用、财务费用、税费等。

（二）农业企业成本分析步骤

1. 明确成本分析的目标和范围

需要明确成本分析的目的，是为了制定成本控制策略、优化生产流程还是为决策提供支持等。同时确定分析的范围，包括分析的时间段、涉及的产品或服务以及需要考虑的成本因素等。

2. 收集成本数据

收集农业企业在生产经营过程中的各项成本数据，包括直接成本和间接成本。直接成本如种子、肥料、农药、饲料等投入成本，以及直接从事生产经营人员的工资等；间接成本如设备折旧、维修费用、管理费用等，确保数据的准确性和完整性，以便进行后续分析。

3. 成本分类与归集

将收集到的成本数据按照不同的成本项目和成本对象进行分类和归集。例如，可以将成本分为土地租赁或购买成本、农业生产成本、人工成本、设备购置和维护成本等。通过对成本的分类和归集，可以更加清晰地了解各项成本的结构和分布情况。

4. 成本分析

（1）成本构成分析：分析各项成本在总成本中所占的比例，找出主要成本项目和次要成本项目，以及它们之间的比例关系。这有助于企业识别成本控制的关键点。

（2）成本变动分析：比较不同时间段或不同生产周期的成本数据，分析成本的变动趋势和原因。这有助于企业了解成本变化的规律，预测未来的成本水平。

（3）成本效益分析：将成本与收益进行比较，分析成本投入与产出之间的关系。这有助于企业评估各项成本投入的效益，优化成本结构。

5. 制定成本控制策略

根据成本分析的结果，制定针对性的成本控制策略。例如，对于占比较高的成本项目，可以采取集中采购、优化生产流程、提高劳动生产率等措施来降低成本；对于变动较大的成本项目，可以加强成本控制和预算管理，确保成本在可控范围内。

6. 建立成本分析体系

建立完善的成本分析体系，包括定期收集成本数据、进行成本分析、制定成本控制措施等。这有助于企业形成成本管理的长效机制，提高成本管理的水平和效果。

总之，分析农业企业成本需要从多个方面入手，综合运用多种方法和工具。通过深入剖析和评估各项成本，企业可以更加清晰地了解成本结构和变动情况，为制定成本控制策略和优化生产经营活动提供有力支持。

（三）农业企业降低成本的方法

农业企业降低成本需要从多个方面入手，综合运用技术创新、资源节约、规模化生产、高效管理、市场导向、增值产品开发以及智力投资等方法，以实现成本的有效降低和企业的可持续发展。

（1）技术创新与设备引进：通过引进先进的农业技术和设备，可以提高生产效率并降低人工成本。例如，使用自动化设备和智能传感器进行农田灌溉和肥料施用，这不仅可以节省水资源和化肥，还可以提高作物产量。

（2）节约资源：合理利用土地、水源和能源等资源，可以显著降低企业的开支。例如，采用滴灌和雨水收集系统来降低灌溉成本，或者选择节能设备来减少能源消耗。

（3）规模化生产：扩大生产规模可以实现规模经济效益，降低单位产品的生产成本。农业企业可以通过合作社或联合体的形式，共同采购农资，合理安排种植计划等，以达到规模经济效应。

（4）高效管理：优化生产管理，提高资源利用率和劳动效率，可以帮助降低企业的运营成本。例如，精确计算作物需求，确保合理的施肥和农药使用量，避免资源浪费和过度使用。

（5）市场导向：根据市场需求合理选择作物种植和养殖品种，以提高产品竞争力和降低销售成本。农业企业应定期进行市场调研，并根据市场反馈调整产品结构和销售策略。

（6）增值产品开发：通过进行产品深加工，将农产品加工成具有附加值的产品，可以提高产品的销售价值，并增加企业利润。例如，将水果加工成果汁或果酱，或将农产品加工成方便食品等。

（7）重视智力投资：加强劳动者的科技培训，提高劳动者的综合素质，以提高劳动生产率。这不仅可以提高生产效率，还可以帮助员工更好地掌握和应用新技术，从而降低生产成本。

（8）成本控制体系：建立全面的成本控制体系，从采购、生产、销售等各个环节进行成本控制，确保成本在可控范围内。

案例链接：

肉鸡养殖成本与利润概算分析

肉鸡的经济效益等于肉鸡的销售价格减去肉鸡的生产成本，肉鸡饲养的经济效益取决于肉鸡的生产成本和销售价格。对于农业产业化的集团型企业来说，肉鸡的养殖成本算法有些区别，主要是在饲料、药品的成本核算上与农户的购买成本不同。

一、影响肉鸡生产成本因素

肉鸡饲养期间的全部费用都应列入肉鸡的生产成本，如饲料、鸡苗、药品疫苗、人工、水电、房屋及饲养器具折旧、取暖燃料和其他养殖工具及设备维修保养等费用。

毛鸡的单位成本＝料肉比×平均料价＋鸡苗成本（鸡苗价格÷成活率÷出栏体重）＋（药品疫苗费用＋人员工资＋水电费＋折旧费＋其他费用）÷出栏数。

因此，影响肉鸡的生产成本因素包含了鸡苗价格、肉鸡成活率、料肉比、出栏体重、饲料价格、药品疫苗费用、人员工资、水电费、折旧费和其他费用等。其中对肉鸡生产成本起重要作用的是料肉比、平均料价和鸡苗成本。

1. 料肉比

料肉比又称饲料转化率，指肉鸡所消耗的饲料与出栏体重之比。料肉比与饲料的质量密切相关，差的饲料料肉比高，而好的饲料料肉比低。

料肉比受饲养管理条件的影响。饲养管理条件好者肉鸡的料肉比低，反之则肉鸡料肉比高（尤其是饲料浪费、肉鸡发病和成活率低对料肉比的影响很大）。

肉鸡品种对料肉比也有很大影响。生长速度快、抗病力强的肉鸡料肉比低，而生长速度慢、抗病力弱的鸡则料肉比高。

2. 平均料价

平均料价指肉鸡所用的所有饲料费用与饲料数量之比。

饲料质量的高低与饲料成本是否最低（不同饲料厂的饲料价格与其饲养肉鸡的料肉比的乘积是否达到最低点）和肉鸡的生长速度密切相关。如果肉鸡生长速度慢，则其生产成本要相对增加。

3. 鸡苗成本

鸡苗成本＝鸡苗价格÷（成活率×出栏体重）。

生产成本最大的因素是饲料成本和鸡苗成本。饲养期越长，肉鸡料肉比越大，鸡苗成本则随着体重的增加而降低。若延长肉鸡饲养期以增加体重，鸡舍折旧、工资、药品疫苗、水电等费用也随之增加，但相对而言，其对鸡苗成本的影响并不很大。

二、肉鸡销售价格

肉鸡出栏时的市场价格对肉鸡饲养的经济效益影响很大。因此，饲养者要及时了解市场信息，需要根据当地的鸡苗饲养量、毛鸡需求量、屠宰场销售库存等，决定进鸡时间和数量，以获得更高效益。

但要注意的是，肉鸡养殖者不能一味盲目等待价格上扬而延长鸡群日龄，因为肉鸡随着日龄的增大，其饲料报酬率会下降，死亡率会增高，并且体重过大也不一定好销售。所以，要根据市场行情和自己的实际情况，做到适时出栏上市。

三、肉鸡养殖户养殖效益分析

目前养殖户从鸡舍清洗消毒到肉鸡全部销售完毕，一般需要 2 个月左右的时间。在此期间发生的全部肉鸡养殖费用和销售收益均作为养殖效益的计算数据。

1. 毛鸡生产成本

肉鸡饲养期间的全部费用都应列入本批肉鸡的成本，包括饲料、鸡苗、药品疫苗、人工、水电、房屋及饲养器具折旧、供暖燃料和其他养殖用具等费用。

如果肉鸡全期成活率为 95%、出栏鸡平均体重为 2.00 kg，则毛鸡的单位成本是[料肉比 × 平均料价 + 鸡苗成本（鸡苗价 ÷ 0.95 ÷ 2.00）+（药品疫苗费用 + 人员工资 + 水电费 + 折旧费 + 其他费用）÷ 出栏数]。

通常情况下，养殖户平均每 1 000 只入舍雏鸡药品疫苗的费用为 700 元左右，即每千克毛鸡的药品疫苗成本为 0.35 元左右；养殖户用煤炉保温，每千克毛鸡的水电煤成本为 0.10 元左右；其他费用如垫料、易耗品等与鸡粪收入和饲料袋收入相抵。考虑到大多数养殖户在实际中将折旧和人员工资计入利润而不计入成本，所以对养殖户核算毛鸡的成本时可简化为毛鸡的单位成本为{料肉比 × 平均料价 + 鸡苗成本（鸡苗价 ÷ 0.95 ÷ 2.00）+ 0.35 + 0.10}。

影响养殖户毛鸡成本的主要指标为料肉比、平均料价和鸡苗价格。

（1）料肉比假定饲料平均价格为 3.00 元/kg，鸡苗价为 2.80 元/只，则毛鸡的单位成本为：毛鸡的单位成本 = 料肉比 × 3.00 + 2.80 ÷ 0.95 ÷ 2.00 + 0.35 + 0.10 = 料肉比 × 3.00 + 1.92。

（2）饲料平均价格假定某种饲料在一般饲养条件下的料肉比为 2.0，鸡苗价为 2.80 元/只，则毛鸡的单位成本为：毛鸡的单位成本 = 2.0 × 平均料价 + 2.80 ÷ 0.95 ÷ 2.00 + 0.35 + 0.10 = 2.0 × 平均料价 + 1.92。

（3）鸡苗成本 = 鸡苗价格 ÷（0.95 × 2.00）。假定平均料价为 3.00 元/kg；料肉比为 2.0，则毛鸡的单位成本为：毛鸡的单位成本=2.0 × 3.00 + 鸡苗成本 + 0.35 + 0.10=6.45 + 鸡苗价格 ÷ 1.90。

2. 销售价格

假定毛鸡销售单价是 8.40 元/kg，则毛鸡的销售收入是 8.40 元/kg。

3. 肉鸡饲养效益分析

（1）如果肉鸡出栏体重 2.0 kg，成活率 95%，料肉比 2.0，平均料价 3.00 元/kg，鸡苗价 2.80 元/只，则该批鸡的保本价应是 7.92 元/kg。

（2）如果毛鸡销售单价是 8.40 元/kg，则毛鸡的销售收入是 8.40 元/kg，毛鸡的利润则为 0.48 元/kg。如果养殖户肉鸡出栏 10 000 只，则其实际收益为 9 600.00 元。

（3）若其他条件不变，料肉比每变化 0.05，毛鸡成本将变化 0.15 元/kg。

（4）若其他条件不变，料价每变化 0.05 元/kg，毛鸡成本价将变化 0.10 元/kg。

（5）若其他条件不变，鸡苗价格每变化 0.50 元/只，毛鸡成本将变化 0.26 元/kg。

（6）若其他条件不变，毛鸡销售单价每变化 0.10 元/kg，则毛鸡的销售收入将变化 0.10 元/kg。

（资料来源：根据牧益堂公众号，2024-03-20，肉鸡养殖成本与利润概算分析，https://mp.weixin.qq.com/s/BeTm6GouvyA2cXrMfPuwjA 编写）

【任务实践】

种子生产成本归集与核算

1. 任务描述

以 L 林业局种子站经营的种子成本构成情况进行分析，以小组为单位进行思考“如果你是农业企业经营管理者，请问该如何计算该种子站的不同种子产品成本呢？”，根据思考结果填写表 7-1、表 7-2 和表 7-3。

表 7-1　林木种子生产费用明细账

产品类别：杉木种子　　阶段类别：原果采集　　202×年 10 月

单位：元

202×年		凭证号	摘要	直接材料	直接人工	其他直接费用	制造费用	合计
月	日		耗用直接材料					
10			直接人工费					
10			母树木折旧费					
10			管护费用					
10			收购成本					
10			费用合计					

表 7-2　林木种子生产费用明细账

产品类别：杉木种子　　阶段类别：原果加工　　202×年 10 月

单位：元

202×年		凭证号	摘要	直接材料	直接人工	其他直接费用	制造费用	合计
月	日		耗用直接材料					
10			直接人工费					
10			委托加工费					
10			费用合计					

表 7-3　林木种子生产费用明细账

产品类别：红松种子　　阶段类别：原果采集　　202×年 10 月

单位：元

202×年		凭证号	摘要	直接材料	直接人工	其他直接费用	制造费用	合计
月	日		耗用直接材料					
10			直接人工费					
10			母树木折旧费					
10			管护费用					
10			收购成本					
10			费用合计					

2. 任务建议

组织各小组组内再分组，每组选取一个种子农产品进行成本计算。

3. 任务要求

结合农业企业成本管理内容学习，进一步分析任务中L林业局种子站的经营农产品，计算该种子站的不同种子产品成本并进行恰当的成本分析。

4. 任务评价

教师根据每个小组提交种子站的不同种子产品成本计算结果，由教师与学生代表组成评价小组，对每个同学完成工作任务的实际表现与结果正确性进行评价打分，并将成绩计入学生的过程性考核成绩。

任务2 利润管理

学习目标

1. 了解农业企业利润的构成；
2. 掌握农业企业净利润的计算；
3. 掌握农业企业利润的分析。

情境导入

有一次王石出差到深圳。他从朋友那里得知，美国大陆谷物公司与深圳养鸡公司合资的饲料生产企业正大康地，需要大量的玉米，而这些玉米来自美国、泰国和中国东北。在当时因为运输和国家政策问题，来自东北的玉米却不是直接从东北运来的，而是要从香港转运过来。这也导致2分钱一斤收购的玉米，到采购企业手里变成了7分钱一斤。王石看到机会，他想“如果能实现东北玉米直接运输到深圳客户手里，至少可以赚到5分钱一斤，几十吨下来就能赚上万元。”想到这里，王石兴奋不已。于是王石先告诉正大康地，自己有饲料可以低价供应，然后再跑去广东海运局开辟北方航线，另外，王石手里没钱，他就让玉米供应方发货，自己半年之后再付款给对方。短短8个月，王石赚了300多万元，这也是他人生的第一桶金。农业永远是一个“利润薄”的行业。如何在农业领域赚钱?

学习任务

农业企业利润管理不仅关乎农业企业的生存和发展，也关系到农业企业的市场竞争力和社会责任形象。因此，农业企业应高度重视利润管理，不断优化管理体系，提升管理水平，以实现经济效益和社会效益的双赢。

一、农业企业利润构成

农业企业利润的构成主要涵盖了农业企业在农业生产经营过程中各项收入与支出的差额。具体来说，农业企业利润主要由以下几个部分组成：

（一）产品销售利润

产品销售利润是农业企业利润的核心组成部分，主要来源于企业销售农产品和其他相关产品所获得的收入。在计算产品销售利润时，需要考虑产品的销售价格、销售数量以及与销售相关的成本，如生产成本、销售费用等。

（二）其他销售利润

其他销售利润是指除了农产品销售外，农业企业还可能涉及其他产品的销售或服务提供，如农资销售、技术咨询等。这些活动所产生的利润也构成了农业企业利润的一部分。

（三）承包单位上缴利润

在一些农业企业中，可能存在承包经营的情况，即企业将部分业务或资产承包给内部或外部的单位经营。这些承包单位在经营过程中产生的利润，按照合同约定会上交一部分给农业企业，这也是利润的一个来源。

（四）营业外收支净额

营业外收支是指与企业日常生产经营活动无直接关系的收入和支出，如非流动资产处置损益、政府补助、捐赠等。营业外收支净额是营业外收入减去营业外支出后的净额，它反映了企业在非日常经营活动中所取得的利润或亏损。

（五）税费

在计算农业企业利润时，还需要考虑税费的影响。税金是企业根据税法规定应缴纳的各种税费，包括所得税、增值税等。税费的支付会减少企业的净利润。

需要注意的是，农业企业利润的构成会受到多种因素的影响，包括市场需求、产品价格、生产成本、税收政策等。因此，企业在生产经营过程中需要密切关注市场动态和成本变化，制定合理的经营策略，以实现利润的最大化。

二、农业企业净利润计算

净利润是企业经营活动中最终实现的盈利金额，它是企业在扣除所有费用、税费后所剩余的利润。净利润的计算涉及多个步骤，要确保全面考虑了企业在一定时期内的所有收入与支出。以下是计算净利润的基本步骤：

（一）计算营业利润

营业利润是企业在销售商品或提供服务后，扣除营业成本（直接成本）和营业费用（如销售费用、管理费用等）后的利润。其计算公式为：

营业利润 = 营业收入 − 营业成本 − 营业税金及附加 − 销售费用 − 管理费用 − 财务费用 − 资产减值损失 + 公允价值变动收益（或 − 公允价值变动损失）+ 投资收益（或 − 投资损失）

（二）计算利润总额

利润总额是在营业利润的基础上，加上营业外收入（如政府补贴、资产处置收益等），减去营业外支出（如捐赠、罚款等）得到的。其计算公式为：

利润总额 = 营业利润 + 营业外收入 − 营业外支出

（三）计算所得税费用

所得税费用是企业根据税法规定，对利润总额进行纳税后应支付的税费。所得税费用通常根据企业应纳税所得额和适用税率计算得出。

（四）计算净利润

净利润是利润总额减去所得税费用后的金额，它代表了企业真正可以自由支配的利润。其计算公式为：

净利润 = 利润总额 − 所得税费用

在计算净利润时，还需要注意以下几点：

（1）确保所有收入和支出的数据都是准确和完整的，以避免计算错误。

（2）遵循适用的会计准则和税法规定，确保计算的合规性。

（3）对于涉及公允价值变动、投资收益等复杂项目的计算，需要仔细核对相关数据和计算过程。

通过以上步骤，企业可以准确计算出净利润，从而评估其经营成果和盈利能力。净利润的多少不仅反映了企业的经济效益，还为企业制定未来的经营策略提供了重要参考。

三、农业企业利润分析

分析企业的利润是一个复杂而关键的过程，它涉及对企业经营活动的深入理解以及对财务数据的精细分析。以下是一些主要的分析步骤和方法：

（一）利润表分析

农业企业进行利润分析需要详细审查农业企业的利润表，这包括观察农业企业的总收入、总成本以及净利润等关键指标。通过比较不同时间段的利润表，可以了解农业企业的利润趋势和变化。

（二）成本分析

深入了解农业企业的成本结构对于利润分析至关重要，包括直接成本和间接成本的分析，以及各成本项在总成本中的占比。通过找出成本变动的原因，农业企业可以更有效地进行成本控制，从而提高利润。

（三）销售分析

销售利润是农业企业利润的主要来源，因此分析销售情况对于理解利润变动非常关键，包括分析销售额、销售量、销售价格等因素的变动情况，以及它们对利润的影响。

（四）比较分析法

通过比较农业企业不同时期的利润数据，或者与同行业其他农业企业的利润数据进行比较，可以找出农业企业利润的优劣势，以及可能存在的问题。

（五）利润敏感性分析

这种分析关注那些对利润产生重大影响的关键因素，如销售量、销售价格、成本等。通过了解这些因素的变动对利润的影响程度，农业企业可以更有针对性地制定经营策略。

（六）风险管理分析

农业企业面临的各种风险，如市场风险、财务风险等，都可能对利润产生影响。因此，进行风险管理分析，找出可能的风险点并制定相应的风险应对措施，也是利润分析的重要一环。

【任务实践】

农业企业利润获取的底层逻辑

1. 任务描述

当前，很多农业企业创业经营逻辑是反的“先搞种植或养殖再去找市场”，这个逻辑已经违反了市场原则。正确的市场经营逻辑就是“先找市场再造产品”，否则你的产品将会只有打价格战甚至遭遇无人问津的窘境。结合情境案例，每个小组内每名成员思考“如果我是农业企业创业者，我该如何让企业获利”。

2. 任务建议

组织小组讨论案例中王石获利的主要因素有哪些，每名成员思考创建农业企业还可以有哪些获利经营的方式。

3. 任务要求

针对讨论结果，以小组为单位结合学习任务中介绍的农业企业利润构成要素、利润计算和利润分析的相关知识阐述拟定创建农业企业利润控制方案。

4. 任务评价

教师根据每个小组提交的创建农业企业利润控制方案，由教师与学生代表组成评价小组，对每个同学完成方案的实际表现与成果进行评价打分，并将成绩计入学生的过程性考核。

项目八

激发团队的活力——农业企业人力资源管理

【内容介绍】

人力资源是农业企业最重要的资源之一，对农业企业有着重要的作用。农业企业要想取得良好的发展，在经济全球化和网络信息化的今天，也必须做好人力资源管理工作。本项目介绍了员工招聘、员工培训和员工绩效考核的内容，以层层深入的方式，说明从实际出发开展人力资源管理工作的路径与方法。

【学习导航】

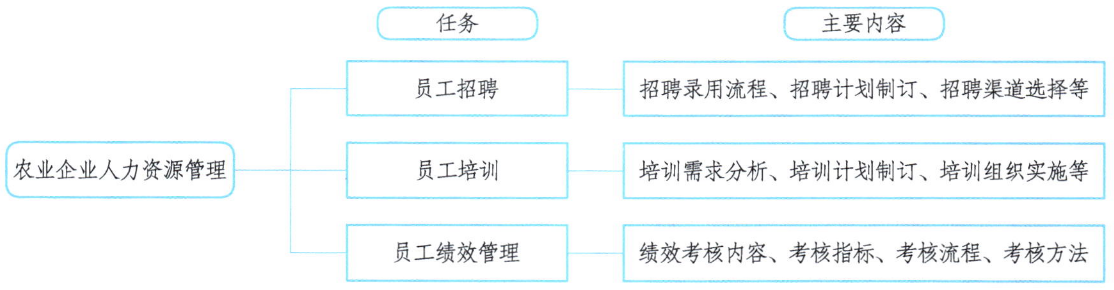

任务1 员工招聘

1. 掌握招聘录用流程；
2. 能制订招聘计划并实施招聘；
3. 具有科学的世界观、人生观、价值观；
4. 具有强烈的服务意识。

情境导入

小卢一位充满激情与梦想的青年创业者，三年前成立了“桃溪谷农业有限公司”，致力推动农业现代化，提高农产品的附加值。公司成立初期，小卢凭借着对农业的热爱和对市场的敏锐洞察，带领一支小而精干的团队，逐渐在市场上站稳了脚跟。然而，随着业务的不断扩展和市场需求的日益增长，小卢意识到，要想实现公司的长远发展，单靠现有的团队力量是远远不够的。

面对人力资源的瓶颈，小卢开始思考如何吸引并选拔合适的人才加入公司，以支撑公司的快速发展。他深知，招聘不仅仅是填补空缺职位那么简单，更是关乎农业企业文化的传承、团队精神的凝聚以及农业企业战略目标的实现。然而，招聘工作涉及多个环节，从制订招聘计划、发布招聘信息、筛选简历、组织面试，到最终的录用决策，每一个环节都至关重要，都需要精心策划和周密安排。

正当小卢陷入困惑之际，他意识到需要系统地学习招聘流程和策略，以确保招聘工作的顺利进行。他希望通过科学的招聘流程，吸引那些既有专业技能，又有创新精神的人才，共同推动“桃溪谷农业有限公司”迈向更加辉煌的未来。于是，小卢开始着手制订招聘计划，踏上了寻找优秀人才的旅程……

学习任务

员工招聘是指农业企业根据人力资源管理战略规划要求，从农业企业内部和外部吸收人力资源的过程。员工招聘工作直接关系到农业企业人力资源的质量，有效的招聘工作不仅可以提高员工素质，改善人员结构，也可以为农业企业注入新的管理思想并增添新的活力，甚至可能给农业企业带来技术、管理上的重大创新。

一、招聘的目的

招聘的最直接目的就是弥补农业企业人力资源的不足，这是招聘工作的前提。具体地说，农业企业的招聘一般源于以下几种目的：

（1）农业企业目前的人力资源总供给量不能满足农业企业或各个岗位的总任务目标即计划总业务量或计划总产量，需要补充。

（2）农业企业或各个岗位正常替补流动引起的职位空缺。

（3）满足因农业企业或各个岗位的生产技术水平或管理方式变化所引起的对人力资源的可能需求。

（4）满足新规划事业或新开拓业务所需的人员需求。

（5）满足农业企业规模扩张所引起的人员需求等。

（6）未来的人才储备。

当农业企业人力资源绝对或相对不足时，农业企业有很多解决办法，如延长员工工作时间或增加工作负荷量，进行平行性岗位调动，招聘新员工，增加临时性员工和使用退休员工，通过人才租赁公司租借所需人员等，以上可统称为提高效率弥补法。但与提高效率弥补法相比，以招聘为主的数量弥补法更为有效、快捷，因为效率弥补法需要一定的时间，无法满足农业企业急迫的用人需求。因此，目前各农业企业解决人力资源不足问题最快捷也最实用的方法仍然是招聘，提高效率弥补法一般是作为长期的目标方法。

二、招聘的录用流程

人员招聘和录用程序大体如图 8-1 所示，不同的农业企业会根据实际情况有所删减。

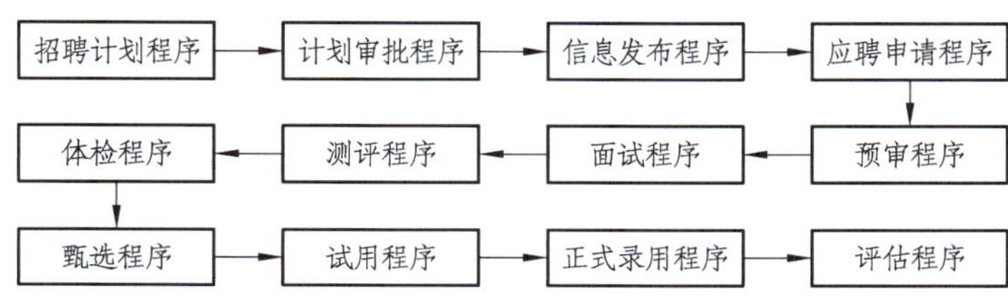

图 8-1　人员招聘和录用程序

（一）招聘计划程序

农业企业一般的招聘计划程序如图 8-2 所示。

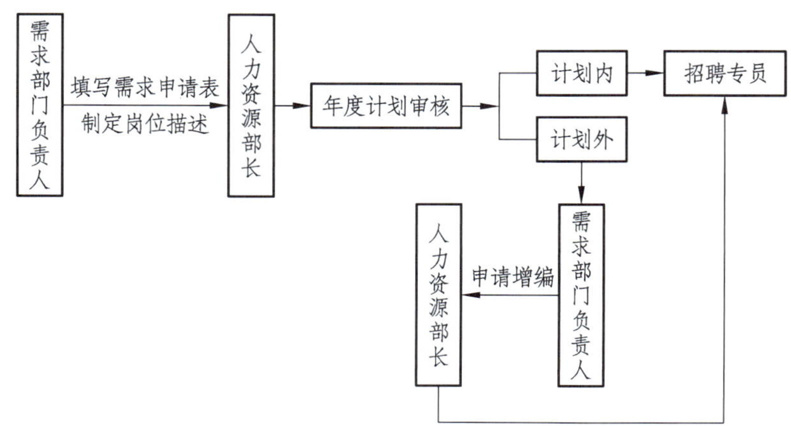

图 8-2　招聘计划程序

说明：

（1）需求部门负责人填写需求申请表，制定岗位描述，交人力资源部长审核。

（2）人力资源部长根据年度计划进行审核，计划以内的审批后交招聘专员；计划以外的，需求部门负责人填写申请增编表，人力资源部长批准后，转招聘专员。

（二）计划审批程序

农业企业一般的招聘计划审批程序如图 8-3 所示。

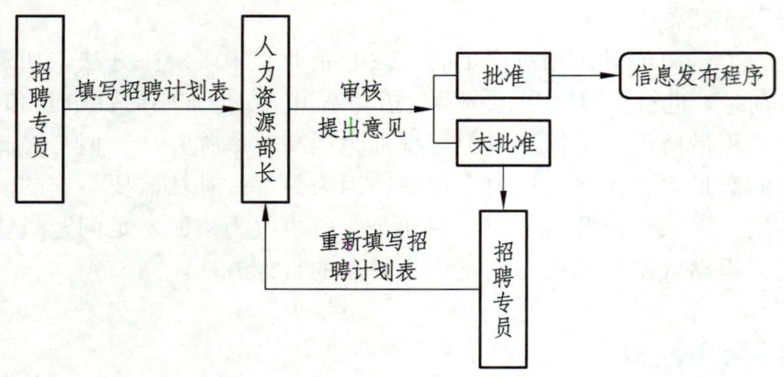

图 8-3　招聘计划审批程序

说明：

（1）招聘专员根据需求申请表和岗位描述书，确定信息发布的方式，并预算经费及相关材料，填写招聘计划表，交人力资源部长审批。

（2）人力资源部长审核招聘计划表，提出修改意见，招聘专员重新填写招聘计划表，交人力资源部长审核，通过后转入信息发布程序。

（三）信息发布程序

农业企业一般的信息发布程序如图 8-4 所示。

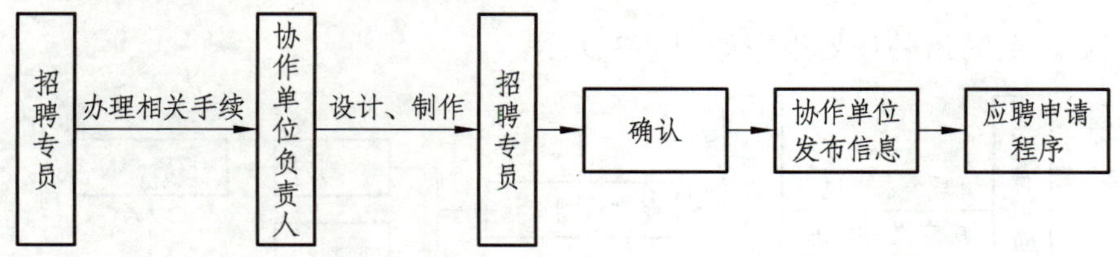

图 8-4　信息发布程序

说明：

（1）招聘专员确定信息发布的内容及时间、渠道，与相关协作单位联系，办理相应的手续。

（2）协作单位进行信息发布设计、制作，招聘专员进行修改，确认之后，由协作单位发布信息，转入应聘申请程序。

（四）应聘申请程序

农业企业一般的应聘申请程序如图 8-5 所示。

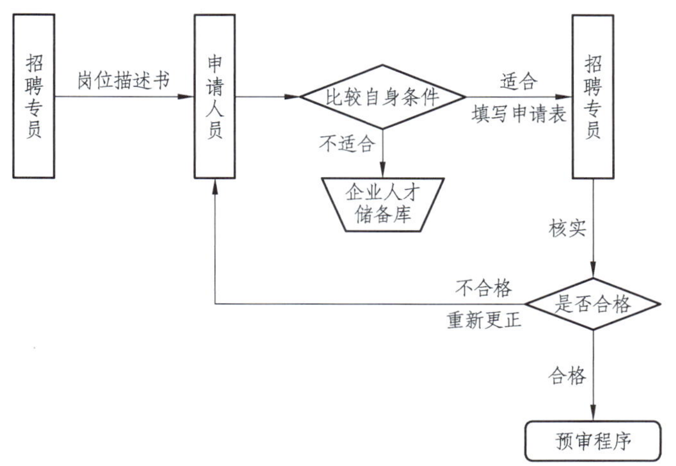

图 8-5　应聘申请程序

说明：招聘专员提供应聘申请者岗位描述书，申请人员根据自身的情况，如果适合，填写应聘申请表，提供相关资料及复印件，招聘专员予以核实，合格的转入预审程序；如应聘者不适合，可转入农业企业人才储备库。

（五）预审程序

农业企业一般的预审程序如图 8-6 所示。

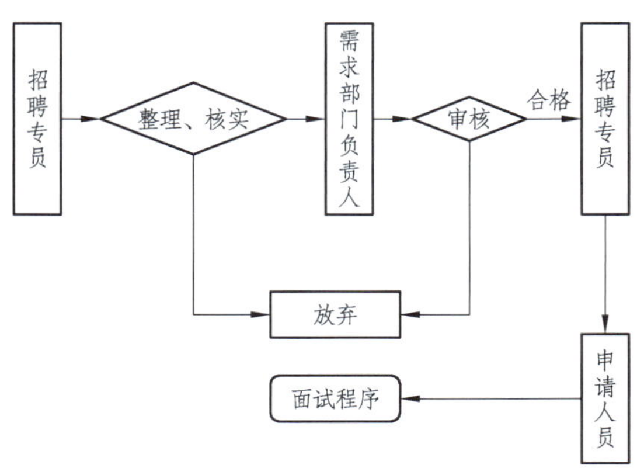

图 8-6　应聘预审程序

说明：

（1）招聘专员对应聘者资料进行调查核实，如不符合者予以放弃，合格者转交需求部门审核。

（2）需求部门负责人对应聘者的资料进行初审，合格者返给招聘专员，不合格者予以放弃。

（3）招聘专员根据应聘申请者提供的联系方式，通知面试的时间、地点，转入面试程序。

（六）面试程序

农业企业一般的面试程序如图 8-7 所示。

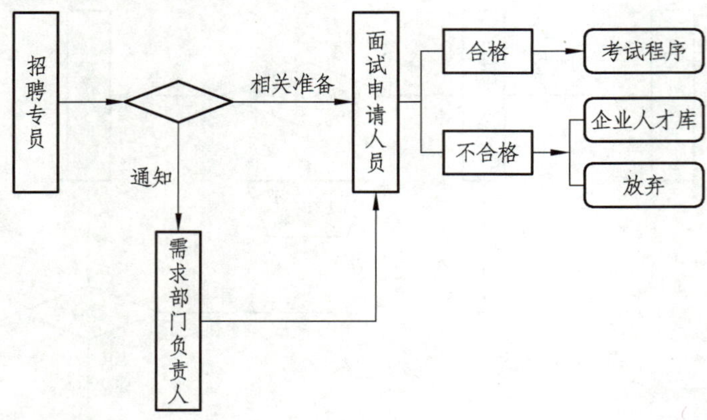

图 8-7　应聘面试程序

说明：

（1）招聘专员拟订面试计划，做好相应准备。

（2）邀请需求部门负责人参加面试，合格者进入考试程序。

（3）不合格者视情况而定，或放入农业企业人才储备库，或放弃。

（4）面试过程中招聘专员应做好应聘申请者的接待和农业企业文化宣传工作。

（七）测评程序

农业企业一般的测评程序如图 8-8 所示。

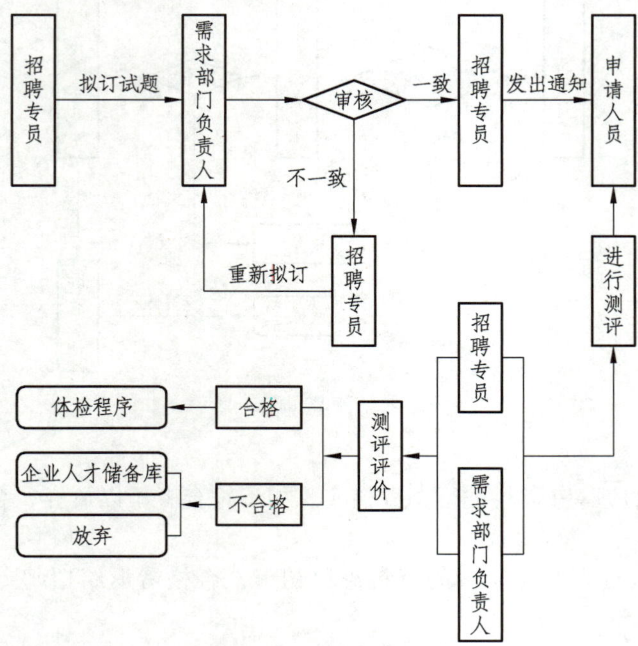

图 8-8　招聘测评程序

说明：

（1）招聘专员拟订试题交需求部门负责人审核，如一致同意则通知面试合格人员测评。

（2）如不一致，招聘专员应重新拟订试题，直至取得一致。

（3）招聘专员对面试合格者发出考试通知。

（4）招聘专员协助用人部门负责人对测评作评价，合格者转入体检程序。

（5）不合格者视具体情况，或放弃，或放入农业企业人才储备库。

（八）体检程序

农业企业一般的体检程序如图 8-9 所示。

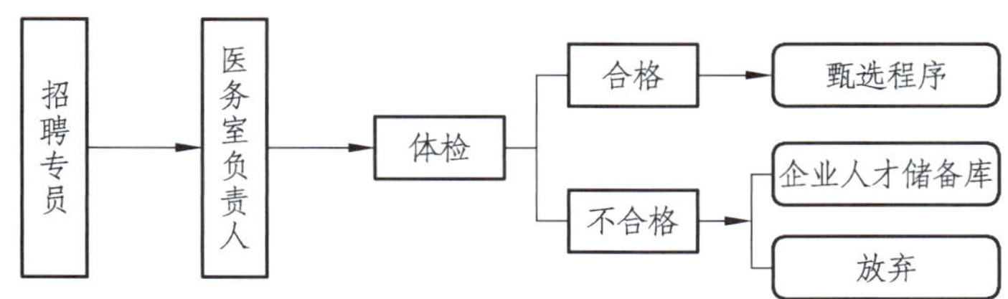

图 8-9　招聘体检程序

说明：

（1）招聘专员与医务室负责人商定体检的时间、地点、方式。

（2）招聘专员向考试合格者发出体检通知，如体检合格，则转入甄选程序。

（3）如考试合格者体检不合格，则视情况而定，或放入农业企业人才储备库，或放弃。

（九）甄选程序

农业企业一般的甄选程序如图 8-10 所示。

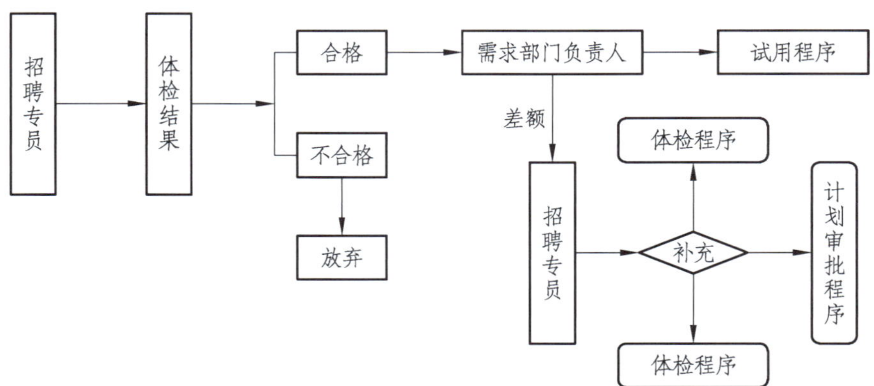

图 8-10　招聘甄选程序

说明：

（1）招聘专员根据体检结果，不合格者予以放弃，合格者名单交需求部门负责人，进入试用程序。

（2）需求部门负责人根据需求，如出现人员差额，可要求招聘专员补充招聘。

（3）招聘专员从农业企业人才储备库中搜索所需的人才，返回执行体检程序。

（4）如预审程序后没有所需人才，则返回执行预审程序。

（5）如仍未达到满额，则返回执行计划审批程序。

（十）试用程序

农业企业一般的试用程序如图 8-11 所示。

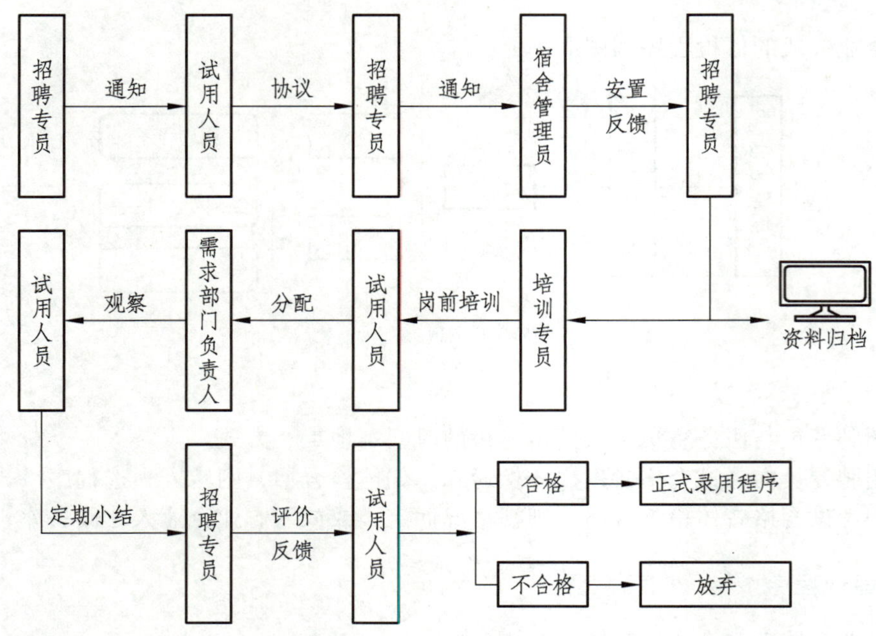

图 8-11　招聘试用程序

说明：

（1）招聘专员根据最终名单通知合格者。

（2）合格者签订试用协议，招聘专员将需住宿人员名单交宿舍管理员安排。

（3）招聘专员将新进试用人员交培训专员进行岗前培训。

（4）招聘专员将资料进行归档。

（5）试用人员培训结束后，分配到需求部门，需求部门对新进人员进行观察，形成记录。

（6）试用人员试用期内需进行定期小结，需求部门负责人与招聘专员对小结进行评价，并反馈到试用人员本人。

（7）试用人员在试用期内不能达到要求，予以放弃。

（8）试用人员在试用期内符合要求，进入正式录用程序。

（十一）正式录用程序

农业企业一般的正式录用程序如图 8-12 所示。

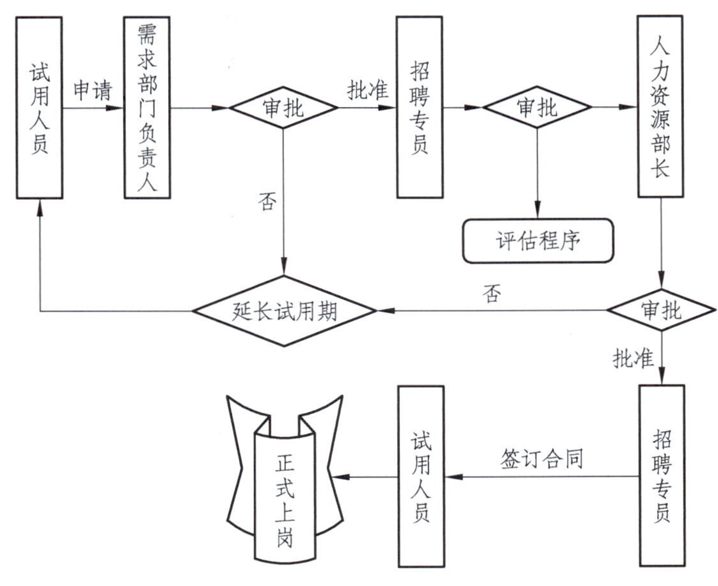

图 8-12　正式录用程序

说明：

（1）试用人员向需求部门提出申请，需求部门负责人未批，则延长试用期。

（2）需求部门负责人审批后，招聘专员递交人力资源部长审批，如未审批，则延长试用期。

（3）人力资源部长审批后，则与试用人员签订劳动合同，正式上岗。

（4）招聘专员进入评估程序。

（十一）评估程序

农业企业一般的评估程序如图 8-13 所示。

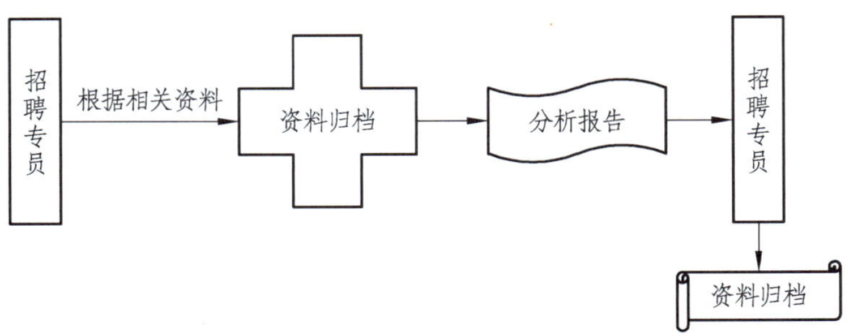

图 8-13　评估程序

说明：

（1）招聘专员对整个招聘工作进行信度和效度的评估，形成分析报告。

（2）招聘专员将分析报告提交人力资源部长，形成相应的人力资源决策，修改人力资源规划。

三、招聘计划的制订

招聘计划是根据组织人力资源规划，在进行工作分析的基础上，通过分析与预测组织内岗位空缺及合格员工获得的可能性，制订关于实现员工补充的一系列工作安排。

一般来说，招聘计划包含以下内容：

（1）招聘目标。主要包括：快速招聘到大量人才，树立农业企业形象，节约招聘成本，建立与人才中介的良好关系，选拔优秀人才等。

（2）人员需求清单，包括招聘的岗位、人数和职位要求。

（3）招聘信息发布的时间和渠道。

（4）招聘小组人选，包括小组人员姓名、职务、各自的职责。

（5）应聘者的甄选方案，包括甄选方法、拟订的场所、大体时间、题目设计者姓名等。

（6）招聘的截止日期。

（7）新员工上岗时间。

（8）招聘费用预算。

招聘费用的种类和内容具体参见表 8-1。

表 8-1　招聘费用的种类和内容

费用种类	重要内容
招募费用	广告费、摊位费、招募差旅费、中介费
甄选费用	测评工具费、测评人员费、应聘人员接待费
录用费用	背景调查、体检、建档等费用
安置费用	新员工迁移和安家费
招聘人员费用	工作人员的工资和福利费
其他费用	各项费用之外的其他费用

（9）招聘工作时间表。从招募公告起草到新员工上岗这一过程的具体时间安排。

（10）草拟招聘广告样稿。

招聘计划由人力资源部门制定并进行复核，特别是要对人员需求量、费用等项目进行严格复查，签署意见后交上级主管领导审批。

案例链接：

桃溪谷农业有限公司人力资源招聘计划

2024 年桃溪谷农业有限公司业务要取得突破性的发展，必须大力引进各级各类人才，并提高员工的工作积极性，特别是要加强优秀研发人才和营销人才的引进与培养。为此，根据人力资源规划，特制定 2024 年桃溪谷农业有限公司人力资源招聘计划。

（一）招聘需求的确定

人力资源规划确定了公司未来业务拓展性的人员需求，工作分析确定了公司当前岗位变化的人员需求。在桃溪谷农业有限公司，一方面，通过战略目标分解和业务梳理，从上至下让各分公司、各部门负责人明确其辖区内的未来人员需求；另一方面，各分公司、各部门通过工作岗位分析，对各岗位的工作负荷、工作环境和工作关系等进行了摸底。在这两方面工作的基础上，各分公司、各部门通过填写表 8-2，将其 2024 年的人员需求提交给公司人力资源部。人力资源部通过填写表 8-3，将全公司年度人力资源需求情况按部门汇总，并报上级领导审批。

表 8-2　桃溪谷农业有限公司 2024 年度员工招聘申请表

申请部门：　　　　　　　　　　　　　　　　　　　　　　　　　申请时间：

<table>
<tr><th rowspan="2">招聘部门名称</th><th rowspan="2">岗位名称</th><th rowspan="2">工作内容（简）</th><th rowspan="2">是否新增岗位</th><th rowspan="2">拟聘人数</th><th rowspan="2">拟聘原因</th><th rowspan="2">到岗时间</th><th colspan="5">聘用条件</th></tr>
<tr><th>学历</th><th>专业</th><th>工作经验</th><th>性别与年龄</th><th>其他</th></tr>
<tr><td></td><td></td><td></td><td></td><td></td><td></td><td></td><td></td><td></td><td></td><td></td><td></td></tr>
<tr><td></td><td></td><td></td><td></td><td></td><td></td><td></td><td></td><td></td><td></td><td></td><td></td></tr>
<tr><td></td><td></td><td></td><td></td><td></td><td></td><td></td><td></td><td></td><td></td><td></td><td></td></tr>
<tr><td></td><td></td><td></td><td></td><td></td><td></td><td></td><td></td><td></td><td></td><td></td><td></td></tr>
<tr><td></td><td></td><td></td><td></td><td></td><td></td><td></td><td></td><td></td><td></td><td></td><td></td></tr>
<tr><td></td><td></td><td></td><td></td><td></td><td></td><td></td><td></td><td></td><td></td><td></td><td></td></tr>
<tr><td></td><td></td><td></td><td></td><td></td><td></td><td></td><td></td><td></td><td></td><td></td><td></td></tr>
<tr><td></td><td></td><td></td><td></td><td></td><td></td><td></td><td></td><td></td><td></td><td></td><td></td></tr>
<tr><td colspan="2">部门负责人意见</td><td colspan="10"></td></tr>
<tr><td colspan="2">主管副总意见</td><td colspan="10"></td></tr>
<tr><td colspan="2">人力资源部或行政人力副总意见</td><td colspan="10"></td></tr>
</table>

注：拟聘原因请选：A. 扩大编制 B. 储备人力 C. 离职补充 D. 新业务所需

表 8-3　桃溪谷农业有限公司 2024 年度员工招聘需求汇总及审批表（人力资源部拟订）

拟订时间：

招聘部门	现有人数	聘用人数	聘用岗位	人数	聘用原因	到岗时间	聘用条件				
							学历	专业	工作经验	性别与年龄	其他
行政人力副总意见											
总经理意见											

注：聘用原因请选：A. 扩大编制 B. 储备人力 C. 离职补充 D. 新业务所需

桃溪谷农业有限公司最终决定，2024 年招聘农业机械工程类产品研发工程师 90 名，农业机械工艺工程师 30 名，农业电子工程类产品研发工程师 30 名，农业机械工程类售后服务工程师 22 名，区域营销经理 3 名，营销主管 12 名，营销代表 20 名，营销人员 120 名，行政管理人员 30 名，翻译类人才 16 名，高级财务经理 12 名，共计招聘大学专科以上学历各类人才 385 名。

二、招聘工作

1. 确定招聘目标

尽管桃溪谷农业有限公司这几年发展很快，社会知名度不断提高，但是由于公司地处内地，品牌价值不高，所以，外省求职者、其他行业的求职者对公司了解不够，会影响到优秀人才的加盟，对于快速发展的桃溪谷农业有限公司来说是一件不利的事情。因此，公司确定这次招募工作的主要目标只有两个：一是吸引大量合适的求职者来应聘，二是通过招聘活动宣传公司，树立良好的农业企业形象。

2. 确定招聘信息发布渠道

为了实现公司的招聘目标，必须做好招聘信息的发布工作。桃溪谷农业有限公司经过经理会议讨论，决定采用以下几种信息发布渠道。

（1）在公司内部网站“人力资源”栏目和浮动广告中刊登招聘信息，鼓励公司员工应聘和推荐候选人。

（2）到 A 大学、B 大学、C 大学、D 大学等发布招聘信息，招聘初级技术、营销和行政人才。

（3）在搜狐、新浪两大门户网站首页刊登浮动广告。

（4）在 L 人才网、W 人才网、Y 人才网和 K 人才网刊登招聘广告，并从这些网站的人才库中检索所需人才。

（5）在《ZX 晚报》《CV 晚报》《BN 晨报》和《前程无忧》等报刊上刊登招聘广告。

（6）在四川卫视上播出招聘广告——主要播出关于春节后在成都举行公司专场招聘会的信息。

3. 确定招聘时间与地点

（1）2024 年春节前，分别到 A 大学、B 大学、C 大学、D 大学等高校开展现场招聘活动。

（2）2024 年春节后到 F 人才市场、J 人才市场和 S 人才市场参加现场招聘活动。

（3）2024 年春节后的第一周在公司所在东部新区举行专场招聘会。

4. 确定招聘人员

由于公司招聘的人员较多，涉及的岗位类型较广，采用的招聘方式较多，所以，招聘参与人员只能因情况而定。

（1）省内高校的招聘活动以人力资源部招聘人员为主，甄选工作可请候选人来公司进行。

（2）省外高校的招聘活动，需要人力资源部招聘人员和用人部门的负责人一同参与，这样有利于提高招聘效率，降低招聘成本。

（3）到省外人才市场开展的现场招聘活动，人力资源部招聘人员和用人部门的负责人一同参与，这样有利于快速做出决策，降低候选人流失比率。

（4）在成都的公司专场招聘会，主要的参与人员有人力资源部全体员工、部分保安人员、行政后勤人员、外聘人员（保卫、医疗、招聘专家等）、用人部门负责人。

（5）网络简历投递和文字简历投递由人力资源部招聘专员和专职秘书负责接收，并初步筛选后传送到用人部门负责人处。

三、选择合适的甄选方法

根据各岗位的职务说明书，针对不同的能力素质，选择适当的面试与测评方法，如表 8-4 所示。

表 8-4 甄选方法选择表

序号	考察指标	甄选方法
1	战略管理能力	文件筐
2	团队管理能力	文件筐
3	领导技能	无领导小组讨论
4	自我管理能力	无领导小组讨论、结构化面试
5	分析与解决问题能力	文件筐
6	成就需求	心理测评
7	市场意识	心理测评
8	公共关系能力	结构化面试、无领导小组讨论
9	关注细节与秩序	结构化面试
10	专业能力	专业技能测试

四、拟订招聘预算

2024 年整体性的招聘活动是一项庞大的“工程”，由于采用了多种媒体发布招聘信息，并采用了多种方式进行招聘活动，所以，招聘的费用相当高。人力资源部招聘人员通过与各方联络，确定各种费用，然后做出初步预算。

五、编制招聘广告

通常来说，不了解公司的应聘者是通过招聘广告来获得对公司的初步印象的，因此，招聘广告效果的好坏，直接影响农业企业能否吸引到优秀的人才。所以，友爱农业有限公司采用了全视角、多方位的招聘信息发布渠道：公司内网、门户网站、人力资源专门网站、校园信息网、报纸、电视。不同的广告媒体、不同的招聘对象，需要不同的招聘广告，友爱农业有限公司人力资源部拟订了多种有针对性的招聘广告。

四、招聘渠道的选择

根据招聘人员的来源不同，招聘渠道通常可以分为两类：内部招聘和外部招聘。

（一）内部招聘

内部招聘是指在组织内部通过晋升、竞聘或人员调配等方式，由组织内部的人员来弥补空缺职位。选择内部招聘渠道有利于员工的职业生涯发展，防止核心人才的流失，形成人力资源的优化配置。内部招聘的主要渠道有组织内部晋升、内部调用、内部公开竞聘等。

（二）外部招聘

外部招聘是指从组织外部获取符合空缺职位工作要求的人员来弥补组织人力资源的短缺，或者为组织储备人才。当组织内部的人力资源不能满足组织发展的需要时，组织应选择通过外部渠道进行招聘。组织选择外部招聘可以防止“近亲繁殖”，给农业企业带来新鲜血液，使农业企业更加充满活力。

外部招聘的主要渠道有校园招聘、人才交流会、职业介绍所、猎头公司、求职者自荐、网络招聘等。

案例链接：

内部招聘与外部招聘的利弊比较如表 8-5 所示。

表 8-5　内部招聘与外部招聘比较

特性＼渠道	内部招聘	外部招聘
优点	对人员了解全面，选择准确性高，了解本组织，适应更快，鼓舞士气，激励性强，费用较低	来源广，有利于招到高质量人员，带来新思想、新方法，有利于树立组织良好形象
缺点	来源少，难以保证招聘质量，容易造成“近亲繁殖”，可能会因操作不公造成内部矛盾	筛选难度大，时间长，进入角色慢，了解少，决策风险少，招聘成本大，影响内部员工积极性

内部招聘与外部招聘各有利弊，两者的优点与缺点基本上是互补的，所以农业企业在选

择招聘渠道时，应尽量将两者进行综合利用，既发挥内部招聘和外部招聘的各自优势，又可以在一定程度上避免其不足。总之，公司在新员工招聘中最好不要局限于单一渠道，而应考虑各种渠道的特点，灵活使用。

五、人员甄选录用

人员的甄选录用是指通过运用一定的工具和手段对招聘到的应聘者进行考查，最终挑选出组织所需要的、恰当的职位空缺的填补者。

人员录用是依据选拔的结果做出录用决定。

农业企业录用决策受众多因素的影响，决策标准的选择是录用决策的关键，它直接决定决策的结果。决策标准从理论上讲，是以工作描述和职务说明书为依据而制定的录用标准，又称为因事择人。这应该是录用效果最佳的方法。但在现实中，它将随着招聘情况的不同而有所改变，出现不同类型的录用决策标准。常用的录用决策的标准有：

1. 录用决策以人为标准

这是指将人员安置到最合适的岗位上，实现人尽其才、才尽其用，即从人的角度，按每人得分最高的一项给其安排职位，这样做可能出现同时多人在该项职位上得分都高的现象，结果因只能选择一个而使优秀人才被拒之门外。

2. 录用决策以职位为标准

这是指按照岗位要求选择最合适的人选，即从职位的角度出发，每个职位都挑选最好的人来做，但这样做可能会导致一个人同时被好几个职位选中。

3. 录用决策以双向选择为标准

由于单纯以人为标准和单纯以职位为标准均有欠缺，因此结合使用这两种方法，即从职位和人双向选择的角度出发，合理配置人员。这样的结果有可能并不是最好的人去做每一项职位，也不是每个人都安排到其得分最高的职位上去，但因其平衡了两方面的因素，又是现实的，从总体的效果来看是好的。

六、招聘评估

招聘评估是招聘过程中不可缺少的一个环节。一方面，招聘评估通过成本与效益核算，能够使招聘人员清楚地知道费用的支出情况，区分哪些是应支出项目，哪些是不应支出项目，这有利于降低今后招聘的成本，为组织节省开支。另一方面，招聘评估通过对录用人员的绩效、实际能力、工作潜能的评估，通过对录用人员质量的评估，来检查招聘工作成果与方法的有效性，有利于招聘方法的改进。招聘评估的内容包括：

（一）招聘成本评估

招聘成本评估主要是指对招聘中的费用进行调查、核实，并对预算进行评价的过程。招聘成本评估是鉴定招聘效率的一个重要指标。

（二）录用人员评估

录用人员评估就是根据农业企业招聘计划和招聘岗位的工作分析，对所录用人员的质量、数量和结构进行评价的过程。评估招聘录用人员的数量可以通过录用比、招聘完成比、应聘比等来进行；评估招聘录用人员的质量则可以根据招聘的要求对录用人员进行等级排列来确定。

（三）招聘人员的工作评估

通过对录用新员工的合格率、职位平均空缺时间表、新员工满意度等指标的计算与分析，反映招聘人员工作的效率与效果。

（四）招聘活动总结

在招聘活动结束之后，农业企业应及时进行总结。主要通过撰写总结报告来对招聘工作的全过程进行记录和经验教训总结，为下一次的成功招聘打好基础。

从招聘组织的角度看，招聘工作的成绩还可以用更多种方法来评价，但所有评价方法都要落实到在花费资源的既定条件下，使空缺岗位招到的申请人具有适应性。这种适应性可用全部申请人中合格的数量所占的比重、合格申请人的数量与空缺岗位的比率、录用的新员工绩效水平和新员工的辞职率等指标来评价。另外，也可以通过对新员工的问卷调查、访谈等方式，了解他们对招聘工作的满意度，征求他们对改进招聘流程的建议，为完善以后的招聘工作积累经验。

七、聘用合同合规性审查

聘用合同鉴证是劳动合同鉴证机关对聘用合同进行审查，证明其真实性和合法性的行政监督措施。根据《劳动合同鉴证实施方法》第五条的规定，聘用合同鉴证审查的主要内容包括：双方当事人是否具备签订劳动合同的资格；劳动合同的内容是否合法，不违背政策；当事人是否在平等自愿、协商一致的基础上签订聘用合同；合同条款是否完备，双方的责任、权利和义务是否明确；中外劳动合同文本是否一致等。聘用合同鉴证是劳动合同管理的一项重要措施，有利于维护合同双方的合法权益，但劳动合同鉴证不是劳动合同生效的必经程序。

聘用合同的鉴证要经过以下程序。

（1）当事人申请：劳动合同签订后，当事人双方要亲自向劳动合同鉴证机关提出对劳动合同进行鉴证的口头或书面申请。

（2）鉴证机关审核：鉴证机关的鉴证人员按照法定的鉴证内容，对当事人提供的劳动合同书及有关证明材料进行审查和核实。

（3）确认证明：劳动合同鉴证机关经过审查、核实，对于符合法律规定的劳动合同，应予以确认，由鉴证人员在劳动合同书上签名，加盖劳动合同鉴证章，或附上加盖劳动合同鉴证章和鉴证人员签名的鉴证专页。

【任务实践】

1. 任务描述

张明的农业企业计划招聘销售人员 3 名，请你帮他制订招聘计划并拟订聘用合同。

2. 任务建议

（1）制订员工招聘计划时认真思考招聘计划的内容和流程。
（2）检索资料，学习签订聘用合同应遵守的原则，合法法规地拟定聘用合同。

3. 任务要求

（1）完成“招聘计划表”（表 8-6）。

表 8-6 招聘计划表

招聘岗位	
招聘人员需求量	
招聘岗位任职资格要求	
招聘渠道和方法	
招聘考核小组构成	
招聘考核内容	
招聘考核方式	
招聘信息发布时间	
招聘信息发布途径	
招聘截止日期	
招聘费用预算	

（2）拟订合法法规的聘用合同。

4. 任务评价

由教师与学生代表组成评价小组，对每个同学完成任务的实际表现与成果进行评价打分，并将成绩计入学生的过程性考核。

任务 2 员工培训

学习目标

1. 掌握培训的含义及作用；
2. 掌握培训需求分析的内容与方法；
3. 能制订员工培训计划；

项目 8 员工培训

4. 具有科学的世界观、人生观、价值观；

5. 具有强烈的服务意识。

情境导入

在一个充满机遇与挑战的时代，农业企业正面临着转型升级的关键时刻。张明作为一家新兴农业企业的负责人，深知人才是农业企业发展的核心动力。他的农业企业，绿野农庄，自成立以来一直秉承着创新与可持续性发展的理念，致力于将传统农业与现代科技相结合，提高农产品的附加值，同时也为消费者提供健康、安全的食品。

随着市场需求的不断扩大和公司业务的不断拓展，绿野农庄急需一批既懂农业技术又具备市场洞察力的复合型人才。张明意识到，除了引进外部人才，更重要的是要通过系统化的员工培训，提升现有员工的综合素质和专业技能，以适应农业企业快速发展的需要。

新加入绿野农庄的员工小李，虽然拥有农学科班出身的背景，但对于如何将理论知识应用到实际工作中，以及如何融入农业企业文化，提升团队协作能力，还有诸多困惑。与此同时，公司的资深员工老王也感受到了职业生涯发展中的瓶颈，他渴望通过进一步的学习与培训，提升自己的管理能力和创新思维，为农业企业创造更大的价值。

在这样的背景下，张明开始思考如何制订一套科学、系统的员工培训计划，以满足不同员工的发展需求，激发他们的潜能，促进个人与农业企业的共同成长。他希望通过培训，不仅让新员工快速成长，适应岗位需求，也能让资深员工持续进步，实现职业生涯的新突破。同时，张明也希望借此机会，进一步弘扬农业企业文化，增强团队凝聚力，推动绿野农庄向着更高的目标迈进。

学习任务

员工培训活动是人力资源管理的重要工作内容，是组织促进内部成员学习的正式步骤，其目的是改善成员行为，更好地实现组织目标。培训集中于员工现在的工作，主要是指农业企业等组织有计划地帮助员工学习与工作有关的有用能力的活动。员工培训的目的是使员工掌握培训计划中强调的知识、技能、行为等对工作绩效起关键作用的工作能力，并能够在日常工作中加以运用，从而提高工作绩效。

一、员工培训的基本内容

（一）员工培训含义、作用

1. 培训的含义

培训是指组织实施的、有计划且连续的系统学习行为或过程，其目的是通过使员工的知识、技能、态度甚至行为发生定向改进，从而确保员工能够按照预期的标准或水平完成所承担或将要承担的工作任务。

2. 培训的作用

培训的作用具体包括以下几个方面。

（1）让员工了解农业企业，包括农业企业的概况、发展历史、发展目标、愿景、产品、农业企业文化、各项制度等。

（2）提高员工的相关意识，了解有关的注意事项，包括质量意识、服务意识、安全意识、环保意识及这些方面的注意事项。

（3）让员工适应岗位。通过上岗或岗前培训使员工达到工作规范（职务说明书）中“应知”“应会”的要求。

（4）提高员工的工作能力，改进行为，提高工作绩效。工作能力包括分析问题、解决问题的能力，学习能力，创新能力等；行为改进包括改进影响产品和工作质量，影响工作效率、工作氛围乃至身心健康的不良行为。通过培训与开发、讨论与研究（实验），创建“学习型组织”“创新型组织”，可以提高员工的工作能力，改进行为，提高工作绩效。

（5）让员工适应变化，包括通过培训与开发使员工掌握新知识、新技术（如引进新设备）、新方法，适应社会发展。

（6）使员工理解如何与他人合作，培养团队精神。例如，学习公共关系、人际关系、团队合作方面的知识，也包括通过拓展训练使员工加强与人合作、与团队协作的思想得到强化。

（7）培养优秀员工和重要职位的后备力量。例如，通过职位接续配置来培养员工。

（8）满足员工自身发展的需要，激励员工。

（9）提升员工与农业企业的价值。培训与开发能提高员工的价值，当然也同时提高了组织的价值。员工培训与开发的最终目的就是要使“组织发展、员工成就”。

（二）岗前培训含义、内容与方法

1. 岗前培训含义和内容

岗前培训是指对新职工进行的导向性培训，又称“岗前培训”。其目的是使新职工了解和掌握组织的基本情况，对他们进行职业道德、基础技术理论、生产工艺和实际操作技术、劳动纪律等方面的教育，使他们初步了解组织的生产、工作特点，自觉遵守组织各项规章制度，接受组织文化。具体步骤包括制订培训计划、实施培训和培训后的考核等。岗前培训的内容包括：

（1）知识培训。

知识培训是入职培训的第一层次，它是农业企业培训中最基本的，也是最常用的培训。现代社会是知识不断更新的社会，这就要求农业企业中的员工及管理人员要不断更新自己已有的知识结构，吸纳新知识。知识培训有利于理解更新观念，增强对新环境的适应能力。

（2）技能培训。

技能培训是入职培训的第二个层次。技能包括与岗位相关的专业技能，以及与自身相关的特征技能。专业技能可以通过员工与岗位有关专业知识的学习来提高，特征技能包括认知能力、阅读写作能力、人际交往能力等。技能培训主要是结合新员工即将上任的工作岗位而进行的专业技能培训，现在很多的农业企业的“师徒制”就是技能培训的表现形式之一。通过培训，使员工掌握完成本职工作所必需的技能，如销售技巧、谈判技能、操作技能、管理方法、沟通技巧、处理人际关系的技能等，以开发员工的潜能，提高员工实际操作技能的水平。

（3）员工态度培训。

员工态度是指员工的工作态度，当然也包括员工的士气、精神状态等。态度的好坏对员工的士气及公司的绩效影响非常大。通过员工态度的培训，建立起公司与员工之间的相互信任，提高员工的思想道德素质和职业道德素质，培养员工对农业企业的忠诚及适应农业企业文化及发展需要具备的意识和态度。推动他们确立献身农业企业、工作发展的理念，充分发挥他们的积极性和主动性。

（4）管理实务培训。

管理实务是指某项管理工作的程序、方法、标准，以新员工入职培训为例，可以包括以下几个方面。

① 组织介绍。组织的使命、经营方针、组织精神；本年度组织的经营方向和重点；组织架构及主要职能。

② 人力资源管理制度，如薪酬制度、工作绩效考评制度、组织培训条例、劳动保险制度和有关税收政策。

③ 组织考勤制度介绍，如工作时间、就餐时间、私人电话及邮件。

④ 公司福利介绍，如员工宿舍及供楼按揭条例，交通路线、设施，带薪假期和其他待遇。

⑤ 其他管理制度，如保密规定和 5S 管理。

⑥ 生产运作管理。

⑦ 生产安全管理。

⑧ 物流管理。

2. 岗前培训方法

岗前培训的效果在很大程度上取决于培训方法的选择，不同的培训方法具有不同的特点，其自身也有各自优劣，具体见表 8-7。

表 8-7　岗前培训方法优缺点、适应性比较

方法	项目	内容
讲授法	含义	培训师通过语言表达，系统地向受训者传授知识，期望这些受训者能记住其中的重要观念与特定知识
	要点	① 讲授内容要有科学性、系统性，条理清晰，重点突出； ② 培训师应具有丰富的知识和经验； ③ 讲授时语言要清晰，生动准确； ④ 必要时运用板书； ⑤ 培训师与学员要相互配合
	优点	① 内容多且系统、全面，可同时多人培训； ② 容易掌握和控制学习进度； ③ 学员可系统地接受新知识； ④ 可加深理解难度大的内容； ⑤ 培训组织方便，成本低

方法	项目	内容
讲授法	缺点	① 教师水平直接影响培训效果，容易导致理论与实践相脱节； ② 单向传授，教学双方缺乏互动； ③ 传授内容多，学员难以消化、吸收； ④ 不能满足学员的个性化需求； ⑤ 传授方式较为枯燥单一
	适应性	① 各类学员知识类培训； ② 农业企业新政策、制度介绍； ③ 专题讲座
研讨法	含义	对某一专题进行深入探讨的培训方法。目的是提高能力，培养意识，交流信息，产生新知。具体形式包括小组讨论、专题沙龙、个人演讲讨论、委员会式讨论、系列研讨等
	要点	① 每次讨论要建立明确的目标，并让每一位参与者了解这些目标； ② 要使受训人员对讨论的问题产生兴趣，并启发他们积极思考； ③ 人数控制在 10 人左右，也可分为若干小组讨论
	优点	① 多向式信息交流； ② 鼓励学员积极思考，有利于培养学员的综合能力； ③ 可加深学员对知识的理解； ④ 形式多样，适应性强，方法灵活； ⑤ 强调学员的积极参与，激发学习兴趣
	缺点	① 运用时对培训指导教师的要求较高； ② 对研讨题目、内容的准备要求较高； ③ 受训人员自身的水平也会影响培训的效果； ④ 不利于受训人员系统地掌握知识和技能
	适应性	适用于管理人员的训练或用于解决某些有一定难度的管理问题
角色扮演法	含义	指在一个模拟的工作环境中，指定学员扮演某种角色，借助角色的演练来理解角色的内容，模拟性地处理工作事务，从而提高处理各种问题的能力
	要点	培训师要为角色扮演准备好材料以及一些必要的场景工具，确保每一事项均能代表培训计划中所教导的行为。为了激励演练者的士气，在演出开始之前及结束之后，全体学员应鼓掌表示感谢。演出结束，培训师针对各演练者存在的问题进行分析和评论。角色扮演法应和授课法、讨论法结合使用，才能产生更好的效果
	优点	① 学员参与性强，可提高积极性； ② 有利于增强培训的效果； ③ 可培养学员的沟通、自我表达、相互认知等社会交往能力； ④ 可使学员认识到自身的不足，提高业务能力： ⑤ 具有高度灵活性
	缺点	① 强调个人，不具有普遍性； ② 容易影响学员态度，不易影响其行为； ③ 对场景设计人员要求高，比较费时； ④ 实施过程复杂多变
	适应性	适用于训练态度仪容和言谈举止等人际关系技能

续表

方法	项目	内容
工作轮换法	含义	让受训者在预定的时期内变换工作岗位，使其获得不同岗位的工作经验的培训方法
	要点	① 安排工作轮换时，要考虑培训对象的个人能力以及他的需要、兴趣、态度和职业偏好，从而选择与其合适的工作； ② 轮换时间长短取决于培训对象的学习能力和学习效果，而不是机械地规定某一时间
	优点	① 能丰富受训者的工作经验，增加对农业企业工作的了解； ② 使受训者明确自己的长处和弱点，找到适合自己的位置； ③ 改善部门间的合作，使管理者能更好地理解相互间的问题
	缺点	① 员工在每个轮换的工作岗位上停留时间太短，所学的知识不精； ② 鼓励"通才化"，适合于一般直线管理人员的培训，不适用于职能管理人员
	适应性	一般主要用于新进员工，培养新进入农业企业的年轻管理人员或有管理潜力的未来的管理人员

（三）在岗培训含义、内容与方法

1. 在岗培训含义和内容

（1）在岗培训的含义。

在岗培训也称在职培训、不脱产培训，是指组织为了使员工具备有效完成工作所需要的知识、技能和态度，在不离开工作岗位的情况下对员工进行的培训。

（2）在岗培训的内容。

在岗人员管理技能培训：观察与知觉力、分析与判断力、反思与记忆力、推理与创新能力、口头与文字表达能力、管理基础知识、案例分析、情商等方面。

在岗人员专业性技能培训：行政人事培训、财务会计培训、营销培训、生产技术培训、生产管理培训、采购培训、质量管理培训、安全卫生培训、计算机培训和其他专业性培训。

培训迁移的有效促进：培训迁移是指受训者在一种培训中习得的经验对其技能的影响。因此，教育界提出了"为迁移而教"的口号。有效促进员工培训迁移的主要因素：合理确定培训目标；精选培训教材；合理安排培训内容；有效设计培训程序；使员工掌握学习规律等。

2. 在岗培训方法

在岗培训可分为转岗培训、晋升培训和以改善绩效为目的的培训。

（1）转岗培训。

转岗培训的程序：确定转换的岗位—确定培训内容和方式—实施培训—考核考试。

转岗培训的方式：与新员工一起参加拟转换岗位的岗前培训；进行现场的一对一指导；外出参加培训；接受农业企业的定向培训。

（2）晋升培训。

任职前培训阶段：培训目的是提高受训者的理论水平和业务水平，增长受训者的才干，丰富受训者的工作经验，使其具备任职的基本条件。培训方式有：派出学习；参加本农业企业的理论和专业培训班；参加指定的实践活动等。

任职后培训阶段：培训目的是进一步提高受训者的素质，一般是在任职后的 1～2 年参加培训，培训的主要内容是根据工作的具体要求设计，包括：目标选择训练；工作评估训练；激励训练；逐日反馈训练；时间管理训练等。

（3）以改善绩效为目的的培训。

培训的程序包括：对员工的绩效进行评价；进行评估面谈；制订绩效改进计划；培训；对培训效果进行评价。

（四）岗前培训的评估标准

柯克帕特里克（Donald L. Kirkpa Trick）从评估的深度和难度出发，将培训效果分为四个递进的层次，即反应层次、学习层次、行为层次和结果层次。在进行培训评估时，人力资源部要确定最终的培训评估层次，因为这将决定培训评估要收集的数据种类。

1. 反应层次

反应层次的评估主要是指受训人员对培训项目的看法，包括对培训项目是否有兴趣，对培训科目、培训方法、培训讲师、培训设施、培训材料和培训收获是否满意等。

反应层次评估的主要方法是问卷调查。问卷调查提供的信息不一定能反映出培训与开发对组织实际绩效所产生的作用，但就像评估顾客满意度一样，它反映了培训对象对培训项目的满意程度，是培训对象对培训的一种主观评价。

2. 学习层次

学习层次的评估主要测量的是受训人员对培训的知识、原理、技能、事实和技术的掌握程度，它是培训与开发效果评估中最常用的一种评估方式。学习层次评估的方法主要有笔试、技能操作、工作模拟以及心得体会等，通过这些方法使培训组织者可以了解受训人员在培训前后在知识、技能、技术方面发生改变的程度，进而衡量培训的价值。

3. 行为层次

行为层次的评估往往发生在培训与开发结束后的一段时间，由上级、同事、下级或客户观察受训人员的行为在培训前后是否发生改变，以及他们在工作中是否运用了培训中所学的知识与技能。该层次可以通过绩效考核、下属和同事以及直接上级对其培训前后行为变化的对比来获取评估信息。如果评估得出的结果是员工的行为并没有发生太大的改变，这就说明过去的培训是无效的，是浪费资源的。

4. 结果层次

结果层次的评估已经上升到组织的高度，它主要是指培训与开发活动的积极性是否影响到组织的效益，是否导致事故率、员工流动率的降低以及生产率、质量、员工士气的提高，受训者在经过培训之后是否对组织或他们的工作产生更加积极的态度，等等。总之，结果层次的评估主要考核的是培训与开发活动是否真正提高了组织的绩效。

二、员工培训流程和实施

（一）培训需求分析

1. 培训需求分析思路

对于培训需求的分析，最有代表性的观点是麦吉和塞耶于 1961 年提出的通过组织分析、任务分析和人员分析三个方面来确定培训需求。

（1）组织分析。

组织分析是在组织层面展开的，它包括两个方面的内容：一是对组织目前的整体绩效做出评价，找出存在的问题并分析问题产生的原因，以确定组织目前的培训重点；二是对组织未来的发展方向进行分析，以确定组织今后的培训重点和培训方向。通过组织分析，可以确定在组织层面需要进行什么样的培训。组织目前的培训重点主要是根据对组织目前的整体绩效分析来确定的，今后的培训重点和培训方向主要是依据组织的经营发展战略来确定的。除此之外，组织的竞争战略、经营策略等也都会影响组织今后的培训重点和培训方向。

（2）任务分析。

任务分析最主要的目的就是界定在个人层面进行培训时培训内容的范围，这是设计培训课程的重要依据。

任务分析的四个步骤如下：

① 选择有效的方法，列出一个职位所要履行的工作任务的初步清单。

② 对所列出的任务清单进行分析，确定完成这些任务所需要的技能。

③ 对每项任务需要达到的标准做出准确的界定，尽量用可以量化的标准来表述。

④ 确定完成每项工作任务的 KSA，即知识、技能和态度，这也是组织在设计员工培训内容时的重要参考依据。

（3）人员分析。

人员分析是针对员工来进行的，与组织分析类似，它也包括两个方面的内容：一是对员工个人现在的绩效水平做出评价，找出存在的问题并分析问题产生的原因，以确定解决当前问题的培训需求；二是根据员工的职位变动计划，将员工现有的状况与未来的职位要求进行比较，以确定解决将来问题的培训需求。通过人员分析，要能够确定组织中哪些人员需要接受培训，以及需要接受什么样的培训。人员分析的第一个方面是基于员工的绩效考核来进行的，第二个方面则是基于员工的职位变动计划来进行的。

2. 培训需求分析方法

培训需求分析的方法有很多，其中最为常用的方法有四种：观察法、问卷调查法、资料查阅法和访问法。这几种方法各有优缺点，在实践中，可根据实际情况来选择合适的方法。

（二）培训计划制定

培训计划的制订是一项系统工作，在制订培训计划时要考虑各个方面的因素，尽可能突出培训计划的可操作性。

1. 培训计划制订的依据

培训计划按不同的划分标准，有不同的分类。以培训计划的时间跨度为分类标准，可将培训计划分为长期、中期和短期三种类型。按计划的层次可分为组织培训计划、部门培训计划与培训管理计划。由于不同层次、时期的培训计划的内容有所不同，因此在制订培训计划时应先考虑制订培训计划的依据，再根据现实情况进行相应修正。一般来说，制订培训计划的依据有以下几点：

（1）以培训发展需求为依据；

（2）以农业企业发展规划为依据；

（3）以各部门的工作计划为依据；

（4）以能够掌控的资源为依据。

2. 培训计划的内容

一个完整的培训计划应包含培训目的、培训对象、培训课程、培训形式、培训内容等，具体内容如表 8-8 所示。

表 8-8 培训计划内容

项目	具体内容
培训目的	每个培训项目都要有明确目的，为什么培训？要达到什么样的培训效果？怎样培训才有的放矢？培训目的要简洁，具有可操作性，最好能够衡量，这样就可以有效测评员工培训的效果，便于以后的培训评估
培训对象	哪些人是主要培训对象？这些人通常包括中高层管理员工、关键技术员工、营销员工以及业务骨干等。确定了培训对象就可以对培训对象进行分组或分类，把同样水平的员工放在一组进行培训，这样可以避免培训浪费
培训课程	培训课程一定要遵循有轻重缓急之分的原则，分为重点培训课程、常规培训课程和临时性培训课程三类。其中，重点培训课程主要是针对农业企业的共性问题、未来发展大计进行的培训或者是针对重点对象进行的培训
培训形式	大体可分为内训和外训两大类：内训包括集中培训、在职辅导、交流讨论、个人学习等，外训包括外部短训、高校进修、专业会议交流等
培训内容	培训计划中每一个培训项目的培训内容是什么？培训内容涉及管理实践、行业发展、组织规章制度、工作流程、专项业务、组织文化等课程。对员工来说，中高层管理员工、技术员工的培训以外训、进修、交流参观为主；而对于普通员工来说，现场培训、在线辅导、实践练习则更加有效
培训讲师	讲师在培训中起着举足轻重的作用，讲师分为外部讲师和内部讲师，涉及外训或内训中关键课程以及内部讲师不能讲授的，就需要聘请外部讲师
培训时间	包括培训执行的计划期或有效期、培训计划中每一个培训项目的实施时间，以及培训计划中每一个培训项目的课时等。培训计划的时间安排应具有前瞻性，时机选择要得当以尽量不与日常的工作相冲突为原则，同时要兼顾学员的时间
培训地点	包括每个培训项目实施的地点和实施每个培训项目时的集合地点或召集地点
评估方式	采用笔试、面试、操作或绩效评估等方式进行
调整方式	计划变更或调整的程序及权限范围
培训预算	包括整体计划的执行费用和每一个培训项目的执行或实施费用。预算方法很多，如根据销售收入或利润的百分比确定经费预算额或根据组织人均经费预算额计算等

（三）培训组织实施

1. 培训对象的选择

准确地选择培训对象，不仅能降低培训费用，而且能大幅度增强培训效果。在选择培训对象时，应重点考虑这些员工：新进员工；有能力且符合农业企业发展要求的人；有潜在能力的人；有特殊需求的人。上述人员是培训对象的重点来源，在具体的培训过程中，应根据组织生产经营的实际需要选择相应的培训对象。

2. 培训内容的选择

培训内容选择合理与否，一方面会影响培训进度，另一方面会影响培训质量。好的培训内容和培训课程应符合以下要求：① 与培训目标一致；② 照顾多数受训员工需求；③ 可操作性强；④ 契合农业企业与员工实际情况；⑤ 设计固定与机动两种。

3. 培训方法的选择

选择哪些教育训练方法来实施培训既是培训计划的主要内容之一，也是培训的关键因素之一。根据培训的项目、内容、方式的不同，所采取的培训技巧也有区别。组织培训的方法有多种，如课堂教学法、研讨法、工作轮换法、案例分析法、模拟训练法、视听法、角色扮演法等，各种培训方法都有其自身优缺点。为了提高培训质量，达到培训目的，往往需要将各种方法结合起来，灵活应用。

4. 培训讲师的选择

培训讲师的选择是培训项目取得成功的关键。培训管理者应根据每个培训项目的具体需求选择德才兼备的培训讲师。培训讲师既可以在组织内部选择，也可以从企业之外进行选聘。内选和外聘的比例应依据培训的实际需求，尽可能做到内外搭配合理，相互学习、互相促进，形成一个和谐高效的精英团队。

5. 培训教材的选择

培训教材是影响培训效果的关键因素，培训主管可以通过以下途径准备和选择培训教材：提供讲义，改编教材，自编教材，制作幻灯片或透明胶片，提供参考资料等。

6. 培训地点的选择

选择和布置一个适宜的培训环境是增强培训效果的内在要求。培训主管在选择和布置培训地点时，应考虑以下方面：

（1）场地不宜过大或过小，能容纳全部学员与有关设施即可，否则会影响培训气氛。

（2）培训讲师的工作区是否有足够大的面积放置材料与其他器材。

（3）避免后排的人看不清屏幕。

（4）检查休息室与卫生间等服务设施。

（四）考核与评估

检验培训是否具有成效，要进行培训效果的评估。

1. 培训效果与培训效果评估的含义

培训效果是指农业企业和受训者从培训中获得的收益。对于农业企业来讲，培训效果是因为进行了培训而获得的绩效和经济效益的提升；对于受训者来讲，培训效果是通过培训得到各种新知识和技能，培训所带来的绩效的提高以及获得担任更高职位的能力。

培训效果评估是一个系统地搜集有关人力资源开发项目的描述性和评判性信息的过程，其目的是帮助农业企业在选择、调整各种培训活动以及判断其价值的时候做出更明智的决策。培训评估是一个完整的培训流程的最后环节，它既是对整个培训活动实施成效的评价和总结，又是后续培训活动的重要凭证，为下一个培训活动需求的确定和培训项目的调整提供重要的依据。

2. 培训效果评估的模型

美国威斯康星大学教授柯克帕特里克于 1959 年提出的培训效果评估的四层次模型是有影响力的，它是被全球职业经理人广泛采用的模型。该模型认为评估培训效果，必须回答四个方面的问题，从四个层次分别进行，即受训者的反应（受训者满意程度）、学习（知识、技能、态度、行为方式方面的收获）、行为（工作中行为的改进）、结果（公司经营业绩变化）。

【任务实践】

制订培训计划

1. 任务描述

（1）考虑到绿野农庄的发展战略和当前员工队伍的现状，分析员工培训对于提升农业企业竞争力和满足新生产需求的重要性。

（2）设计一份切实可行的员工培训计划，确保它能够涵盖员工从入职到成长为农业企业核心力量的各个阶段，并提出具体的实施步骤。

2. 任务建议

（1）分组讨论绿野农庄的业务特点、员工结构和未来发展目标，明确培训计划的目标和重点。

（2）利用所学的培训需求分析方法，识别不同岗位员工的培训需求，并设计相应的培训内容。

（3）考虑培训的多样性，结合讲授法、研讨法、角色扮演法等多种培训方法，以适应不同员工的学习风格和培训内容。

（4）确定培训效果的评估标准，采用柯克帕特里克的四层次模型对培训效果进行评估，并提出改进措施。

3. 任务要求

（1）按照每组 3 ~ 5 人的规模分组，每组成员须根据各自的专长和兴趣分工合作，共同完成培训计划的制订。

（2）培训计划应包括但不限于以下内容：培训目的、培训对象、培训课程、培训形式、培训内容、培训讲师、培训时间、培训地点、评估方式和培训预算。

（3）培训计划应具有创新性和可操作性，能够针对绿野农庄的实际情况提出解决方案。

（4）每组需要准备一份书面报告，阐述培训计划的设计思路、实施步骤和预期效果，并在班级前进行展示和答辩。

（5）根据评价标准，由教师和学生代表组成的评价小组将对每个小组的培训计划进行评价打分，并提供反馈意见。

4. 任务评价

由教师与学生代表组成评价小组，对每个同学完成任务的实际表现与成果进行评价打分，并将成绩计入学生的过程性考核成绩（表 8-9）。

表 8-9 评价标准

农业企业培训计划的制订				
考评内容	评分标准及要求	分值		
学习态度（20 分）	1. 按任务实践要求认真组织实施； 2. 能够主动发现和提出问题，有条理地表达思考过程； 3. 能够表达小组独特的见解，发言响亮清晰	好	较好	一般
		15 ~ 20 分	10 ~ 15 分	0 ~ 10 分
任务执行情况（50 分）	1. 按照要求完成任务； 2. 分析准确，方案设计合理； 3. 内容具有较好的实施性	好	较好	一般
		40 ~ 50 分	25 ~ 40 分	0 ~ 25 分
学习效果（30 分）	熟练掌握知识内容，顺利达成任务目标	好	较好	一般
		20 ~ 30 分	10 ~ 20 分	0 ~ 10 分

任务 3 员工绩效考核

学习目标

项目 8 绩效的特点与绩效考核的作用

1. 掌握绩效考核的流程与方法；
2. 掌握绩效考核的常用方法；
3. 具有科学的世界观、人生观、价值观；
4. 培养客观公正的职业态度，防止在绩效考核中产生的偏差。

情境导入

在一个充满活力的农业企业中，员工们各司其职，忙碌而有序地工作着。这家农业企业深知，员工的绩效直接关系到企业的生存与发展。为了激发员工的潜力，提高工作效率，农业企业决定建立一套完善的绩效考核体系。

张经理，作为绿野农庄的人力资源负责人，面临着一项重要任务——设计并实施一套科学的绩效考核流程。他知道，这套体系不仅需要公平、公正，还要能够真正激励员工，帮助他们实现自我提升，同时推动农业企业目标的达成。

然而，绩效考核并非易事。它涉及对员工工作效果、工作效率和工作效益的全面评价，需要综合考虑员工的德、能、勤、绩等多个方面。张经理意识到，制定考核标准和流程时，必须遵循公开性、客观性、坦诚沟通、激励、离散化和保密等原则，以确保考核的有效性和公正性。

此外，张经理还考虑到，绩效考核的结果将直接影响员工的薪酬、晋升、培训等，因此，考核体系必须能够真实反映员工的工作表现和贡献。他希望通过绩效考核，不仅能够激励员工，还能够发现员工的潜力和不足，为员工的个人发展提供指导。

在设计绩效考核体系的过程中，张经理遇到了一系列问题：如何确定考核指标？如何收集和分析考核信息？如何确保考核结果的客观性和公正性？如何将考核结果与员工的发展和农业企业的管理决策相结合？这些问题都需要他在制定绩效考核方案时仔细考虑。

为了解决这些问题，张经理决定深入研究绩效考核的理论基础和实践方法，借鉴其他农业企业的经验和做法，并结合本农业企业的实际情况，制定一套既科学又实用的绩效考核体系。他希望通过这套体系，能够激发员工的工作热情，提高团队的协作效率，最终推动农业企业实现长远的发展目标。同时，张经理也希望绩效考核过程能够成为促进管理者与员工沟通、增进相互理解的重要途径。

学习任务

任何农业企业为了实现既定目标都需要用一定的标准来规范农业企业员工的行为，并依此标准对组织中的个人行为进行评估。农业企业员工绩效的考评也是一个完整的系统，它将指导企业的人力资源部门如何科学合理地考核员工。

一、绩效、绩效考核概念

（一）绩效的概念

绩效是指一个组织为了达到目标而采取的各种工作行为、表现及其结果。绩效又分为组织绩效和员工绩效。组织绩效是组织为了实现一定目标完成的各项工作任务的数量、质量及效率。员工绩效是员工工作效果、业绩、贡献，主要包括：完成工作的数量、质量、成本费用以及为改善组织形象所做出的其他贡献。绩效是对工作行为及工作结果的一种反映，也是员工内在素质和潜能的一种体现。它主要包括以下三个方面的内容。

（1）工作效果包括工作中取得成果的数量和质量，主要指工作活动所实现的预定目标的程度。工作效果涉及的是工作的结果。

（2）工作效率包括组织效率、管理效率、作业效率等方面，主要指时间、财物、信息、人力及其相互结合利用的效率。工作效率涉及的是工作的行为方式。

（3）工作效益包括工作中所取得的经济效益、社会效益、时间效益等。工作效益涉及的是对组织的贡献。

（二）绩效考核的概念

绩效考核又称绩效评估、绩效考评，是指按照一定的工作目标或绩效标准，采用科学的方法，检查和评定组织员工的工作目标完成情况、对职务所规定的职责履行程度、员工的发展情况，以确定其工作成绩的管理方法。

绩效考评从内涵上说，就是对人与事进行的评价，即对人及其工作状况进行评价，要通过评价体现人在组织中的相对价值或贡献程度。从外延上说，就是有目的、有组织地对日常工作中的人进行观察、记录、分析和评价。

它包括三层含义：

一是从农业企业经营目标出发进行评价，并使评价以及评价之后的人事待遇、管理有助于企业经营目标的实现；

二是作为人力资源管理系统的组成部分，运用一套系统的制度性规范、程序和方法进行评价；

三是对组织成员在日常工作中所表现出来的工作能力、工作态度和工作业绩，进行以事实为依据的评价。

二、绩效考核的功能

1. 控制功能

绩效管理是人力资源管理体系中的主要控制手段。通过绩效管理循环，管理者可以及时纠正偏差，并使工作过程保持合理的数量、质量、进度和协作关系，使各项管理工作能够按计划进行。对员工本人来说，管理者的绩效反馈可以帮助员工进一步认识自己和调整职业发展方向。同时借助明确具体的绩效目标，员工可以进行自我控制。上级的定期评估还可以使员工时时不忘自己的工作职责，并努力实现组织和上级期望的目标。

2. 激励功能

管理者在绩效实施过程中对员工的工作成绩给予及时肯定，在考评后及时反馈结果，可以让员工获得满足感并强化其正确的行为。另外，绩效考评为与绩效挂钩的薪酬提供依据，出色绩效带来的奖励能激发员工的积极性和工作热情。

3. 辅助决策功能

绩效考评为各项人力资源管理决策提供了相对客观公平的依据，绩效考评的过程就是对员工能力、态度、行为等方面进行全面的评估，为组织员工的晋升、奖惩、调配等提供科学权威的依据。

4. 发展功能

绩效管理的发展功能主要体现在两方面：一方面是组织可以根据绩效考评的结果，制订正确的培训计划，达到提高全体员工素质的目的，以推动组织发展；另一方面，可以发现员工的优点和缺点，并根据其特点确定培养方向和使用办法，充分发挥个人的长处，促进个人发展。

5. 沟通功能

沟通贯穿于绩效管理的全过程。在绩效目标的制定、绩效计划的实施过程中，管理者与员工要充分沟通。绩效考评结果出来以后，管理者还要和员工进行绩效反馈面谈，向员工说明考评的结果，听取员工的意见与看法。绩效沟通提供了上下级交流的机会，可以增进相互的了解，协调矛盾。同时，绩效考核指标和目标可以向各级管理者和员工传递组织的战略目标和关注的重点。

三、绩效考核原则

考核的原则看起来简单，但实施起来却容易偏离方向，很多农业企业实施绩效考核存在对人不对事的现象，管理者凭印象打分，缺乏客观的业绩分析，也缺乏坦诚的沟通氛围，造成为了考核而考核的现象。企业实施绩效考核时，应遵循以下原则：

（1）公开性原则：绩效考核标准、程序、方法、时间等事宜透明公开；

（2）客观性原则：绩效考核以事实为依据，避免主观臆断和个人感情色彩；

（3）坦诚沟通原则：在整个绩效考核过程中，考核者要和下属员工开诚布公地进行沟通与交流，绩效评估结果要及时反馈给被评估者；

（4）激励原则：绩效考核与季度奖金和年终奖挂钩，并作为员工调薪、晋升、轮岗及教育培训等其他人力资源管理活动的信息和依据；

（5）离散化原则：考核的结果要适当拉开差距，避免平均主义；

（6）保密性原则：所有员工对考核成绩均要保密，不得随意向他人泄露。

四、绩效考核内容

由于不同的组织绩效考核的对象、目的和范围各异，绩效考核的内容也比较复杂，但就其基本方面而言，不外乎是德、能、勤、绩四个方面。

德。它是指人的精神境界、道德品质和思想追求的综合体现。德的标准不是抽象、一成不变的，不同的时代、不同的行业、不同的阶层、不同的职业对德的认识都会有所不同，它是一种相对标准。

能。它是指一个人的能力。一般来说，主要包括：动手操作能力、认识能力、思维能力、表达能力、研究能力、组织指挥能力、协调能力、决策能力等。对于不同的职位，其能力的要求也会各有侧重，进行评价时应该加以区别。

勤。它是指一种工作态度，主要体现在农业企业员工日常的工作表现上，如工作的积极性、主动性、创造性、努力程度以及出勤率等方面。对勤的评价不仅要有量的衡量指标，如出勤率等，更要有质的评价，即员工是否以满腔的热情与旺盛的斗志，积极主动地投入和融入工作中。

绩。它是指员工的工作业绩，包括完成工作的数量、质量、经济效益等。在组织中，由于各人的岗位职责不同，因此，对每个人工作业绩的评价也应该有所侧重，要有针对性地制定业绩评价标准。另外，在评价工作业绩时，不仅要考查员工的工作数量，还要考查其工作为组织所带来的经济效益，因为对效益的考查是对员工绩效考评的核心环节。

五、绩效考核指标

（一）绩效考核指标概念

所谓考核指标就是考核因子或评价项目，是指具体从哪些方面对考核内容进行衡量或评价，它解决的是“需要评价什么”的问题。

有效的绩效考核指标应具备以下特征：

（1）与组织的发展战略相一致。

（2）内涵界定明确、清晰，具有一定的可操作性，能够被衡量。

（3）具有一定针对性。

（4）信度和效度比较高。

（5）员工易于接受。

（二）绩效考核指标类型

（1）根据绩效考核的内容，可以把绩效考核指标分为工作业绩考核指标、工作能力考核指标以及工作态度考核指标三种类型。

其中，工作业绩就是工作行为所产生的结果，主要包括员工完成工作的数量、质量、成本费用以及有效性等。在设计业绩考核指标时，通常的做法是将业绩具体表现为完成工作的数量指标、质量指标、工作效率指标以及成本费用指标。在绩效评价体系中加入工作能力指标，能真正反映出员工的整体绩效。另外，把态度指标引入绩效考核中，可以提升绩效评价的整体质量。

（2）根据建立的基础，可以把绩效考核指标分为软指标和硬指标。

硬指标是指以统计数据为基础，把统计数据作为主要评价信息，以数量表示评价结果的评价指标，硬指标可以摆脱个人经验和主观意识的影响，具有相当高的客观性和可靠性。软指标主要是指通过人的主观评价才能得出评价结果的评价指标。软指标依赖于评价者的知识和经验，易受各种主观因素的影响。在进行绩效评价时，组织往往会把硬指标与软指标结合起来加以综合使用。

（3）根据绩效的特性，可以把绩效考核指标分为特质、行为、结果三类绩效评价指标。

特质指标主要关注的是个人的特质或特征，如诚实、守信、可靠、有职业道德或领导能力等，基于行为的工作指标主要关注工作是怎么执行的，它强调的是员工通过什么样的行为来完成绩效标准或绩效目标。由于行为能清晰界定，员工很容易分辨出哪些行为能导致较高的绩效，从而有利于他们选择有效的行为。结果指标着重于工作中完成了什么或生产了什么，这种指标操作起来比较容易。但具有短期性和表面性，并不适合所有的工作，特别是内容难以量化的工作，在选择结果指标时，既要考虑量，又要考虑质，不能违背职业道德。

案例链接：

绩效管理中的“螃蟹效应”

当将螃蟹放到不高的水池里时，单个螃蟹可能会凭着自己的本事爬出来，但是如果是好几个螃蟹，它们就会叠罗汉，总有一个在上边，这时底下的那个就不干了，它会拼命爬出来，并且拉上面螃蟹的腿，结果是谁也爬不高，这就是螃蟹效应。员工之间，经常也是互相牵制，互相拉后腿，就看不得别人比自己厉害，很多时候采用互相打压和互相排斥的做法，久而久之，企业会成为一个没有战斗力的蟹群。看过《加勒比海盗 3》的人估计还能记住那群白色的螃蟹，成千上万地替杰克船长把黑珍珠号托到海边，我是一直在感慨这小玩意组合起来的力量怎么那么大，如海水般波涛汹涌，能完成不可思议的任务。

农业企业组织的管理，如管理螃蟹，是否会产生白螃蟹效应，取决于两大条件：首先是企业的领导倡导什么文化，是共同发展、积极竞争还是互相拉后腿、相互牵制？如果老板喜欢小报告，大家都会打小报告，互相拆台，导致组织内的员工互信度下降，而把精力放到防内部人上，从而没有精力拓展业务；如果老板倡导信任和宽容文化，大家都会互信和彼此宽容，形成公司内部做人和做事的伦理文化。还有就是规则，尤其是农业企业的“绩效”规则。如果一个企业只重视能带来业绩的员工，而不重视那个“叠罗汉”中处于最下端的“螃蟹”，他一样会以一个小的错失而大功告吹。很多农业企业在建设的时候，只重视“现金业绩”，而不重视产生业绩的背后的内容，导致组织中的很多员工没有被企业的绩效效应照顾到，他就会变得追逐利益，而最终使企业一无所成。所以农业企业文化和绩效规则非常重要，大凡能够成功的公司在这两个方面都比较优秀，而能决定这两个要素的只能是老板或者最高领导。

六、绩效考核流程

一般来说，绩效考核应包括制订考评计划、确定考核方法、收集考评信息、进行绩效评价、反馈考核结果、考核结果运用六个环节，如图 8-14 所示。

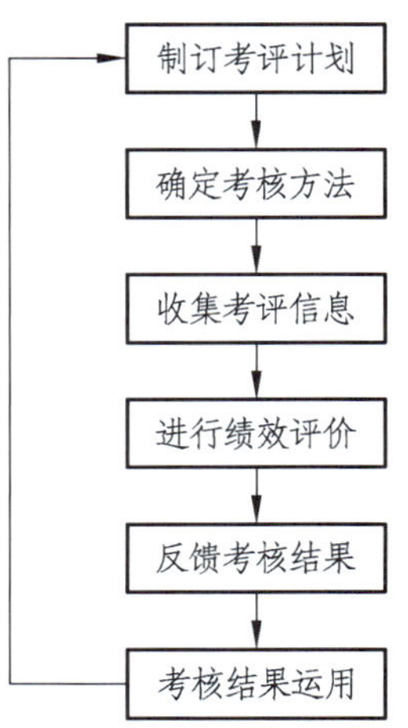

图 8-14　绩效考核流程

七、绩效考核的常用方法

绩效考核方法直接影响考核计划的成效和考核结果的正确与否，为保证考评真实可靠，农业企业应该采取科学的方法来对员工的绩效进行考核，而科学的考核方法应有代表性，必须具备信度和效度，并能为员工所接受。

（一）常用的工作行为考核方法

1. 分级法

（1）排序法。排序法包括简单排序和交错排序。前者是指由最好到最差依次对被考核者进行排序；后者则是先挑出最好的，再挑出最差的，然后挑出次最好的，再挑出次最差的，直至排完。

（2）人物比较法。人物比较法以若干个具体人物为标准，分别代表各个要素的一定等级，将被考核者与这些代表人物进行比较，因而比较直观，容易评定。但确定合适的代表人物难度较大，他应该在各方面的考核指标当中都比较优秀，而且得到了农业企业管理层和普通员工的好评。

（3）比较法（两相比较法）。比较法是由考核者对每一个被考核员工与其他被考核员工一一对比，优胜为“+”，稍逊为“-”，从而比较每个员工的得分，排出次序。这种考核方法的工作量比较大。

（4）强制正态分布法（强制分配法）。强制正态分布法按事物“两头小，中间大”的正态分布规律，人力资源部门可事先确定好各等级在总数中所占的比例，然后按照每人绩效的相对优劣程度，强制列入其中的一定等级进行考核。

（5）图表法。考核者按照事先设计的表格（见表 8-10），根据表中规定的考核项目和不同层次的考核结果，来对被考核者进行评价。此法简便易行且比较直观，能在多方面对员工进行考核评价。

表 8-10　员工行为考核表

评价项目	行为程度				
	不能令人满意	不够令人满意	满意	很满意	出类拔萃
出勤					
个人仪表					
工作依赖性					
工作数量					
工作质量					
人际关系					
工作知识					
⋮					

2. 简单清单考核法

此法通常只考核员工总体状况，不再分维度考核。先将与某一特定职务占有者工作绩效优劣相关的多种典型工作表现与行为找出，供考核者逐条对照被考核者实际状况校对核准，将两者一致的各条勾出，即成为现成的考核结果。简单地讲，此法就是考察员工所"流传"的行为是否与实际情况相符合。

3. 针对不同考核者的考核方法

（1）主管考核法。这是凭领导者个人的判断来评定下属人员的一种考核方法。这种方法的优点是简便易行；缺点是缺乏客观标准，考核结果很难达到公平合理。

（2）民意测验法。该法把考核的内容分为若干项，制成考核表，每项后面空出 5 格——优、良、中、及格、差。考核前也可先请被考核者汇报工作，做出自我评价。然后由参加评议的人填好评估表，最后算出每个被考核者得分平均值，借以确定被考核者工作的档次。民意测验的参加范围一般是被考核者的同事和直属下级，以及与其发生工作联系的其他人员。

此法的优点是群众性和民主性较好，缺点是自下而上地考察员工，缺乏由上而下地考察，由于群众素质的局限，会在掌握考核标准上带来偏差或非科学因素。因此，一般将此法用作辅助和参考的手段。

（3）360° 考核法。又称全方位绩效考核，即考核人选择上司、同事、下属、自己和顾客，每个考核者站在自己的角度对被考核者进行考核。多方位考核可以避免一方考核的主观臆断，可增强绩效考核的信度和效度。但这种方法较为复杂且费时费力，有时很难达成共识。

除了上述考核方法外，还有其他考核农业企业员工绩效的方法。比如，加权总计评分清单法、量表考核法、情景模拟法、欧德伟法和关键事件法等。

案例链接：

张某，男，29 岁，来自成都市近郊农村，毕业于成都某职业学院现代农业经济管理专业，2023 年被"农管家农民专业合作社"聘为农业职业经理人，出任合作社理事长。合作社运行初期，降低成本、提高销售额成为合作社的总目标。由于业务繁忙，合作社没有时间制定一套正式的完整的绩效考评制度，只是由合作社理事长张某兼任人力资源总监，采取了一些补救措施。如：他会不定期地对工作业绩好的员工提出表扬，并予以物质奖励；也对态度不积极的员工提出批评；员工的销售业绩连续下降，他会找员工谈心，找缺陷，补不足，鼓励员工积极进取。

现在合作社规模大了，已经由最初的十几个人发展到现在的上百人。随着规模不断扩大，管理人员和销售人员增加，问题也出现了：员工的流失率一直居高下，员工的士气也不高。张某不得不考虑，是否该建立绩效考评的正式制度，以及如何对管理人员考评等问题。

（1）您认为该企业建立正式的绩效考评制度是否必要？

（2）员工流失率居高不下、士气不高的原因在哪里？

（3）对张某就建立绩效考评制度提出几点建议。

（二）工作成果考核方法

目标管理也是一种有效地对工作成果进行考核的绩效考评方式，它以农业企业的总目标作为标准来考核每一位员工的绩效是否有利于企业的总目标。实行目标管理的目的在于通过各级目标的制定、评估、鉴定、实现来激发全体成员的愿望和热情，使其发现自己为组织实现目标而工作的价值和责任，并在工作中实行“自我控制”，从中得到满足感，更好地为实现组织的总目标做出自己的贡献。

知识链接：

关键业绩指标法

关键业绩指标法指运用关键业绩指标进行绩效考核，这是现代农业企业中受到普遍重视的办法。这一办法的关键，是建立合理的关键业绩指标。一般说来，关键业绩指标的制定，要研究组织内部各种工作流程的输入和输出情况，从中找出关键参数，通过对这些参数的衡量，制定出评价绩效的关键业绩指标。关键业绩指标法之所以可行，是因为它符合一个重要的管理原理，即“二八原理”。在一个农业企业的价值创造中，存在着“20/80”规律，即 20% 的骨干员工创造企业 80% 的价值。而在每一个员工身上，“二八原理”同样有效，即 80% 的工作任务是由 20% 的关键行为完成的。因此，应当抓住 20% 的关键行为，对之进行分析和衡量，这就抓住了业绩考核的重心。如果试图对员工的每一项具体行为都加以考核，不仅操作起来很困难，而且由于主次不分，也难以取得好的效果。这一方法适用于组织机构复杂、管理体系比较完善的大型农业企业。

【任务实践】

制订绩效考核方案

1. 任务描述

（1）分析农业企业在实施绩效考核时面临的挑战，探讨如何建立一个既公平又能激励员工的绩效考核体系。

（2）设计一个绩效考核方案，该方案需要包含考核的目的、原则、内容、指标、流程和方法，并阐明如何将考核结果与员工发展和农业企业管理决策相结合。

2. 任务建议

（1）组织团队成员学习绩效考核的相关概念、原则和方法，确保团队对绩效考核有深入的理解。

（2）通过案例分析，讨论不同类型的绩效考核方法在农业企业中的适用性和局限性。

（3）考虑农业企业的特点，如季节性工作、户外作业等，讨论如何制定符合农业企业特色的绩效考核指标。

（4）设计问卷调查或访谈计划，收集农业企业员工对绩效考核的看法和建议，以确保考核方案的实用性和可接受性。

3. 任务要求

（1）分组进行任务实践，每组 4～6 人，明确分工，确保每个成员都能积极参与并贡献自己的力量。

（2）绩效考核方案应包含以下内容：

① 明确考核的目的和原则，如公开性、客观性、激励原则等。

② 确定考核内容，涵盖德、能、勤、绩四个方面。

③ 设计考核指标，包括工作业绩、工作能力、工作态度等。

④ 制定考核流程，从制订考评计划到考核结果运用的各个环节。

⑤ 选择合适的考核方法，如 360° 考核法、目标管理法、关键业绩指标法等。

⑥ 说明考核结果如何与员工的薪酬、晋升、培训等挂钩。

（3）准备一份书面报告，详细阐述绩效考核方案的设计思路、实施步骤和预期效果，并在班级前进行展示。

（4）根据评价标准，由教师和学生代表组成的评价小组对每个小组的绩效考核方案进行评价打分，并提供反馈意见。

4. 任务评价

教师根据每个小组提交的绩效考评量表、每组的汇报，由教师与学生代表组成评价小组，对每组完成任务的实际表现与成果进行评价打分，并将成绩计入学生的过程性考核。

项目九

领航者的智慧——当好农业经理人

【内容介绍】

2020 年农业经理人国家职业标准出台，2021 年中共中央办公厅、国务院办公厅印发《关于加快推进乡村人才振兴的意见》中加快培养生产经营型人才里面鼓励有条件的经济合作社引进和招聘农业经理人。农业经理人一词第一次出现在国家的重要文件中，农业经理人是乡村振兴的紧缺型人才。2022 年国家职业大典的发布又将农业经理人收编，正式录入国家职业大典。本项目通过学习农业经理人的认知、农业经理人职业素养、农业经理人职业能力和农业经理人职业守则四个方面内容，让学生了解和掌握当好一名农业企业的农业经理人应该具备哪些基本素质。

【学习导航】

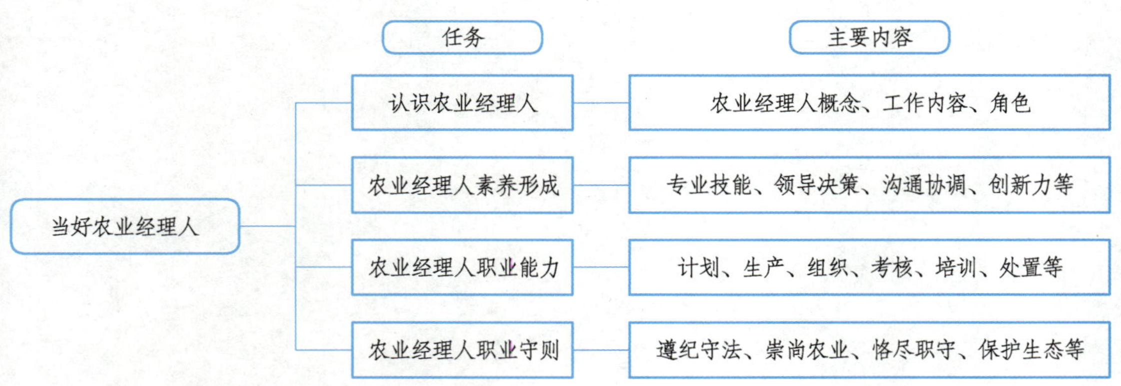

任务1　认识农业经理人

学习目标

项目 9　农业经理人职业认知

1. 了解农业经理人概念；
2. 了解农业经理人工作任务；
3. 了解农业经理人角色。

情境导入

农业经理人常常被称为“农业经纪人”“农业 CEO”等。尽管称呼不同，但都是指那些“爱农业、懂技术、善经营”的专门人才。他们活跃在农业生产的各个领域，以先进经营理念和科学技术，运营各种生产要素和资源，组织和管理规模化、集约化农业及其他专业化的生产形式。他们在为农民专业合作社、农业企业等农业经济组织谋求最大经济效益的同时，以工资或红利的形式获取劳动报酬。在希望的田野里，他们是高素质农民群体的领军人才，是促进农业规模化、集约化、标准化、品牌化发展的核心力量，是加快农业农村现代化的重要引领。对个人而言，农业经理人是晋升为农业企业管理层的新渠道，是个人成长、职业发展的新发力点。同学们，“农业经纪人”“农业 CEO”究竟是不是农业经理人呢?

学习任务

新质生产力是创新的主导作用，摆脱了传统经济增长方式和生产力发展路径，具有高科技、高效能、高质量特征，符合新发展理念的先进生产力质态发展的农业新质生产力，首先要动员和鼓励一批受教育程度普遍较高、专业技能普遍较强的年轻人主动下沉乡村基层一线，使乡村劳动者队伍更加年轻化，更具有创造力，从而提升新型劳动者队伍整体素质，弥补乡村振兴的人才短板。事实上，随着农业农村人才培养和使用的支持政策及保障服务不断健全，年轻人成为农业经理人在农村大有可为。

2020 年 5 月，人力资源和社会保障部与公安部、农业农村部、国家体育总局等部门近日联合颁布了 14 个国家职业技能标准。14 个国家职业技能标准中，农业经理人标准是基于现代农业对生产经营管理活动专业化的要求，首次制定并颁布。

一、农业经理人的概念

（一）什么是农业经理人

国家职业技能标准定义的农业经理人是指在农民专业合作社等农业经济合作组织中，从事农业生产组织、设备作业、技术支持、产品加工与销售等管理服务的人员。

人力资源社会保障部办公厅市场监管总局办公厅统计局办公室《关于发布人工智能工程技术人员等职业信息的通知》（人社厅发〔2019〕48 号）中提到农业经理人职业代码为（5-05-01-02）。

（二）农业经理人的工作领域及特点

农业经理人受聘于农业经济合作组织，在种植、养殖、农产品加工、休闲农业及未来可能出现的新业态等不同种类的农业行业中，独立从事农业生产经营管理工作，承担农业经济合作组织部门间统筹、协调、管理等工作。这些农业经济合作组织一般以个体工商户、个人独资企业、合伙企业、有限责任公司、农民专业合作社及新型农业社会化服务组织形式呈现。

农业行业领域因从事种类、选择组织形式等不同而有所差别，但与其他行业相比，农业行业领域整体上具有资金投入大，生产周期长，自然资源依赖性强，产品（服务）季节、地域特征明显，产品保质期短，自然灾害预防难度大，经营风险强等特点。

知识链接：

农业经理人申报条件

具备以下条件之一者，可申报四级农业经理人：

（1）取得相关职业五级/初级工职业资格（或职业技能等级）证书后，累计从事本职业或相关职业工作 4 年（含）以上。

（2）累计从事本职业或相关职业工作 6 年（含）以上。

（3）取得技工学校本专业或相关专业毕业证书（含尚未领取毕业证书的在校应届毕业生）或取得经评估论证以中级技能为培养目标的中等及以上职业学校本专业或相关专业毕业证书（含未领取毕业证书的在校应届毕业生）。

具备以下条件之一者，可申报三级农业经理人：

（1）取得本职业或相关职业四级/中级工职业资格（或职业技能等级）证书后，累计从事本职业或相关职业工作 5 年（含）以上。

（2）取得本职业或相关职业四级/中级工职业资格（或职业技能等级）证书，并具有高级技工学校、技师学院毕业证书（含尚未领取毕业证书的在校应届毕业生）；或取得本职业或相关职业四级/中级工职业资格（或职业技能等级）证书，并具有经评估论证、以高级技能为培养目标的高等职业学校本专业或相关专业毕业证书（含尚未领取毕业证书的在校应届毕业生）。

（3）具有大专及以上本专业或相关专业毕业证书，并取得本职业或相关职业四级/中级工职业资格（或职业技能等级）证书后，累计从事本职业或相关职业工作 2 年（含）以上。

（4）大学本科及以上学历，累计从事本职业或相关职业工作 2 年（含）以上，并具有涉农经济组织经营管理经验。

具备以下条件之一者，可申报二级农业经理人：

（1）取得本职业或相关职业三级/高级工职业资格（或职业技能等级）证书后，累计从事本职业或相关职业工作 4 年（含）以上。

（2）取得本职业或相关职业三级/高级工职业资格（或职业技能等级）证书的高级技工学校、技师学院毕业生，累计从事本职业或相关职业工作3年（含）以上；或取得本职业或相关职业预备技师证书的技师学院毕业生累计从事本职业或相关职业工作2年（含）以上。

（3）大学本科及以上学历，累计从事本职业或相关职业工作6年（含）以上，并具有涉农经济组织经营管理经验。

具备以下条件者，可申报一级农业经理人：

取得本职业或相关职业二级/技师职业资格（或职业技能等级）证书后，累计从事本职业或相关职业工作4年（含）以上。

（资料来源：国家职业技能标准职业编码 5-05-01-02 农业经理人）

二、农业经理人的工作任务

（1）搜集和分析农产品供求、客户需求数据等信息；

（2）编制生产、服务经营方案和作业计划；

（3）调度生产、服务人员，安排生产或服务项目；

（4）指导生产、服务人员执行作业标准；

（5）疏通营销渠道，维护客户关系；

（6）组织产品加工、运输、营销；

（7）评估生产、服务绩效，争取资金支持。

三、农业经理人的角色认知

农业经理人主要面向农业企业管理岗位群、农民专业合作组织管理岗位群、农业社会化服务组织管理岗位群、农村集体经济组织管理岗位群等。

农业经理人在农业企业中扮演着多重且重要的角色。他们是农民专业合作社等农业经济合作组织中的核心管理者，主要从事农业生产组织、设备作业、技术支持、产品加工与销售等管理服务工作。他们的工作涉及农业生产的各个环节，是确保农业生产顺利进行和农业企业稳定发展的关键因素。总的来说，农业经理人在农业企业中扮演着管理者、组织者、协调者和创新者的角色。

首先，农业经理人需要具备全局视野，根据市场需求、资源状况和企业目标，制定符合企业实际情况的发展战略。他们需要明确企业的市场定位、产品定位和竞争策略，以指导农业生产和服务活动。

其次，农业经理人在组织生产过程中发挥着关键作用。他们需要编制生产、服务经营方案和作业计划，调度生产、服务人员，安排生产或服务项目，并指导生产、服务人员执行作业标准。这些工作确保了农业生产的有序进行和高效运作。

此外，农业经理人还负责疏通营销渠道，维护客户关系，组织产品加工、运输、营销等工作。他们通过评估生产、服务绩效，争取资金支持，为农业企业的持续发展提供有力保障。

【任务实践】

农业经理人认知

1. 任务描述

情境导入中提到“农业经纪人”“农业 CEO”，他们在农业经济组织中都发挥着重要作用，结合本任务中所学的农业经理人认知相关内容，请小组内每名成员思考他们之间有什么区别？

2. 任务建议

组织小组利用电子设备查找相关资料，小组内成员结合农业经理人国家职业技能标准认真讨论农业经理人的职业特征和角色身份。

3. 任务要求

以小组为单位针对农业经理人职业技能标准和学习任务中介绍的农业经理人认知的相关知识，给出每个小组对于农业经理人的职业和角色理解的文案。

4. 任务评价

教师根据每个小组提交的农业经理人职业和角色理解文案，同时邀请每个小组同学阐述一下本组的观点，由教师与学生代表组成评价小组，对每个小组完成项目工作任务的实际表现与成果进行评价打分，并将成绩计入学生的过程性考核。

任务 2　农业经理人素养形成

学习目标

1. 了解农业经理人专业知识和技能素养；
2. 掌握农业经理人领导和决策素养；
3. 了解农业经理人沟通和协调素养；
4. 了解农业经理人创新和适应力素养。

情境导入

“城市水很深，我要回农村”这个“口号”在最近成了“潮流”，由于城市就业的压力大，2018 年乡村振兴战略实施，越来越多的年轻人返乡创业，但是很多人回到农村却不知道该做什么，一度陷入迷茫，会觉得自己的决定是不是错了。其实不然，随着农业现代化进程的加快，农业产业面临转型的问题，这个时候正是需要高素质专业人才的时候。“爱农业、懂技术、善经营”的专门人才成为农业新型组织的一大特色，纵观当前的市场现状，为了推进新型农业现代化，农业企业、农民专业合作社、家庭农场等对于新型农业人才的需求日益增加。但是，目前农业人才出现了结构性短缺的现象，导致高薪仍然招不到农业经理人才。农业经理人究竟是些什么人呢?

学习任务

农业经理人的专业知识和技能素养是其职业能力的基础，对于农业经济合作组织的发展至关重要。职业素养是指个体在职业活动中所表现出的综合品质，涵盖了多个方面，是职业内在的要求和规范。农业经理人的基本素养包括专业知识和技能、领导和决策能力、沟通和协调能力、创新和适应能力等。

一、专业知识和技能素养

农业经理人作为在农民专业合作社等农业经济合作组织中从事农业生产组织、设备作业、技术支持、产品加工与销售等管理服务的人员，需要掌握一系列的专业知识和技能。农业经理人需要具备全面的知识和技能，以应对农业生产经营中的各种挑战和问题。通过不断学习和实践，他们可以不断提升自己的专业素养和管理能力，为农业经济合作组织的发展做出更大贡献。

首先，农业经理人需要了解农业生产经营的各个环节，包括农业生产计划制订、组织实施、监督和评估等农业生产管理技能。他们需要协调农场内部各个部门的工作，确保农业生产的顺利进行。同时，对于农业政策法规、市场动态、农产品销售和市场开发等方面也需要有深入的了解。

其次，农业经理人需要具备农业技术应用的技能，包括了解和掌握农业科学技术的最新进展，熟悉农产品的生产技术和管理方法。他们需要了解各类农作物的生长规律和生产要求，掌握农作物的种植、施肥、病虫害防治等技术，以提高农产品的产量和质量。

此外，农业经理人还需要掌握一定的财务、税务知识，懂得控制成本，合理运用资源。他们也需要了解农业的特点，比如农业投资大、收益慢、抗风险能力差等特点，以便更好地制定经营策略。

案例链接：

“农业经理人”卢声权：“一颗桃”唱出的共富共美拿手戏

2023 年，在首届“巴蜀工匠”杯乡村振兴技术技能大赛中，卢声权以成都市代表队选手身份参赛，获得农业经理人项目一等奖，成为一名合格的“农业经理人”。

源于对乡村的情感，对乡土生活的热爱，2016 年，卢声权放弃当时一手创办的网络服务公司，带着家人到老家龙泉山生活。看到龙泉山良好的生态环境，他萌生了利用老家的山林种植蔬果与发展生态土鸡的想法。说干就干，卢声权当即创办公司，开启自己的“新农人”之路。经过两年的经营发展，结合对龙泉驿地标农产品水蜜桃产业的调研，2018 年，卢声权全力投入到水蜜桃产业中。

“一人富不算富，乡亲们一起富才算真正的富。”带着对农业产业和乡土生活的热爱，卢声权开始思考：如何把农业发展好，让它真正成为吸引人的产业？如何以热爱回馈家乡，带动周边更多的农民富裕起来？

于是，卢声权开始学习各种产前农资知识、产中农业生产所需技术以及产后如何对接市场知识等。同时，他还对农作物适宜土壤、气候、温度，现代农业生产技术和国家及地方的农业政策等加以掌握，逐渐成长为爱农业、懂技术、善经营、会管理的“新农人”。

2020 年，卢声权进入成都农业科技职业学院深造，系统化学习现代农业生产经营。“今日桃乡”销售收入和年利润逐年增加，经营状况持续向好，吸引了越来越多的周边农民同卢声权一起创业。群雁齐飞，卢声权成为乡村振兴的“造梦者”。

问及“农业经理人”最大的吸引力时，卢声权毫不犹豫地说：责任与希望。在经营“今日桃乡”，带动周边群众共同致富的实践中，卢声权无时无刻不在践行初心，担当乡村的领头雁，致力于让乡村成为“人人都向往”的希望田野。

谈及未来的产业发展规划时，卢声权表示，未来将继续保持从事农业的初心，秉持一名接受了国家培育的新农人和农业经理人的职业责任，充分利用新思想、新政策、新理念，实现农业强、农村美、农民富。

“我来自农村，时刻想让我热爱的这片土地更加美好和繁荣。”这是卢声权作为一名合格的“农业经理人”的内心独白。

（资料来源：根据山水龙泉驿和美新乡村公众号 2023-03-29，“农业经理人”卢声权：“一颗桃”唱出的共富共美拿手戏，https://mp.weixin.qq.com/s/a1rbXMRq11IGDKFKXlGJPg 编写）

二、领导和决策素养

农业经理人的领导能力和决策能力是其在工作中不可或缺的核心素养。为了提高领导力和决策能力，农业经理人需要不断学习新知识，掌握新技能，关注市场动态和行业趋势。同时，积极参加培训和实践活动，与同行交流学习，不断提升自己的专业素养和管理水平。

（一）领导素养

领导力是指农业经理人在特定情况下，通过影响和激励他人，达到个人或团队目标的能力。领导力不仅仅是一种个人特质，更是一种可以通过培养和锻炼来提高的能力。在农业领域，经理人需要具备卓越的领导力，以引导团队面对各种挑战和机遇。优秀的领导力能够树立榜样，激发员工的积极性和创造力，推动整个团队的发展和成长。

具体到领导力的构成要素，农业经理人需要具备战略规划能力，能够根据市场需求和农业发展趋势，制定合适的发展战略和经营计划。同时，良好的组织协调能力也是必不可少的，需要搭建团队和合作伙伴关系，有效分配资源，使农业生产和经营活动顺利进行。此外，农业经理人还应具备出色的沟通能力和团队合作能力，以确保信息的有效传递和团队的高效协作。

（二）决策素养

决策能力方面，农业经理人需要具备敏锐的市场判断意识，随时根据市场行情帮助合作社与农民做出相应的对策，以趋利避害。决策力包括战略能力、前瞻能力、决断能力、资源整合、风险把控能力和危机处理能力等多个方面。农业经理人需要在复杂的环境下做出正确的决策，并能够承担相应的责任和风险。

三、沟通和协调素养

农业经理人的沟通和协调能力是其工作中不可或缺的能力。通过提升这些能力，农业经理人可以更好地与团队成员、合作伙伴以及其他利益相关者进行交流和合作，推动农业企业的顺利运作和持续发展。

（一）沟通素养

农业经理人作为农业经济组织的领导者和管理者，其沟通素养对于企业的成功至关重要。良好的沟通能力不仅有助于内部团队的高效协作，也能够促进与外部合作伙伴、客户及其他利益相关者的关系。以下是农业经理人在沟通方面应具备的关键素养：

1. 清晰表达

农业经理人需要能够清晰、简洁地表达自己的想法和指令，这不仅包括口头表达，还包括书面表达。清晰的沟通能够避免误解，提高工作效率。例如，在分配任务时，应明确任务的目标、期限和期望结果。

2. 积极倾听

倾听是有效沟通的重要组成部分，农业经理人应善于倾听员工、客户和合作伙伴的意见和建议。积极倾听不仅能够帮助经理人更好地理解他人的需求和问题，还能够建立信任和尊重的工作氛围。

3. 同理心

在沟通过程中，同理心能够帮助农业经理人更好地理解他人的情感和立场。通过换位思考，经理人可以更有效地解决冲突，增强团队凝聚力。例如，当员工遇到困难时，表现出理解和支持能够提升员工的工作积极性。

4. 反馈能力

及时、建设性的反馈是改进工作的关键。农业经理人应定期向员工提供反馈，肯定他们的成绩，指出需要改进的地方，并提供具体的改进建议。同时，也应鼓励员工向管理层提供反馈，以便双向沟通，共同进步。

5. 跨文化沟通

在全球化背景下，农业经理人可能会面对来自不同文化背景的客户和合作伙伴。理解和尊重文化差异，使用适当的沟通方式，是成功建立跨文化业务关系的关键。例如，了解不同国家的商业礼仪和沟通习惯，有助于避免文化冲突。

6. 数字沟通技能

随着科技的发展，数字沟通工具（如电子邮件、社交媒体、视频会议等）在农业企业中变得越来越重要。农业经理人应熟练使用这些工具，以便及时、有效地与团队和外部伙伴进行沟通。例如，通过视频会议进行远程管理，确保信息传递的及时性和准确性。

7. 危机沟通

在面对农业生产中的突发事件或危机时，经理人需要具备快速、有效的沟通能力。及时向员工、客户和媒体传达正确的信息，能够减少恐慌，维护企业声誉。例如，遇到自然灾害时，迅速组织应急响应团队，并通过各种渠道发布灾情和救援信息。

优秀的沟通素养是农业经理人必备的技能之一。通过不断提升自己的沟通能力，经理人不仅能够提高企业的运营效率，还能够建立起良好的内部团队关系和外部合作网络，为企业的可持续发展打下坚实的基础。

（二）协调素养

农业经理人不仅需要具备良好的沟通能力，还需要具备出色的协调素养。协调素养指的是在组织和管理农业生产过程中，能够有效整合资源、调配人员、处理冲突、优化流程，以确保各项工作顺利进行的能力。以下是农业经理人在协调方面应具备的关键素养：

1. 资源整合能力

农业经理人需要善于整合各种资源，包括人力、物力和财力。在农业生产过程中，不同阶段需要不同的资源配置。经理人应具备全局观念，合理分配资源，确保各项工作有序进行。例如，在种植季节，合理安排种子、肥料和农机的使用，确保生产的顺利开展。

2. 团队协作

团队协作是农业经理人工作的核心。经理人需要激励团队成员，促进团队合作，确保每个人都能发挥最大的潜力。通过组织团队建设活动、制定清晰的工作目标和任务分工，可以增强团队凝聚力和工作效率。例如，定期召开团队会议，讨论工作进展和解决遇到的问题。

3. 冲突管理

在农业生产过程中，不可避免会出现各种冲突，如员工之间的矛盾、与供应商的纠纷等。农业经理人需要具备高效的冲突管理能力，通过积极沟通、协商和调解，找到解决问题的最佳方案，维护和谐的工作环境。例如，当员工在工作中发生争执时，经理人应及时介入，倾听双方意见，找到公平合理的解决方案。

4. 流程优化

农业生产涉及多环节、多步骤，优化生产流程能够提高效率、降低成本。农业经理人应具备流程优化的能力，通过分析生产流程中的瓶颈和不足，提出改进方案，实施优化措施。例如，引入现代化的农业机械和自动化设备，简化操作流程，提高生产效率。

5. 跨部门协调

农业经理人需要与不同部门进行协调，如市场营销、财务、人力资源等。跨部门协调能力能够确保各部门之间的信息畅通，资源共享，目标一致。例如，在制订销售计划时，需要与市场营销部门密切合作，了解市场需求，制订合理的生产计划。

6. 时间管理

农业生产具有季节性，时间管理尤为重要。农业经理人需要合理安排生产计划，确保在最佳时间进行播种、施肥、收获等关键操作。有效的时间管理能够提高生产效率，避免资源浪费。例如，提前制定详细的农事操作时间表，确保各项工作按计划进行。

7. 风险管理

农业生产面临各种风险，如天气变化、病虫害、市场波动等。农业经理人需要具备风险管理能力，提前识别潜在风险，制订应对方案，降低风险对生产的影响。例如，通过购买农业保险，加强病虫害监测和防治，减少自然灾害和市场波动给企业带来的损失。

卓越的协调素养是农业经理人成功的关键。通过不断提升自己的协调能力，经理人能够更好地整合资源、调动团队、优化流程、处理冲突，为农业企业的高效运营和可持续发展提供坚实的保障。

四、创新和适应力素养

农业经理人的创新和适应能力是其职业生涯中非常重要的能力，特别是在当前快速变化的农业环境中，农业经理人应该养成创新素养，适应农业市场环境变化，做出准确的预判。为了提升创新和适应能力，农业经理人需要关注行业发展趋势和前沿技术，拓宽视野和思路。同时，他们还需要保持开放的心态和积极的学习态度，勇于接受新的挑战和机遇。

（一）创新素养

在现代农业中，创新是驱动产业进步和企业竞争力提升的关键因素。农业经理人作为企业的领导者，不仅要具备传统的管理技能，还需要具备强大的创新素养。创新素养指的是在面对不断变化的市场和技术环境时，能够引入新思想、新技术和新方法，推动农业生产和经营模式的变革。以下是农业经理人在创新方面应具备的关键素养：

1. 前瞻性思维

农业经理人需要具备前瞻性思维，能够预见行业发展趋势和市场变化，提前布局企业发展战略。例如，通过研究市场需求和消费者偏好，预测未来的农业产品需求，制订相应的生产计划和产品开发策略。

2. 技术敏感性

现代农业离不开科技的支持。农业经理人应保持对新技术的敏感性，积极引进和应用先进的农业技术，如精准农业、物联网、大数据分析等。例如，通过使用无人机进行田间监测，提高农田管理的精确度和效率。

3. 持续学习能力

农业经理人需要不断学习新知识和技能，保持知识更新。持续学习能力能够帮助经理人掌握最新的农业技术和管理方法，提升自身的专业水平。例如，参加行业研讨会、培训课程或在线学习平台，获取最新的行业信息和技术动态。

4. 创意与灵感

农业经理人应具备创意和灵感，能够在传统农业生产模式中发现改进的机会，提出创新的解决方案。例如，在农产品营销方面，探索新的营销渠道和模式，如电子商务平台、社交媒体营销等，提升产品的市场竞争力。

5. 实验精神

创新需要尝试和实验。农业经理人应具备实验精神，敢于尝试新的种植技术、管理方法和商业模式。通过小规模试验，验证新方法的可行性，然后逐步推广应用。例如，在引进新作物品种时，先进行试种，观察其生长情况和市场反应，再决定是否大规模推广。

6. 跨界融合

农业经理人应具备跨界融合的能力，能够将其他领域的先进技术和理念引入农业。例如，借鉴工业自动化技术，提升农业机械化水平；引入金融服务创新，优化农业融资渠道和模式；结合旅游业，发展农业休闲观光，提升农产品附加值。

7. 团队创新文化

农业经理人应营造支持创新的团队文化，激励员工积极参与创新活动。通过设立创新奖励机制，组织创新培训和研讨会，鼓励团队成员提出新想法，参与创新实践。例如，定期举办内部创新大赛，评选和奖励优秀的创新项目和创意。

8. 风险管理

创新伴随着风险。农业经理人需要具备风险管理能力，在推动创新的同时，能够识别和评估潜在风险，制定有效的风险应对策略。例如，在引进新技术时，进行充分的风险评估，制定应急预案，确保创新项目的顺利实施。

卓越的创新素养是农业经理人应具备的重要能力之一。通过不断提升自己的创新素养，农业经理人不仅能够推动企业的技术进步和业务发展，还能够在激烈的市场竞争中立于不败之地，为农业企业的可持续发展注入源源不断的动力。

（二）适应力素养

在农业行业，变化是常态。农业经理人需要应对各种环境变化、市场波动、政策调整和技术更新。因此，适应力素养成为农业经理人的一项关键能力。适应力素养指的是农业经理人在面对不确定性和变化时，能够快速调整策略和行动，以确保企业的持续发展和竞争力。以下是农业经理人在适应方面应具备的关键素养：

1. 灵活性

农业经理人需要具备灵活性，能够在不同情况下调整策略和计划。例如，当遇到天气异常导致作物减产时，及时调整生产计划，寻找替代方案，确保生产和供应链的稳定。

2. 快速反应

快速反应能力是适应力的重要体现。农业经理人应能迅速识别问题，并采取有效措施应对。例如，当市场需求发生变化时，及时调整产品种类和销售策略，以满足市场需求，避免经济损失。

3. 持续学习

适应变化需要不断学习新知识和技能。农业经理人应保持对行业动态的关注，积极参与培训和学习，提升自身的知识储备。例如，通过参加农业技术研讨会、在线课程和行业交流，掌握最新的农业技术和管理方法。

4. 应变能力

应变能力是指在面对突发事件或危机时，能够迅速制订并实施应对方案。例如，遇到自然灾害时，迅速组织救援和恢复生产的行动，减少损失，保障企业正常运转。

5. 创新思维

创新思维是适应变化的重要手段。农业经理人应具备创新思维，能够在传统模式中发现新的机会和解决方案。例如，利用现代科技，如物联网和大数据，优化农业生产和管理，提高生产效率和产品质量。

6. 心理韧性

面对变化和压力，心理韧性是农业经理人必须具备的素养。心理韧性帮助经理人保持积极心态，克服困难，带领团队走出困境。例如，在市场低迷期，经理人应保持乐观，激励团队，寻找新的发展机会。

7. 战略眼光

适应变化需要战略眼光，能够从长远角度规划企业的发展方向。农业经理人应具备前瞻性思维，预测行业趋势，提前做好战略布局。例如，通过分析市场数据，预见未来的市场需求，提前调整生产和销售策略。

8. 风险管理

在变化中，风险无处不在。农业经理人需要具备风险管理能力，识别、评估和应对潜在风险。例如，在面对市场价格波动时，采取预防措施，如签订长期合同或购买保险，减少风险对企业的影响。

9. 网络与资源整合

农业经理人应善于利用和整合各种资源和网络。通过建立广泛的人脉关系和合作伙伴关系，可以在变化中获得更多的信息和支持。例如，与科研机构合作，引进新技术，提升企业的创新能力和市场竞争力。

通过不断提升自己的适应力素养，农业经理人能够更好地应对各种变化和挑战，保持企业的竞争力和持续发展能力，为农业企业的成功奠定坚实基础。

知识链接：

农业经理人任职能力

一、学历要求

无明确学历门槛，一般大专及以上学历。但如果有工作经验，学历要求可放宽，更注重实操经验而非学历。

二、行业知识背景

需要了解农业发展前景、国家及地区农业政策、农业法律法规、现代农业新模式、农耕文化、互联网＋农业相关知识、农业创新思维与方法等行业知识。

三、专业知识背景

农业经理人要求对农业基础专业知识有一定的了解，包括现代农业新技术知识、农产品加工技术知识、农产品质量安全知识、农业信息技术知识、农业生态环境保护知识，同时也强调涉农经济组织经营管理知识。

不同类别对专业技术知识的要求有所侧重。其中水产养殖类侧重水生生物、鱼类遗传与育种、水产养殖、水产动物营养、水产动物疾病与防治等知识；农业种植类侧重植物保护、作物栽培、作物育种学、植物病理、病虫防治、微生物培育等知识；畜牧养殖类侧重动物育种、动物营养、各类禽畜的基本特性知识、科学喂养、动物防疫等知识；旅业类侧重旅游景区规划、园林设计、植物套种等知识；农业＋教育类侧重农业知识和技术的掌握以及教育学、心理学等知识，同时要求具备组织教学的知识。

四、专业要求

农学、园艺、植物科学与技术、种子科学与工程、设施农业科学工程、应用生物科学、农艺教育、应用生物科学、动物科学、动物医学、动植物检疫、林学、水产养殖学、草业科学、作物生产技术、农业经济管理、林业技术、畜牧兽医、水产养殖技术。

【任务实践】

农业经理人应该具备哪些素养

1. 任务描述

农业经理人必须是既懂技术又善于经营，还会管理的复合型人才，还需要具备长远的战略眼光以及把握全局的能力。结合本任务中所学的农业经理人基本素养知识，请小组内每名成员思考农业经理人应该具备哪些基本素养？

2. 任务建议

组织各小组成员积极讨论，结合身边的新农人典型案例，小组内成员一一分析农业经理人每一种素养能力。

3. 任务要求

以小组为单位，结合学习任务中介绍的农业经理人素养形成的相关知识进一步分析做一个合格的农业经理人应该如何提升自身的素养能力？

4. 任务评价

教师邀请每个小组派出一名同学总结发表本组的讨论成果，由教师与学生代表组成评价小组，对每个小组完成项目工作任务的实际表现与成果进行评价打分，并将成绩计入学生的过程性考核。

任务3　农业经理人职业能力

学习目标

1. 掌握农业经理人职业能力内容；
2. 了解编写计划、危机处置、培训职业能力；
3. 掌握领导实施、组织管理职业能力；
4. 掌握生产管理、绩效考核职业能力。

情境导入

某农业开发有限公司农业经理人一天的工作情况：

1. 早上起床后，上网浏览园艺专业相关新闻，对当天新闻进行收集总结，在各种网络平台上分享相关知识，早餐后根据当天安排，每天工作内容、时间不一。

2. 有时在公司安排各部门任务，处理手头上项目的相关工作，如写项目申请书，完成项目图；同时需要正常操纵整个公司的运转，考虑公司未来的发展方向等。

3. 有时向各种机构，如夜校、大学等，向社会上对园艺工作感兴趣的人员推广果树栽培技术，同时培训相关技能；有时到各种园艺基地，进行现场技术指导。

4. 有时向相关部门，如合作单位，农委等，汇报项目成果。

请思考农业经理人应该具备哪些职业能力？

学习任务

任何一个职业岗位都有相应的岗位职责要求，有一定的职业能力则是胜任某种职业岗位的必要条件。职业能力是在实践的基础上得到发展和提高的，一个人长期从事某一专业劳动，能促使人的能力向高度专业化发展。而职业能力的提高除了在实践中磨炼和提高之外，另外最有效的途径就是接受教育和培训。农业经理人通过培训掌握有关知识和技能，对胜任本职工作会有极大的帮助，自身的职业能力越强，各种能力越是综合发展，就越能促进农业经理人在职业活动中的创造力和发展力，就越能取得较好的工作绩效和业绩，越能给自己带来职业成就感。综上，作为一名合格的农业经理人应该具备编写计划、领导实施、生产管理、组织管理、绩效考核、培训、危机处置等职业能力。

一、编写计划

管理工作的第一步便是拟订计划。因此，作为农业经理人的首要任务便是能制订清晰有效的工作计划。不论是长期的战略规划，如年度生产计划、营销策划、年度预算等，还是短期的计划，如人员招聘计划、促销计划等，都需要应用到计划能力。其中的关键技巧是分辨三种不同类型的计划，即有特定目标的项目管理计划，例行工作的日常管理计划与处理问题的处置计划。另外要能辨别目的与目标的差异，能够制定合理的目标，而非只应用过去的数字作为基础（例如，生产计划的预测）。工具方面要有目标树的应用、SMART 法则、优先顺序排列法等。

知识链接：

一个合格的管理者，如何制订工作计划

1. 坚持对上负责的原则

根据上级的指示精神和市场的现实情况，确定农业经济组织工作方针、工作任务、工作要求，再据此确定工作的具体办法和措施，确定工作具体步骤。环环紧扣，付诸实现。

制订计划前，要分析研究农业经济组织工作现状，充分了解下一步工作是在什么基础上进行的，是依据什么来制订这个计划的。

2. 制订切实可行的计划

要从农业经济组织实际情况出发定目标、定任务、定标准。计划应规定出在一定时间内所完成的目标、任务和应达到的要求。任务和要求应该具体明确，有的还要定出数量、质量和时间要求。

明确何时实现目标和完成任务，制定出相应的措施和办法，达到既定目标需要采取什么手段，动员哪些力量与资源，创造什么条件，排除哪些困难等。

要将工作计划分解成年度、季度、月度甚至细分到周、日，并将工作任务落实到各个岗位，让农业经济组织团队的每一个人都知道今天该干什么，实时监控这些计划的执行情况，再反馈给上级。

3. 突出重点的原则

分清轻重缓急，突出重点，以点带面，不能眉毛胡子一把抓。每项任务，在完成过程中都有阶段性，而每个阶段又有许多环节，它们之间常常是相互交错的。

因此，订计划必须胸有全局，妥善安排，哪些先干，哪些后干，应合理安排。而在实施当中，又有轻重缓急之分，哪是重点，哪是一般，也应该明确。

4. 防患未然的原则

要有实现计划的具体保障措施和出现“意外”的补救措施。没有实现计划的具体保障措施和补救措施，只是纸上的计划，再完善也只是一个“画饼”。

根据工作中可能出现的偏差、缺点、障碍、困难，确定克服的办法和措施，以免发生问题时，工作陷于被动。

另外，工作计划应该是可以调整的。当工作计划的执行偏离或违背了我们的目的时，需要对其做出调整，不能为了计划而计划。还有，在工作计划的执行过程中，要经常跟踪检查执行情况和进度。发现问题时，就地解决并继续前进。

（资料来源：https://mp.weixin.qq.com/s/Jjs9FSvfsSlQgvScjF0-PQ）。

二、领导实施

现代社会的各种激烈竞争归根到底是人才，特别是各类领导人才的竞争。而具备杰出的

人际交往、战略规划和分析技能，以及进行团队建设和制定公司愿景的能力的领导人才，才是人才市场竞争的对象。如何使组织中形形色色的人有效地一起工作？如何促使部属从表面服从到真心奉献？如何使士气低落的人重振士气？如何使成功的人不因志得意满而停滞不前？这些都有赖于农业经理人的领导技能。领导技能主要是分辨部属的特性与现状、选择适当的领导风格、情绪的认知、控制与调节、激励能力、塑造共识、坚定的信念与意志力。工具包括分辨法、EQ（情商）调节、压力缓解、信念重塑等。

农业经理人的职责便是做出决策与领导实施，计划与执行的过程有许多的变量，必须慎重地进行决策。农业经理人要能倾听大多数人的意见，特别是来自生产和市场第一线的意见和反面意见，这是避免错误决策的最有效方法。决策的技能包含前提假设、推论能力、信息收集、整理、分析、归纳的能力，逻辑判断、面对压力的心理素质、如何避开错误的系统思考等；工具上有矩阵法、决策树系统模型等。

三、生产管理

农业经济组织中的生产管理，可以分为两大类：一类是周期性、经常性、例行性的，例如员工招聘、生产计划、农业生产技术、农产品检验等；另外一类是特殊性、非例行性的，例如建大棚、水肥一体化系统等。农业经理人必须先把握前一种任务，尽快制定自己的标准或使用相应标准，以利于组织正常运作；之后集中精力处理特殊性的任务。尤其是农业生产技术规程、技术管理要求、农产品质量要求等，这样才可以提高管理的效率。制定标准的具体技能是判别需要标准化的项目，工作分析，作业研究，评估与制定合理标准，形成书面材料以及培训等，用到的工具有流程图、管制图、检查表、分类法、动作研究等。

四、组织管理

农业经理人不但是组织目标和工作思路的决策者，更重要的是组织实施者。因此，必须要有较强的执行力，对于如何有效控制质量、成本、进度与服务水平，有赖于农业经理人的高频技能。要做出机构安排，完成科学的部门设置，要为每个部门设计出部门职能，要为每个部门充填岗位，要为每个岗位写出一篇完整准确的岗位描述；管理要分层级，管制太多，处处绊手绊脚，士气低落、效率不高：管制不足，容易出现漏洞，提高成本，质量不保。对管制能力的考量主要有几方面：分辨该管与不该管的事，将事后处置提前为事前管理与事中管理，促进部属自主管理的意愿与能力，由外部控制逐渐演变为自我管理，工具方面需要运用 QC（质量控制）七大方法、新 QC（质量控制）七大方法、任务交叉法、看板管理等。

知识链接：

小微农企的组织架构

在农业产业链上有很多的小企业。他们可能是贸易企业、加工企业、农资企业、耗材企业，等等，作为小微农企的农业经理人也应该知道如何构建这些农业企业的组织体系。

（1）销售部门：可以按照传统销售和电商销售进行划分。传统销售组需要维护传统客户（包括批发、零售、直供）。电商销售组可能是传统电商销售（管好传统电商平台如天猫、京东、拼多多上的接单、发货、服务等业务），也可能是兴趣电商销售（管好兴趣电商如抖音、快手上的接单、发货、问答等业务，还需要和内容营销组协同）。至于销售管理和销售考核岗就未必了。

（2）营销部门：不用组建真正意义上大而全的营销部门，只要会拍短视频，能想到内容营销想法即可，这个岗位还可以外包给外部企业。当然对于大企业，这个是核心部门！可以分为内容营销组、广告投放组、营销核算组。其中内容营销组适合发布短视频；广告投放组用于广告的投放；营销核算组是给营销活动控制成本。

（3）供应链部门：供应链部门人是最多的，还会有很多临时工、产业工人，可以按照选品组、采购组、加工包装组、仓储组、冷链组、耗材组等进行划分。每开展一项活动，都会产生一次成本。选品组负责农副食品的选品、品控，可以和采购组合并，如果电商渠道占大头，可以单独成立选品组；采购组负责农产品采购；加工包装组是对农产品包装加工服务；仓储组是农产品的进销存；冷链组负责冷库制冷；耗材组是包材耗材的采购和使用。

（4）物流部门：由于厂内、厂外都有物流，有些企业会把物流中心合并到供应链中心。由于农业这个产业链社会物流的冗余，可将物流部门单独拿出来，分为快递与配送组和干线物流组，面向的也是三通一达和社会物流企业。

（5）研发部门：假如这家小农企是做有机肥企业，可能会存在有机肥研发。对于大农企，研发部门就是一个很重要的部门，但未必所有小农企都需要。

（6）财务部门：小农企一般是老板娘兼任，或者近亲兼任，是核心部门，需要对公司整体的运营成本。农副食品采购成本等加强管控，所以一般是近亲直接负责。一般分为会计组、税收组、成本核算组，也可能就一个小组，全面承接财务（会计）工作。会计组主要处理会计凭证记录、销账；税收组主要纳税，与财税部门打交道；成本核算组主要分析每天、每星期、每月的单品采购成本、运输成本、营销成本、直播成本等。

（7）行政人资部门：小农企可以将行政服务人员、综合服务人员、人力资源服务人员和 IT 人员合在一起，正好 4 个组。业务分别是：行政事务处理，如物业费、前台、接待、订票等；综合服务处理，食堂、司机、出入公司、门禁、工厂安保等；人力资源管理，负责公司全体员工的绩效、招聘、工资核算等；IT 人员负责企业内部的信息化工作、机房、工厂设备运营等。

（资料来源：根据农业数字化公众号，2022-07-04 走遍百家农企：找到一个农企组织管理体系，非常适合小微农企，https://mp.weixin.qq.com/s/TGkPtbiw3zEIWZ_5nlmpJw 编写）

五、绩效考核

农业经济组织中的员工期望自己的努力得到应有的鼓励与报酬，组织中的士气也受到考核公正与否极大的影响，要让员工短期有好的表现，运用威胁与利诱都可以做得到，但如果要建立持续的绩效，则需要有公正合理的考核办法与激励机制，才能促使人们愿意为未来而努力。绩效考核牵涉到组织文化、组织形态以及组织能力等，更要注意员工的需求满足层次，例如加薪初期很有效，但最后会失去兴奋度与激励性。绩效考核的技能包含从战略的高度打出关键绩效指标（KPI），将绩效指标转换成为员工行为标准，制定绩效标准与评价成果的面谈沟通技巧，绩效检讨与指导修正的能力，以及不同类型性格员工的激励策略。工具方面需要应用平衡考绩法、加权指数法、倾听技巧、观察法、咨询技巧等。

六、培训能力

如今的组织不同于以往，无法靠一个人的绝活独步天下。组织要成功，便需要广纳人才。但是人才不是天生的，况且学校能教的有限，各个组织的差异性也很大，因此，能否有效培育组织所需的人才便显得尤为重要。现今的信息流通快速，不教部属，部属在不久的将来自己也会学到，但是企业领导会丧失专业的领导力，其对企业领导会缺乏部属的尊敬与信服。Acer 集团（宏基电脑生产企业）为迎接激烈的市场竞争，在组织中便强力建立了这种“不留一手”的文化。评鉴农业经理人的能力，不单单是他的工作成效，对于部属能力是否得到提高，也成为主管的重要职责。培育部属的能力包含评价培训需求、制定培训目标、编写培训教材、各种教学方法、应用教学工具以及评鉴培训成果等。工具上则有各样的调查法、目标树、心理图像法、教学法、教学器材、破冰技巧等。

七、危机处置

农业经理人要有应对突发事件、重大事故的控制力，能面对各种自然灾害、产品质量、劳工关系等意外事故采取紧急应变处理，并能有效控制整个局面，防止事态扩大，注重事故的善后处理。农业经理人必须有处理危机事件的能力和手段，况且这样的危机事件处理本身就是对农业经理人的一种考验，能证明农业经理人是否具备应对突发事件的控制力、应变力和协调力。对于这些类似问题的处理一定要及时，万不可随意把问题上交了事。当然，对于自己职权范围内不能解决的问题就要请示汇报上级领导。

【任务实践】

农业经理人应该具备哪些职业能力

1. 任务描述

农业经理人的职业活动领域宽泛，随着规模化经营的扩大和精度提高，职业内部可能会细化劳动分工，形成生产管理、销售管理等职位。结合本任务中所学的农业经理人职业能力，请小组内每名成员思考农业经理人应该具备哪些职业能力？

2. 任务建议

组织各小组成员积极讨论，结合情境案例中农业经理人的实际工作，小组内成员一一分析这名农业经理人是否胜任该职业，工作履职能力如何。

3. 任务要求

以小组为单位结合学习任务中介绍的农业经理人职业能力的相关知识进一步分析如何做一名优秀的农业经理人？

4. 任务评价

教师邀请每个小组派出一名同学总结发言，结合案例分析如何更好地成为一名优秀的农业经理人，由教师与学生代表组成评价小组，对每个小组完成项目工作任务的实际表现与成果进行评价打分，并将成绩计入学生的过程性考核成绩。

任务4　农业经理人职业守则

学习目标

1. 能够理解遵纪守法，忠诚守信；
2. 能够理解崇尚农业，技精擅管；
3. 能够理解恪尽职守，团结协作；
4. 能够理解保护生态，保障安全。

情境导入

王伶俐是一名90后，也是一名有着8年种田经验的新农人。2015年大学毕业后，选择回到出生成长的四川省崇州市隆兴镇，运营土地股份合作社、烘储中心和农机合作社，带动了2 000多农户致富增收。回乡创业，她一面跟着“老把式”学习农田管理经验，一面积极参与当地组织的培训课程。认识作物，了解农时，育秧耕地，灌溉施肥，除草防虫……

她接过种田这份事业，把现代技术和经营思路带回农村。对农业经理人来说，怎样种田、怎样种好田是首先要考虑的问题。崇州地处成都平原腹地，地形地势条件良好，适合机械化、规模化种植。王伶俐广泛推进机械化种植，在政策的鼓励和引导下，陆续购入了收割机、拖拉机、无人植保机、烘干机等数十台农机设备，引进了大田北斗系统，助力农机精准作业。如今，合作社已实现了从育秧、插秧、施肥、植保到收割、运输、烘干的全程机械化、信息化操作。通过先进的农机和科学的农田管理，2022年合作社每亩地的成本降低了200余元。

多种粮、种好粮，也离不开良田、良种。大力推进高标准农田建设，不断完善相关配套，为农机运作、稳产增产打下了坚实基础。在水稻、油菜、小麦的品种上，精心选育，保证作物不仅抗倒伏、抗虫害能力强，而且产量高。探索有机种植、订单种植等多样化种植方式，尝试打造特色品牌，力争提升农产品的附加值。随着农业生产提质增效，村民增收致富也得到了有力带动。

新时代的农村需要年轻人的力量，也为年轻人提供了施展才干的广阔舞台。政策引人，事业留人，乡村正吸引越来越多的年轻人返乡创业。我会继续拼搏奋斗，把田管好，多种粮、种好粮，也希望带动更多年轻人投身农业、扎根乡村，为乡村振兴注入更多活力。

（资料来源：根据崇州政协公众号，2023-11-10，崇州市政协常委王伶俐：土地不会辜负有心人，https://mp.weixin.qq.com/s/HcDDhZ9KI9nZ9iYv-pTprw 编写）

学习任务

职业守则就是在某个特定的职业或工作中，我们需要遵守的基本行为规范和道德准则。这些规范不仅帮助我们维护职业形象，还让我们在工作中更有条理、更有效率。不同的职业会有不同的职业守则，但它们的共同目标都是为了提升职业水平，确保工作的顺利进行。

农业经理人职业守则的表现形式比较具体，它从农业从业者职业的交流活动的实际出发，采用守则、公约、条例的形式，这些形式既易于农业经理人从业人员所接受和实行，也易于农业经理人形成一种职业道德习惯。

一、遵纪守法，忠诚守信

遵守纪律和法律是每个社会组织和公民应尽的义务。作为受聘于农业经济合作组织的农业经理人，既要遵守与受聘组织签订的劳动合同，认真履行合同中约定的义务，完成双方约定的内容，严守组织商业机密，维护组织的合法权益；又要在生产经营管理中遵守国家法律法规，保证农产品生产质量，诚信经营，保护职工的合法权益，做好职工的劳动保护等工作。

二、崇尚农业，技精擅管

热爱农业、崇尚农业，对农业具有高度的责任感与使命感，是做好农业经理人的基础。掌握先进的生产技术，善于进行农业经济合作组织经营管理是农业经理人的核心。

三、恪尽职守，团结协作

忠于职守、尽职尽责是农业经理人工作的基本要求。一名合格的农业经理人要善于沟通与协调，能建立一支高效的组织团队，实现农业经济合作组织的发展目标。

四、保护生态，保障安全

坚持农业绿色发展，保护农业生态环境，促进农业可持续发展是我国农业发展的必然方向和目标。农业经理人要注重减少化肥农药使用，保障农产品质量安全，采用种养循环和生物防治技术，发展生态农业。

【任务实践】

项目9　农业经理人职业道德

坚守农业经理人职业道德

1. 任务描述

农业经理人职业道德包括以诚信为本，与农户和合作伙伴建立良好的合作关系；关注农业可持续发展，追求经济效益和环境友好兼顾；遵守法律法规，保障农产品质量和食品安全。尊重农民权益，关注农民福祉和社会责任。结合情境案例和本任务中所学的农业经理人职业守则相关内容，请小组内每名成员思考王伶俐是如何坚守农业经理人的职业道德操守，作为青年学生我们应该向她学习什么？

2. 任务建议

组织小组利用电子设备查找更多关于王伶俐事迹的相关资料，小组内成员结合农业经理人职业守则认真讨论如何学习王伶俐作为农业经理人所坚守的职业操守。

3. 任务要求

以小组为单位通过情境案例中王伶俐的事迹，同时结合学习任务中介绍的农业经理人职业操守的相关知识给出每个小组对于农业经理人的职业道德操守认知文案。

4. 任务评价

教师根据每个小组提交农业经理人职业道德操守认知的文案，同时邀请每个小组同学阐述一下本组的心得体会，由教师与学生代表组成评价小组，对每个小组完成项目工作任务的实际表现与成果进行评价打分，并将成绩计入学生的过程性考核。

模块三　创办农业企业

项目十 筑梦起飞的平台——农业企业创办准备

【内容介绍】

创办农业企业，准备阶段至关重要，它决定了企业的未来方向和稳定性。创办准备主要有创业项目分析和商业计划书制订两个环节，具体内容包括市场分析、技术分析、政策与法规分析、资源分析、风险评估、可持续发展分析以及商业计划书制订等内容。因此，农业企业在创办之初，必须全面考虑，细致准备，确保企业稳健起步，只有这样，我们才能确保农业企业在未来的发展中不断壮大，为社会和经济的可持续发展做出贡献。

【学习导航】

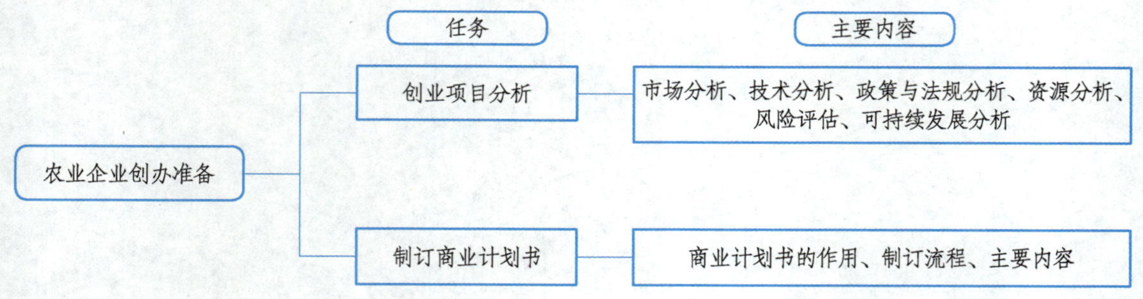

任务 1　创业项目分析

学习目标

1. 了解创业项目分析的作用；
2. 了解创业项目分析的具体内容；
3. 掌握创业项目分析的具体方法。

情境导入

李先生是一位充满激情的创业者，他看中了现代农业的巨大潜力，计划创办一家农业企业。为了减少创业风险，李先生咨询了一位创业导师，导师告诉他，创业准备的一个重要环节是做好创业项目分析。例如：需要分析市场需求，了解消费者的偏好和购买力，以及竞争对手的情况；需要评估农业技术的现状和发展趋势，选择合适的种植和养殖技术；需要了解国家和地方政府对农业的扶持政策，以及相关的法律法规；需要考虑环境保护和资源管理的问题等。

学习任务

创业项目分析对于创业是否能成功具有关键作用，它可以帮助创业者全面了解项目，制定有效的策略，提高项目的成功率，为企业的长期发展奠定坚实基础。因此，在创办农业企业过程中，创业者应充分重视项目分析的重要性，确保项目的顺利实施和企业的持续发展。一般来讲，创业项目分析包括以下六个方面。

一、市场分析

市场分析是创业项目成功的关键，对于创办农业企业来说尤其重要。通过市场分析可以更好地了解市场需求、竞争状况、供应情况和价格波动，为创办农业企业提供有效的市场策略。

1. 需求分析

（1）消费者群体：明确目标消费者是谁，他们的年龄、性别、收入水平、消费习惯等。

（2）消费需求：了解消费者对农产品的需求，包括品质、种类、包装、价格等。

（3）消费趋势：研究消费者对农产品的消费趋势，如有机农产品、绿色食品等的受欢迎程度。

2. 竞争分析

（1）竞争对手：列出主要的竞争对手，包括他们的产品、价格、市场份额等。

（2）竞争优势：分析竞争对手的优势和劣势，找出自己产品的差异化竞争优势。

（3）市场占有率：评估自己和竞争对手的市场占有率，制定相应的市场策略。

3. 供应分析

（1）供应量：了解市场上农产品的供应量，判断供应是否充足。

（2）供应质量：评估市场上农产品的质量，判断是否满足消费者的需求。

（3）供应周期：了解农产品的供应周期，判断是否能够满足消费者的需求。

4. 价格分析

（1）价格波动：研究农产品价格波动的规律，了解价格波动的原因。

（2）价格策略：根据价格波动和市场需求，制定合适的价格策略。

5. 市场趋势

（1）技术趋势：了解农业技术的发展趋势，如智慧农业、精准农业等。

（2）消费趋势：了解消费者的消费趋势，如健康、绿色、有机等。

（3）政策趋势：了解政府对农业的支持政策，如农业补贴、税收优惠等。

二、技术分析

技术分析是评估创业项目技术需求、现状和未来发展的重要环节。对于创办农业企业来说尤为重要，因为它直接关系到农产品的产量、质量、成本和可持续性，通过技术分析可以为企业的技术选择和发展方向提供有效的指导。

1. 种植技术

（1）品种选择：分析不同作物品种的适应性、产量、抗病性、市场需求等，选择最合适的品种进行种植。

（2）种植方法：评估传统的种植方法与现代的种植技术（如精准农业、水肥一体化、有机种植等）的优缺点，选择最适合企业发展阶段和目标的种植方法。

（3）土壤管理：分析土壤的质量、肥力、水分保持能力等，制订合理的土壤管理和改良计划。

2. 养殖技术

（1）品种选择：分析不同畜禽品种的生长速度、饲料转化率、市场需求等，选择最合适的品种进行养殖。

（2）养殖管理：评估不同的养殖管理模式（如工厂化养殖、生态养殖等）的优缺点，选择最适合企业的发展阶段和目标的养殖模式。

（3）疫病防控：分析疫病防控的技术和方法，制订有效的疫病防控计划。

3. 加工技术

（1）加工方法：评估不同农产品加工方法（如冷冻、烘干、腌制等）的优缺点，选择最适合企业的发展阶段和目标的加工方法。

（2）加工设备：分析加工设备的技术性能、效率、成本等，选择最合适的加工设备。

（3）质量控制：分析质量控制的技术和方法，制订有效的质量控制计划。

三、政策与法规分析

政策与法规分析是确保创业项目合法合规、充分利用政策优势的重要步骤。对于农业企业来说，政策和法规的影响尤为明显，因为农业是一个高度受政策调控和法规约束的行业。通过政策与法规分析，农业企业可以更好地了解政策环境，规避法律风险，同时充分利用政策优势，促进企业的发展。

1. 国家政策分析

（1）宏观政策：研究国家层面的宏观政策，如每年的中央一号文件、农业现代化、乡村振兴战略等，了解国家对农业发展的整体方向和支持力度。

（2）产业政策：分析国家对特定农业产业（如粮食生产、畜牧业、农产品加工等）的支持政策，包括补贴、税收优惠、贷款支持等。

（3）贸易政策：评估国家的贸易政策，如进出口配额、关税、贸易协定等对农产品国际贸易的影响。

2. 行业法规分析

（1）食品安全法规：了解国家关于食品安全的法律法规，如食品安全法、农产品质量安全法等，确保企业产品符合国家标准。

（2）环保法规：分析国家环保法律法规，如环境保护法、水土保持法等，评估企业运营对环境的影响，制定相应的环保措施。

（3）劳动法规：了解国家关于劳动就业的法律法规，如劳动法、劳动合同法等，确保企业劳动用工合法合规。

3. 地方政策分析

（1）地方发展规划：研究地方政府的发展规划，如农业产业发展规划、农业园区建设等，了解地方政府对农业企业的支持政策。

（2）地方补贴政策：分析地方政府提供的各种补贴政策，如种植补贴、农机购置补贴等，评估企业能否受益。

（3）地方土地政策：了解地方政府的土地政策，如土地使用权出让、土地征收补偿等，评估企业获取土地资源的成本和可行性。

案例链接：

“95后的新农人”周永峰

等不及大学毕业，周永峰就迫不及待地开始了一场“冒险”——大四那年，他选择休学创业。很多人都为他的惊人之举捏把汗，但这个年轻人相信自己的选择：用硬科技“打开”智慧农业。周永峰团队的未来分布式精准灌溉系统，其实就是在微中大型农场打造智能化的“种植能手”。他们把人类“种植能手”的种植经验转化为标准可靠的数据、执行逻辑；监测作物实时长势，形成作物优质灌溉算法模型，为农场提供全周期的灌溉服务。据介绍，这套系统能够为种植企业节水节肥达40%，节省人力成本20%~30%，亩均增收8.5%以上。自正式研发投入的 6 个月以来，已在 1 200 余亩农田得到应用。

周永峰考上大学那年，我国刚刚开始全面实施乡村振兴战略，很多年轻人把目光投向广袤的乡村，周永峰也是其中之一。他瞄准智慧农业赛道，创办了食铁兽科技，启动精准灌溉等创业项目，为传统农业吹去“科技的风”。

在 2023 年 KAB 大学生微创业行动启动仪式（以下简称“启动仪式”）上，周永峰在分享自己的创业之路时，谈到当初的选择，认为大学生创业一定要与时代“同频共振”。

（资料来源：中国青年报（2023-09-14 11 版），中青报·中青网记者 胡春艳）

四、资源分析

资源分析是创业项目成功的关键因素之一，它涉及企业运营所需的各种资源，包括土地、水资源、人力资源等。通过资源分析，农业企业可以更好地了解自身资源状况，制定合理的资源获取和管理策略，确保企业运营的高效和可持续性。

1. 土地资源分析

（1）土地获取：分析土地的获取方式，如购买、租赁或合作，评估不同方式的成本和可行性。

（2）地理位置：研究土地的地理位置，包括气候条件、土壤类型、交通便利性等，评估其适宜种植或养殖的作物或畜禽。

（3）土地质量：评估土地的肥力、水分保持能力、排水系统等，确定是否需要进行土壤改良或灌溉设施建设。

2. 水资源分析

（1）水源获取：分析水资源的获取方式，如地下水、河流、湖泊或雨水收集，评估不同方式的可持续性和成本。

（2）水质评估：检测水资源的质量，确保其适合农业用途，特别是灌溉和养殖。

（3）水资源管理：评估水资源的管理和分配，包括节水措施、灌溉系统的效率等。

3. 人力资源分析

（1）劳动力需求：分析企业不同阶段对劳动力的需求，包括种植、养殖、加工、销售等环节。

（2）技能要求：评估不同岗位所需的技能和经验，确定是否需要提供培训或聘请专业人才。

（3）劳动力成本：分析劳动力市场的供需状况，评估劳动力成本对企业运营的影响。

4. 资金资源分析

（1）启动资金：评估企业启动所需的资金，包括土地购置、设施建设、种子或种苗购买、设备购置等。

（2）运营资金：分析企业日常运营所需的资金，包括劳动力成本、原材料采购、市场营销等。

（3）资金来源：研究资金的来源，如自有资金、银行贷款、投资者、政府补贴等，评估不同来源的成本和可行性。

5. 技术资源分析

（1）现有技术：评估企业现有的技术水平，包括种植或养殖技术、加工技术、信息技术等。

（2）技术需求：分析企业发展的技术需求，确定是否需要引进新的技术或设备。

（3）技术来源：研究技术的来源，如自主研发、合作研发、技术引进等，评估不同来源的成本和可行性。

五、风险评估

风险评估是创业项目中识别、分析和应对潜在风险的重要过程。对于农业企业来说，面临的风险多种多样，包括市场风险、政策风险、自然风险等。通过风险评估，农业企业可以更好地识别和管理潜在风险，确保企业的稳定运营和可持续发展。

1. 市场风险

（1）价格波动：分析农产品价格波动的风险，如受市场需求、供应量、季节性等因素影响。

（2）消费者偏好变化：评估消费者偏好变化对企业产品需求的影响，如对有机产品、健康食品的偏好。

（3）市场竞争：分析市场竞争加剧对企业市场份额和盈利能力的影响。

2. 政策风险

（1）政策变动：评估政府政策变动对企业的影响，如农业补贴、贸易政策、环保法规等。

（2）法规变化：分析法律法规变化对企业运营的潜在影响，如食品安全法规、劳动法规等。

3. 自然风险

（1）自然灾害：评估自然灾害对企业的影响，如洪水、干旱、台风、病虫害等。

（2）气候变化：分析气候变化对企业农业生产的影响，如全球变暖、极端天气等。

4. 技术风险

（1）技术失效：评估企业依赖的技术或设备失效对企业运营的影响。

（2）技术过时：分析技术进步趋势以及企业技术落后于市场的风险。

5. 财务风险

（1）资金流动性：分析企业资金流动性风险，如无法及时偿还债务、资金链断裂等。

（2）投资回报：评估企业投资项目的回报率和风险，确保投资决策的合理性。

6. 运营风险

（1）供应链中断：分析供应链中断对企业生产计划和成本的影响。

（2）人力资源流失：评估核心员工离职对企业运营的潜在影响。

知识链接：

在进行风险评估时，可以采用以下步骤：

第一步：风险识别。通过头脑风暴、专家咨询、历史数据分析等方法，识别企业可能面临的所有潜在风险。

第二步：风险分析。对识别出的风险进行深入分析，评估其发生的可能性和对企业的影响程度。

第三步：风险量化。尽可能对风险进行量化，如损失金额、时间延误等，以便更好地理解和比较不同风险。

第四步：风险应对。制定风险应对策略，包括风险避免、风险减轻、风险转移和风险接受等。

第五步：风险监控。建立风险监控机制，定期评估风险状况和应对措施的有效性，及时调整策略。

六、可持续发展分析

可持续发展是既要考虑当前发展的需要，又要考虑未来发展的需要，不能以牺牲后期的利益为代价，来换取发展，满足利益。通过可持续发展分析，农业企业可以更好地理解自身在环境保护、资源管理、社会责任等方面的表现，制定相应的可持续发展策略，确保企业的长期成功和为社会做出积极贡献。

1. 环境保护

（1）生态平衡：分析企业的活动对生态系统的影响，如农业生产对土壤、水源、生物多样性的影响，制定相应的保护措施。

（2）气候变化：评估企业温室气体排放情况，制定减排策略，如提高能源效率，使用可再生能源，实施碳封存等。

（3）污染预防：分析企业可能产生的污染源，如化肥、农药、畜禽粪便等，采取有效措施减少污染。

2. 社会责任

（1）员工权益：确保员工获得合理的工资、福利和工作条件，提供培训和发展机会。

（2）社会发展：分析企业对当地经济社会的影响，如提供就业机会、支持地区发展项目、参与地区重大活动等。

3. 经济可持续性

（1）盈利能力：分析企业的盈利模式和财务状况，确保长期的经济可行性。

（2）市场适应性：评估企业产品市场的发展趋势，如消费者对有机、绿色产品的需求，调整产品结构以适应市场变化。

（3）创新能力：鼓励企业创新，如研发新技术、新产品，提高企业的竞争力。

【任务实践】

撰写农业创业项目分析报告

1. 任务描述

你是一个农业高职院校即将毕业的大学生，你计划创办一家农业企业，你的任务是模拟创办这个农业企业，并完成一份详细的农业创业项目分析报告，涵盖以下几个方面：

2. 任务建议

（1）市场分析：

① 描述目标市场的规模、增长趋势和消费者特征。

② 分析竞争对手的优势和劣势。

③ 预测市场需求和潜在的市场份额。

（2）技术分析：

① 评估现有的农业技术是否满足项目需求。

② 分析新技术引进的必要性和可行性。

③ 评估技术对产品质量和成本的影响。

（3）政策与法规分析：

① 分析政府对农业企业的支持政策，如补贴、税收优惠等。

② 评估项目可能面临的法规限制和合规要求。

（4）资源分析：

① 评估项目所需的土地、水资源、资金和人力资源。

② 分析资源获取的难易程度和成本。

（5）风险评估：

① 识别项目可能面临的市场风险、政策风险、自然风险等。

② 提出风险应对策略和风险管理计划。

（6）可持续发展分析：

① 分析项目对环境的影响和可持续性措施。

② 评估项目对当地社区的贡献和社会责任。

3. 任务要求

（1）报告需结构清晰，条理分明，使用图表和数据进行支持。

（2）报告需基于可靠的数据和合理的假设。

（3）报告需提出具体的建议和结论。

4. 任务评价

（1）市场分析的深度和准确性。

（2）技术分析的全面性和实用性。

（3）政策与法规分析的适用性和前瞻性。

（4）资源分析的细致性和可行性。

（5）风险评估的全面性和风险应对策略的有效性。

（6）可持续发展分析的深度和社会责任的考量。

任务 2　制订商业计划书

学习目标

1. 理解商业计划书的重要性；
2. 掌握商业计划书的基本结构；
3. 掌握商业计划书的撰写技巧；
4. 能评估和改进商业计划。

情境导入

A 农业企业是一家专注于有机农产品种植、加工和销售的公司。成立以来，公司以“绿色、健康、可持续”为理念，致力于为消费者提供高品质的有机农产品。目前，公司拥有多个有机农场，种植了多种有机蔬菜和水果，并在市场上取得了一定的知名度。然而，随着市场竞争的加剧和消费者需求的不断变化，公司需要制订一份全面、专业的商业计划书，以明确未来的发展方向和战略布局。如果你是这家企业的创始人兼 CEO，你将怎么做呢？

学习任务

通过学习和全面理解商业计划书的概念、作用及其在企业发展中的重要性，掌握撰写商业计划书的流程和关键内容，最终能够独立完成一份专业、全面的商业计划书，为企业的融资、战略规划和未来发展提供有力支持。同时，经过深入解析商业计划书的每个关键部分，不断地练习和反馈，逐渐提高自己的撰写能力，最终独立完成一份专业、全面的商业计划书。

一、商业计划书概述

商业计划书（Business Plan，BP）是公司、团队或个人为了达到招商融资和其他发展目标，将自身的项目、产品或服务介绍给投资人，并经过对市场、行业、团队、营销、财务、风险等各方面的分析后，最终希望实现融资、寻求合作伙伴、业务并购等目的的一种书面文件。

二、商业计划书的作用

商业计划书是创业者与风险投资沟通的桥梁，也是创业者理清创业思路和未来调整商业计划的蓝本，它在企业发展中扮演着多重关键角色，其重要性不容忽视。以下是商业计划书的三大主要作用：

1. 吸引投资

一份精心编写的商业计划书是吸引投资者的磁石。通过这份计划，企业和项目的核心优势、发展潜力、运营逻辑和商业模式能够清晰、有说服力地展现给潜在投资者。这不仅有助于投资者更快速、更全面地了解投资项目，更能增强他们对项目的信心，进而为项目筹集所需的资金。

2. 促进合作

商业计划书同样是一个高效的合作桥梁。通过详细阐述公司的业务方向、目标、策略及市场定位，它能够向潜在的合作伙伴，包括业务伙伴和其他相关机构，提供必要的信息，为双方或多方合作的建立提供坚实基础。例如，当企业有意向拓展至陌生领域时，一份有针对性的商业计划书可以向该领域的潜在伙伴传达合作意愿，并通过展示合作双方的互利点，促成战略合作关系，实现共赢。

3. 助力并购

在涉及公司或业务的并购过程中，商业计划书同样发挥着不可或缺的作用。通过深入展示项目在市场前景、竞争环境、管理团队、风险控制和财务预测等方面的优势，它能够有效地向潜在买家传达项目的价值，从而增加被并购的机会。在这一过程中，被收购方通过商业计划书不仅能主动展示其优势，还能在谈判中占据更有利的位置，最终实现并购利益的最大化。

三、商业计划书的撰写流程

从商业计划书具有的重要作用可知，其撰写流程必然是一个复杂而严谨的过程。总体来看，商业计划书的撰写流程有四大环节，如图 10-1 所示。

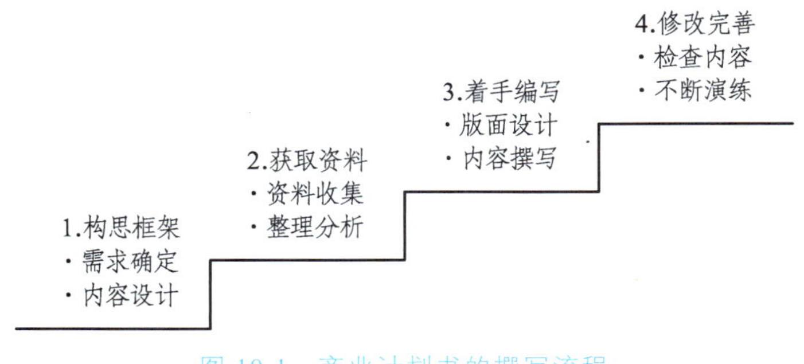

图 10-1 商业计划书的撰写流程

1. 构思框架

（1）确定目标与需求：首先明确编写商业计划书的目的，如寻求投资、合作、融资、公司并购等。

（2）战略方向定位：根据目标确定战略方向，明确计划书中应重点展示的内容，如产品优势、技术优势、市场前景等。

2. 获取资料

（1）确定资料类型：根据战略方向确定需要收集的资料类型，如市场数据、竞争对手分析、用户调研等。

（2）选择收集方法：采用多种方法收集资料，如问卷调查、数据购买、公开资料整理等。

（3）资料验证与筛选：确保收集的资料准确无误，并筛选出对商业计划书编写有价值的部分。

（4）数据提炼与展示：利用表格、图表等工具，直观展示数据，提高商业计划书的可读性。

3. 着手编写

（1）版面设计：根据项目或产品特点设计商业计划书的整体风格，如科技感、活泼生动等，但切忌过度包装，华而不实。

（2）内容编写：由项目负责人或公司负责人主导编写工作，确保内容准确、全面、有深度。

（3）内容与版面结合：将提炼后的数据与版面设计相结合，使商业计划书既美观又实用。

4. 修改完善

（1）内容修正：根据政策变化、市场变动等因素，及时修正商业计划书的内容。

（2）演练与准备：通过多次演练，熟悉内容，提高自信，为向投资人展示做好充分准备。

（3）反馈与调整：在演练过程中，收集反馈意见，对商业计划书进行进一步的修改与完善。

四、商业计划书的内容组成

商业计划书是一份详细阐述企业发展规划、市场前景、竞争优势、财务预测和风险控制的文档，旨在为投资者和其他利益相关者提供全面、准确的信息，以辅助他们做出决策。以下是商业计划书的主要内容组成：

1. 封面与目录

封面应包含公司名称、商业计划书的标题、作者信息（如姓名、职位等）以及日期。目录则列出商业计划书的各个章节和页码，方便读者快速定位感兴趣的内容。

2. 摘要

摘要是商业计划书的精简版本，概括了整个计划的核心内容。它应简洁明了地介绍公司的基本情况、产品或服务的特点、市场潜力、财务预测以及投资需求等信息，以吸引读者的兴趣并激发他们进一步阅读的欲望。

3. 公司简介

公司简介详细介绍公司的背景、愿景、使命、发展历程以及组织结构。通过这部分内容，读者可以了解公司的基本情况，以及公司为何能够在这个市场中脱颖而出。

4. 市场分析

市场分析是商业计划书中非常重要的一部分，它详细研究目标市场的规模、增长趋势、竞争格局以及潜在客户群体。此外，还应分析行业趋势和发展前景，以证明公司的市场潜力和竞争优势。

5. 产品或服务介绍

该部分详细阐述公司的产品或服务，包括其特点、优势、定价策略以及市场需求等。通过这部分内容，读者可以了解公司的产品或服务如何满足市场需求，并与其他竞争对手区分开来。

6. 营销与销售策略

该部分描述公司的营销和销售策略，包括品牌建设、市场推广、销售渠道选择以及客户关系管理等。通过这部分内容，读者可以了解公司如何吸引和留住客户，并实现销售目标。

7. 运营与管理

该部分详细介绍公司的运营和管理流程，包括供应链管理、质量控制、人力资源管理以及风险管理等。通过这部分内容，读者可以了解公司的内部运营效率和管理能力。

8. 财务预测与需求

财务预测是商业计划书中非常重要的一部分，它提供了公司未来的财务预测数据，包括收入预测、利润表、现金流量表等。此外，还应明确阐述公司的融资需求和使用计划，以便投资者了解投资回报预期和风险。

9. 风险评估与对策

风险评估部分详细识别和分析公司可能面临的市场风险、竞争风险、技术风险等，并提出相应的风险应对策略和控制措施。这有助于增强投资者对公司的风险认知。

10. 附录

附录部分可以对商业计划书中的专业术语、数据来源、图表解释等进行详细补充，以提高计划书的专业性和可读性。此外，还可以附上其他支持性文件，如市场调研报告、产品图片或视频等。

综上所述，商业计划书的内容组成涵盖了公司的基本情况、市场分析、产品或服务介绍、营销与销售策略、运营与管理、财务预测与需求、风险评估与对策以及附录等多个方面。通过全面、准确地呈现这些信息，商业计划书可以帮助投资者和其他利益相关者更好地了解公司的潜力和价值，从而做出明智的决策。

商业计划书撰写框架

一、封面与目录
1.1 公司名称与标志
1.2 商业计划书标题
1.3 作者信息与日期
1.4 目录页
二、摘要
2.1 公司基本情况概述
2.2 产品或服务特色与市场潜力
2.3 财务预测与投资需求概览
2.4 决策支持与阅读引导
三、公司简介
3.1 公司背景与发展历程
3.2 愿景与使命陈述
3.3 组织结构与关键团队成员
3.4 竞争优势与核心竞争力
四、市场分析
4.1 目标市场规模与增长趋势
4.2 竞争格局与市场份额分析
4.3 潜在客户群体与需求洞察
4.4 行业趋势与发展前景预测
五、产品或服务介绍
5.1 产品或服务详细描述
5.2 核心竞争力与差异化优势
5.3 定价策略与成本控制
5.4 市场需求分析与预测
六、营销与销售策略
6.1 品牌建设与定位策略
6.2 市场推广与广告活动规划
6.3 销售渠道选择与拓展计划
6.4 客户关系管理与维护
七、运营与管理
7.1 供应链管理与物流安排
7.2 质量控制与标准制定
7.3 人力资源配置与培训
7.4 风险管理机制与应对策略
八、财务预测与需求
8.1 财务预测模型与假设条件

8.2 收入预测与成本分析
8.3 利润表与现金流量表展示
8.4 融资需求与使用计划说明
九、风险评估与对策
9.1 市场风险识别与分析
9.2 竞争风险应对策略
9.3 技术风险管理与创新方向
9.4 综合风险控制体系构建
十、附录

知识链接：

如何产生一份好的商业计划书

（1）简洁明了：商业计划书最长不超过 50 页，最好在 30 页左右，要简明扼要，条理清晰，语言通俗易懂，意思表述精确。

（2）信息完整：全面披露与投资相关的信息，包括企业业务、产品、消费对象、经销渠道、团队、市场大小、成本、售价、预期回报等。

（3）直入主题：避免与主题无关的内容，直接切入主题，引起风险投资者的兴趣。

（4）市场调研：在写商业计划书前进行充分的市场调研，确保计划的可行性。

（5）评估计划：从风险投资者的角度评估自己的商业计划，回答关键问题，如回报、风险、市场大小等。

（6）展示团队：向风险投资者展示管理团队的风貌，包括领导力、信念、凝聚力、市场战斗力等。

（7）寻求专业帮助：组织有战斗力的写作智囊团，包括律师、会计师、专业咨询家等，完善商业计划书。

【任务实践】

创业大赛商业计划书制订

1. 任务描述

学校发布了“互联网 +”大学生创新创业大赛报名通知，请选择一个农业企业，结合该企业当前面临的发展机遇，制订一份商业计划书去参赛。

2. 任务建议

（1）深入了解农业企业的市场现状和发展趋势；
（2）掌握商业计划书的基本结构和编写技巧；
（3）提高分析、策划和创新能力。

3. 任务要求

（1）选择一个具有发展潜力的农业企业领域，如有机农业、智慧农业、农产品深加工等；

（2）对所选领域进行市场调研，分析市场需求、竞争态势和潜在机会；

（3）制订商业计划书，包括企业简介、市场分析、产品与服务、营销策略、运营计划、财务预测和风险评估等部分；

（4）商业计划书应体现出对可持续发展的重视，展示企业的社会责任和创新精神；

（5）商业计划书字数不少于 3 000 字，格式规范，图表清晰。

4. 任务步骤

（1）团队组建：组建一个 3～5 人的团队。团队成员最好具备不同的专业技能，如市场分析、财务规划、产品开发和运营管理等。

（2）确定选题：选择自己感兴趣的农业企业领域，确定具体的研究方向；

（3）市场调研：收集相关数据和资料，对市场需求、竞争态势进行分析；

（4）制订商业计划书：根据市场调研结果，结合所学知识，制订商业计划书；

（5）修订完善：在教师的指导下，对商业计划书进行修订和完善；

（6）课堂展示：各团队模拟参赛要求进行展示演练。

（7）提交成果：将最终版本的商业计划书提交参赛。

5. 任务评价

（1）老师将根据商业计划书的内容质量、逻辑性和创新性进行评分；

（2）课堂展示将占据一定的分数比例，主要评价学生的表达能力、思维逻辑和应变能力；

（3）最终成绩由商业计划书和课堂展示的表现综合确定。

项目十一

蓝图变现实的路径——开办企业行动计划

【内容介绍】

开业行动计划是企业开业前的重要工作，它是对企业开业过程中的各个方面进行详细规划和推演的过程，不仅可以帮助企业评估开业前的风险和机会，还需要提醒创业者充分考虑市场需求和人员配置、财务计划等因素。还可以确定在开业过程中需要采取的行动计划，它对于企业的成功开业和经营至关重要。

【学习导航】

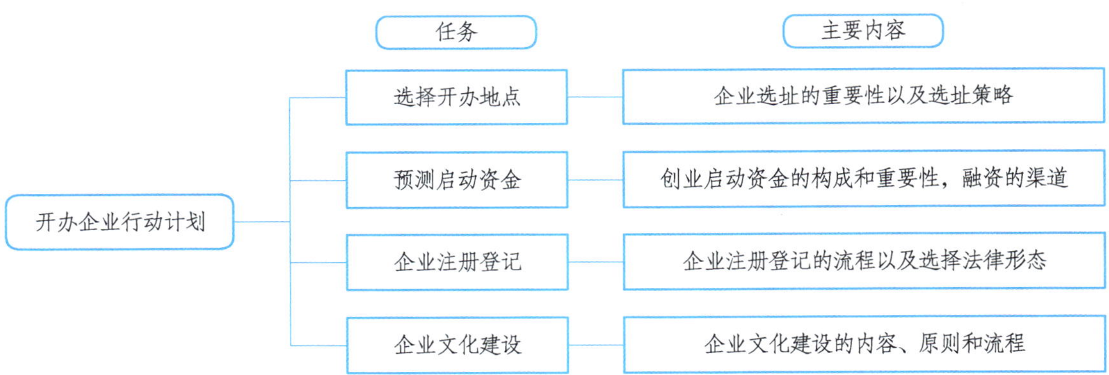

任务1 选择开办地点

学习目标

1. 了解农业企业选址的重要性；
2. 掌握选址策略；
3. 了解怎样选址和其中的影响因素。

情境导入

A 茶园生产车间选址四川偏远的山区，B 茶园生产车间选址成都市的高新开发区。从生产量和销售量来看，B 茶园远远高于 A 茶园，A 茶园老板认为自己的厂址租金更便宜，更加原生态，并且茶叶原产地都一样，为什么会出现这样的销售落差呢？看来开办农业企业的选址也很重要，那么农业企业该如何进行选址呢？该从哪些方面着手呢？同学们，你们是怎么思考的呢？

学习任务

企业选址作为营销策划中的重要组成部分，也直接影响到企业的运营成本、生产效率、产品质量以及市场竞争力。因此，在选择地址时，需要综合考虑地理位置、交通条件、环境资源、政策支持等多方面因素。

随着人们对健康饮食的日益关注，农业企业迎来了前所未有的发展机遇。对于有志于创业的朋友们，开设一家农产品加工厂是一个极具潜力的创业选择。然而，选址是决定农产品加工厂成功与否的关键因素之一。

一、农业企业选址的重要性

要创办农业企业，无论是大是小，都需要场所。开店需要店面房，办农牧场需要土地畜舍，办农产品加工厂需要土地厂房。农产品加工厂的选址直接影响到企业的运营成本、生产效率、产品质量以及市场竞争力。因此，在选择厂址时，需要综合考虑地理位置、交通条件、资源环境、政策支持等多方面因素。

案例链接：

小张的社区便利店

职业院校毕业生小张一直梦想创业当老板。看到小区门口的老王开了一家便利店，生意红火，便也动了心思。于是，他筹集了 2 万元，在小区另一侧租了一间店面，开了另一家便利店。然而，经营不到三个月，小张的店就因生意冷清而不得不关门。

原来，老王的便利店主要销售日用百货、零食饮料和新鲜果蔬，符合小区居民的日常需求，且位置靠近主出入口，人流量大。而小张的店虽然也卖日用品，但主打高端进口零食和小众饮料，价格偏高，小区居民购买频率低。再加上他的店面位置较偏，居民嫌绕路，自然生意惨淡。

启示：经营需要有自己的特色，更需要符合市场环境的需要。不论创立何种企业，地点的选择都是决定成败的一大要素。尤其是以门市为主的零售、餐饮等服务业，经营场地的选择往往是成败的关键。可以说，选对地址等于成功了一半。

二、农业企业选址策略

（一）地理位置

选择靠近原料产地、交通便利的地区，有利于降低采购成本和提高运输效率。同时，要考虑周边是否有市场、居民区等消费群体，确保产品有稳定的市场需求。

（二）资源环境

农产品加工厂需要充足的自然资源和水源。因此，要选择水资源丰富、土壤肥沃的地区，确保原材料的质量和产量。此外，要考虑当地的气候条件是否适宜农作物的生长和加工。

（三）政策支持

了解当地政府对农产品加工行业的政策支持情况，如税收优惠、土地租金减免等。选择有政策支持的地区，有助于降低企业运营成本，提高盈利能力。

（四）产业链配套

考虑与原材料供应商、物流公司等建立紧密的合作关系，形成产业链配套。这有助于降低采购成本、提高生产效率，并确保产品质量稳定。

三、如何选址和影响因素

绝大多数企业并没有遵循区位理论的指引，将企业选址在具有明显区位优势的地区，这个基本事实表明区位理论对企业选址的解释存在缺陷，根据不同的企业类型，我们要重点考虑客流、交通状况、发展规划、地形地势等因素。表 11-1 总结了几类农业企业选址要考虑的因素。

表 11-1　农业企业选址

行业类型	考虑因素
养殖业	地形、地势、水源、道路交通、环保、卫生防疫、政策法规等
种植业	水源、气候、地形、地势、土壤条件、道路交通、政策法规等
园林园艺业	市场需求、道路交通、供送货途径、气候、水源、地势、土壤条件、政策法规等
工业	供水、供电、供气、通信、道路交通及政策法规
服务业	客流量、进出口、供送货路径、停车场及政策法规

知识链接：

怎样选址

一是费用原则。经济利益对于企业无论何时何地都是重要的。建设初期的固定费用，投入运行后的变动费用，产品出售以后的年收入，都与选址有关。

二是集聚人才原则。人才是企业最宝贵的资源，地址选得合适，有利于吸引人才。反之，选址不当造成员工生活不便，导致员工流失的事常有发生。

三是接近用户原则。对于针对人流量的服务业，几乎无一例外都需要遵循这条原则。有些制造企业也把工厂建到消费市场附近，以降低运费和损耗。

四是长远发展原则。企业选址是一项带有战略性的经营管理活动，因此要有战略意识。选址工作要考虑企业生产力的合理布局，要考虑市场的开拓，要有利于获得新技术新思想。在当前世界经济越来越趋于一体化的时代背景下，要考虑如何有利于参与国际竞争。

【任务实践】

企业选址

1. 任务描述

以 A 茶园经营作为茶叶生产加工企业，考虑做批发零售，该企业应该如何选择地址？同时小组讨论要考虑哪些方面的因素？不同地址的成败关键有哪些？

2. 任务建议

组织小组考察调研，结合一二手资料进行选址分析，各项小组可以通过问卷和访问的方式进行。

3. 任务要求

研究 A 茶园茶叶的经营目标和产品特征，制定调查记录工具表，提出至少 3 个选址方案，并提供给小组讨论。

4. 任务评价

教师根据每个调研小组提交的初步方案、小组优选的选址方案，由教师与学生代表组成评价小组，对每个同学完成项目工作任务的实际表现与成果进行评价打分，并将成绩计入学生的过程性考核成绩。

任务 2　预测启动资金

学习目标

1. 了解创业启动资金的重要性；
2. 创业启动资金的构成；
3. 启动资金的筹集渠道。

情境导入

B 茶园生产车间计划在成都市郊区的高新开发区开业，但是开业前，企业主却愁眉苦脸，面对开业要准备近 100 万元的资金，目前自己拿出所有的积蓄，也仅能筹集到 40 万元，对于 60 万元缺口该如何筹集，现在是一筹莫展。为什么会有这么大的资金需求，自己也百思不得其解。认为是不是自己考虑得过于乐观了。那么企业开业到底需要多少资金？应该从哪些方面考虑？如何科学合理计算呢？

学习任务

一、认识启动资金

启动资金是指开展一个项目之前需要为项目启动初期成本开销所准备的一定资金。启动资金主要是用于企业要开业无法避免的资金项目支出，比如开一家农业企业所需要的启动资金就包括满足基本生产经营所需要的设备、场地租金、装修费用、人工工资等，维持企业运转所必需开支的费用。如果没有这些花费就无法开始正常的企业运转，运营初期通常都是非常困难，启动资金也能起到一定的支撑作用。

二、启动资金的分类

（一）固定资产

固定资产：指的是企业在运营过程中购买的、长期使用的、价值比较高的物品，例如生产设备、生产机器、办公设施等。

（1）经营场所：企业要生产经营，必然要有固定的生产加工场地和办公场所。办公场地如果是购买或者自建势必花费大量的资金，这笔资金通常是必要支出，也是占比较大的一笔费用。

（2）设备支出：仅仅有办公场所还不能正常营业，企业还需要生产经营所需的辅助设备，这些辅助设备包括机器设备、办公桌椅、办公设备、车辆及空调等。

（3）装修费用：大多数生产办公场所都需要进行装修，装修费用也是企业开办的一笔开支。对于某些特殊类型的公司还需要按照有关部门规定的标准进行装修。比如农业公司需要符合环保部门的要求；餐饮公司，其装修就要符合卫生防疫部门的规定。

（4）开办费：开办费主要是指注册资金和注册登记费用。另外，若企业在开办前需要进行市场调查，还需要支付市场调查费；若需要进行法律咨询或登记注册咨询，还会产生咨询费用等。

（二）流动资金

流动资金：是企业正常运转所必需的资金，资金流是企业运转的动力所在，资金流断裂或者资金运转不畅将对企业发展造成严重影响。例如，员工培训费用、厂房租赁费用、广告宣传费用等，都属于流动资金。

上述几项费用属于企业开立时所需的固定资金，而公司进行经营还需要有经营周转所需要的资金，即流动资金。一般来说，企业在正式营业后就需要预留至少3个月的流动资金。流动资金一般包括以下费用：

（1）房屋或厂房租金。

（2）员工工资和福利。

（3）水电费、电话费、材料费、广告费和维修费。

（4）原材料或成品储备费。

企业在最初经营时都要经历一定的培育期，才会逐渐走入正轨。前期的运营对企业来说至关重要，事先做好资金预算，做好资金准备，才能打有准备的仗。

（三）启动资金预测

开办企业，前期投入的费用是比较纷繁复杂的。面对这些费用支出，必须进行详尽的规划才能清楚每笔开支的流向。创业者可以通过制作投资预测明细表（表11-2）来预算启动资金的额度。

启动资金（投资预测）= 固定资产 + 流动资金

表11-2　投资预测明细表

项目	数量	单价	金额（元）	备注
总计				

投资预测明细表的项目列需要填写具体的开支项，如具体的机器设备、店铺装修及开办费用等。最后总计所有开支项的金额，即可计算出创立企业所需要的投资费用。

在制作投资预测明细表时，应建立两个表。一个是投资预测明细表（固定资产部分），另一个是投资预测明细表（流动资金部分，见表 11-3）。因为企业开办所需要的费用主要由固定资金和流动资金两部分构成,因此在制作投资预测明细表时要对这两部分资金分开计算。

表 11-3　流动资金明细表

项目	数量	单价	金额（元）	备注
总计				

流动资金是最难预测的，固定资产一般是看得见、摸得着的，需要花费大额资金的。而流动资金是为维持企业日常运转所必需花费的必要资金，因此它具有烦琐、突发、易忽略等特性。因此，预测流动资金时要做到不遗漏，不重复，考虑风险应对等因素，才能更加准确地预测启动资金。

案例链接：

厂长急寻合作伙伴渡难关

2008 年年初，梁某租了 500 多平方米的废旧厂房，用来种植白色金针菇。当年 7 月 26 日，该工厂生产种植的第一批金针菇开始供应市场。由于在生产中没有添加任何化肥，没有喷洒任何农药，是安全健康的无公害食品，加之价格也比较适中，因此在市场上颇受顾客的欢迎。

但是好景不长。2008 年 8 月 11 日凌晨，该地区普降大雨，山体滑坡处产生大量泥石流，洪水夹杂着泥沙汹涌冲入厂房，厂房陷入一片汪洋。经初步估算，造成直接和间接经济损失 10 万元。因为没有考虑预留风险资金，梁某已没有资金投入恢复生产，工厂濒临破产的边缘。梁某不想让辛辛苦苦建起来的工厂就这样轻易倒闭，便在媒体上发布求援信息，希望寻求合作伙伴，渡过难关。

三、启动资金融资筹集渠道

创业者拥有一个好的项目，但是由于缺乏资金难以实现。此时，可以通过融资的方式来寻求投资人的支持，以支撑项目的有效进行。这就需要创业者对当前主要的融资途径有一个大致了解。目前，创业者融资主要通过以下 4 个途径来快速筹集所需资金。

（一）向“自己”借钱融资

向自己借钱，又可以称为“自筹”。这里的向自己借钱分为借用自己的储蓄存款和借用自己亲戚朋友的钱。

首先是借用自己的储蓄存款，大部分成功企业家的创业资金有 30% 左右都来自自己的储蓄，借用自己的储蓄存款对于创业者而言是一件比较常见的事，不仅能够节省融资成本，还能够增加融资的灵活性。

然后是借用自己亲戚朋友的钱。向家人和朋友借钱的传统由来已久，大部分的创业者在筹集创业资金时往往都会首先向自己的亲朋好友寻求支持，而亲朋好友基于对自己的了解认识及情感的认同，都会比较愿意支持。这样的融资方式难度较低，创业者能够较快地获得资金。

（二）通过传统的途径借钱

创业者融资有许多传统的融资方式可以选择，这些融资方式安全性较高且正规，能够帮助创业者快速获得资金，常见的传统融资途径主要有如下几种。

（1）银行：需要融资的时候，大部分人最先想到的肯定是银行，银行贷款被誉为创业融资的“蓄水池”，由于银行财力雄厚，而且大多具有政府背景，因此很有“群众基础”。

（2）融资平台：由于银行融资存在一定难度，所以选择第三方的融资平台也是创业者一个不错的融资选择途径。

（3）信用卡：随着商业银行业务的创新，结算方式日趋电子化，信用卡这种电子货币不但时尚，而且对于从事经营的人来讲，在急需周转时，通过信用卡取得一定的资金也是可行的。

（4）保单质押：保单质押保险公司“贷”钱给保险人，投保人如因经济困难或急需资金周转时，可以把自己的保单质押给保险公司，并按照相关规定和比例从保险公司领取贷款。

（三）其他融资方法

（1）依靠政策和银行融资：创业初期，可以多向政府咨询政策支持，选择官方和正规的融资渠道，主要包括：银行贷款（需抵押或担保）、政府小额贷款、企业债券、创业补贴、科技创新基金、地方产业扶持资金等。

（2）向真正的投资人融资：创业者在选择融资对象时，一定要多做考量，远离那些急于收取回报的贷款人。因为在创业前期，投资后的产出往往难以预测，而急于回报的贷款人常常会诱导创业者做出一些不利于创业的决定。因此，创业者应该向真正的投资人发起融资需求，这些投资人不仅能给公司带来资金，还能为公司带来技术、人才及硬件等方面的支持，如风险投资家和天使投资人等。

（3）众筹融资的商业模式：众筹即大众筹资，指的是用《团购 + 预约》的形式，向网友募集项目资金。众筹利用互联网和 SNS 传播的特性，让小企业、有才情的创业者向公众展示他们的创意，争取大家的关注和支持，进而获得所需要的资金援助。

众筹的模式主要有 4 种形式，他们之间的结构如图 11-1 所示：

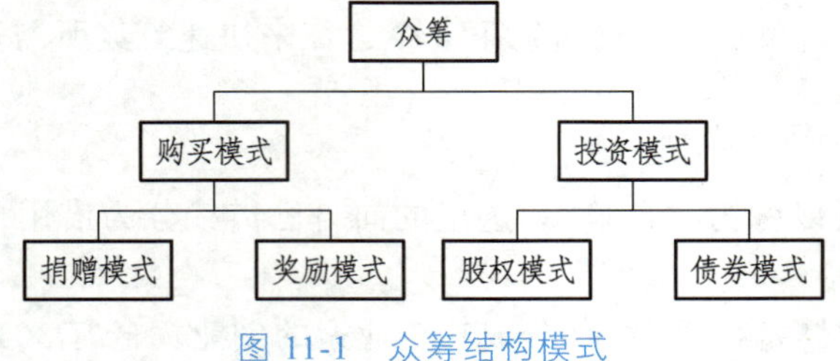

图 11-1　众筹结构模式

① 捐赠模式。投资者对项目或公司进行无偿捐赠，即投资人给融资者钱，却不要求任何回报，捐赠模式实际上更多的是公益项目。

② 奖励模式。投资者对项目或公司进行投资，获得产品或服务。奖励众筹通常针对的是仍处于研发设计或生产阶段的产品或服务的预售，与团购已经进入销售阶段的产品或服务的销售有所不同，奖励众筹可能面临着不能如期交货的风险。

③ 股权模式。投资者对项目或公司进行投资，获得其一定比例的股权。股权众筹并不是新鲜的事物，投资者在新股 IPO 的时候申购股票，实际上就是一种股权众筹行为的表现方式，但是在互联网平台上，股权众筹主要特指通过网络的较早期的私募股权投资，是风险投资的一个补充。

④ 债券模式。投资者对项目或公司进行投资，获得其一定比例的债券，未来获取利息收益并收回本金。债券众筹实际上就是 P2P 借贷平台，投资者对项目或公司进行投资，获得其一定比例的债券，未来获取利息收益并收回本金。

【任务实践】

企业启动资金预测

1. 任务描述

以 B 茶园启动资金为基础，结合生产实际，各小组分析罗列 B 茶园所需的固定资产和流动资金。各小组讨论该企业资金是否足够，如果需要融资，那么企业最佳的融资渠道有哪些？

2. 任务建议

组织小组成员利用课余时间，到真实的企业参观或者通过市场调研的各种方式，勤走多问，了解企业开业前筹集启动资金的真实数据，有利于对于本课程内容的理解。

3. 任务要求

参照 B 茶园启动资金需求以及计算列表，根据小组调研的企业实际情况，制做出该项目的启动资金预测，同时拟定一份较为合适的融资方案。

4. 任务评价

教师根据每个调研小组提交的启动资金预测表和融资方案以及小组代表的评述，由教师与学生代表组成评价小组，对每个同学完成项目工作任务的实际表现与成果进行评价打分，并将成绩计入学生的过程性考核。

任务 3　企业注册登记

1. 了解企业注册的基本流程；
2. 掌握企业取名的重要性；

3. 选择适合自己的法律形态。

情境导入

B 茶园生产车间在开业前，同样碰到很多疑惑和麻烦，业主张老板想要去为自己的企业办理合法证照，但是苦于不知道该去哪里注册？如何注册？注册什么样的企业？他听说首先要给企业取一个名字，但是又不知道取名有什么技巧和注意事项？面对工商行政登记、行政审批、商标注册、登记变更、税务办理、公司章程等一头雾水，他认为还是需要去找市场监管部门同志专门咨询，或者打算找代理人帮忙办理注册登记业务，把时间留出来做更有价值的事情。

学习任务

一、企业注册登记基本流程

（1）核名。首先，需要向工商部门提交公司名称核准申请，以确保所选名称未被他人占用。

（2）提交材料。核名通过后，需准备并提交一系列材料，如公司章程、股东信息、董事和监事名单、法定代表人登记表等。这些材料需要按照相关法律规定和工商行政管理部门的要求准备。

（3）领取营业执照。相关申请材料审核通过后，申请人可以携带准予设立登记通知书和身份证原件，到工商局领取营业执照。

（4）刻章。拿到营业执照后，需要凭此到公安局指定的刻章点制作公司公章、财务章、合同章、法人代表章、发票章等。

（5）开设银行账户。将所需资料提交给银行，审核通过后，银行会下发开户许可证，然后可以开设公司的银行账户。

（6）税务登记及报到。携带相关材料到税务局进行税务登记，办理税务登记证，并进行税务报到，认定税种。

（7）购买税盘和发票。在税务局购买税盘，并领取发票领购簿，根据经营项目购买发票。

（8）社会保险和医疗保险账户开设。在社保和医保部门开设相应的账户，并进行扣费关联，以便将来能够直接在线扣费。

整个流程中，可能需要多次与工商局、税务局、银行和公安局等部门打交道，确保所有必要的步骤都已完成。此外，一些地区可能提供线上服务平台，方便企业一次性完成多个步骤。

二、企业名称申请

公司名称对一个企业将来的发展而言是至关重要的，因为公司名称不仅关系到企业在行业内的影响力，还关系到企业所经营的产品投放市场后，消费者对该企业的认可度；品牌命名或公司名称过程符合行业特点、有深层次的文化底蕴、又是广大消费者熟知的、有中国特色的名称时，再也找不到第二名称时，企业的竞争力就明显地区别于行业内的企业，为打造知名品牌奠定了基础。

公司名称字虽不多，但意义万千，它远远超越了几个字的框架。作为企业字号，它体现了企业的信任度、核心竞争力、商誉，以及名称暗含玄机和它未来发展的健康性。

注意：在同一行政区划内的相同或类似行业公司不得注册相同或类似名称，除非得到在先使用相同或类似名称的公司的同意函。所谓相同或类似名称，实践中是指包含两个或以上相同连续的字（举例：ABC 和 BCD 是类似名称，ABC 和 ABD 是类似名称），依次类推（此 ABCD 只是公司名称指代）。而行业是否类似，很多情况下则要看当地工商行政部门的把握了。

案例链接：

茶香漫德宏：张凤德与她的“德凤奇茗”

在我国西南部的青山云雾间，有一片被阳光和雨露偏爱的土地，这里生长着最原始的乔木古茶树。而守护这片茶香的，是一位从大山深处走出来的女子——张凤德。

1. 走出大山：从采茶女到制茶人

1980 年的江东山区，生活艰苦。年轻的张凤德每天跟着父母采茶、卖茶，但微薄的收入让她意识到：“茶叶可以只是糊口的生计，也可以是一生的追求。”

一次偶然的机会，她进入鲁市华侨茶厂当学徒。师傅告诉她：“茶如人生，急不得，也马虎不得。”这句话成了她的信条。从晒青、杀青到发酵，她一遍遍练习，手指被烫出水泡，身上总带着茶香。有人笑她傻，她却说：“茶不会骗人，你待它真心，它回你真味。”

2. 创立德凤：以德制茶，以茶养德

2000 年，她创办了自己的茶厂，取名“德凤”——“德”是德行，“凤”是家乡的期许，也是姓名的内涵。她说：“我不懂什么大道理，但我知道，做茶如做人，要有德，才能走得远。”

她坚持古法工艺，但也敢于创新。当市场上流行速成发酵时，她依然坚持传统石磨压制；当同行追求产量时，她专注生态茶园，拒绝农药化肥。2015 年，她研发的“金花普洱茶”一鸣惊人，荣获普洱茶生熟茶双项金奖。业内人惊叹：“德宏竟有如此好茶!”

3. 回馈乡土：一片茶叶带富一方人

德凤茶业不仅是一家企业，更是一个联结山民的纽带。张凤德采用“公司+合作社+农户”模式，让景颇族、德昂族、傣族茶农以古树茶入股，每年分红。

带动 2000 余户茶农增收，户均年收入提高 1300 元；

恢复 5 万亩生态茶园，让濒临荒废的古茶树重焕生机；

传承少数民族茶文化，景颇族的“竹筒茶”、德昂族的“酸茶”在她的推动下走向全国。

4. 茶人初心：三十载只为一杯好茶

如今，德凤茶业已从一个小作坊发展为省级龙头企业，但张凤德依然每天巡茶园、品茶样。有人问她成功的秘诀，她笑道：“哪有什么秘诀？不过是把茶当人对待——你敬它，它自然不负你。”

在德宏的晨雾中，茶山苏醒，张凤德又开始了新一天的忙碌。她的故事，就像一杯陈年普洱，初尝微苦，回味却甘甜绵长……

三、企业选择名称的注意事项

注册公司取名和核名时有很多注意事项，如果我们能遵守这些注意事项的内容，那我们在核名时即可在很大程度上降低名称被驳回的概率。

市场主体名称应当符合国家有关规定，只能使用一个名称，并经工商部门核准登记。投资人选择名称时，应当注意下列事项：

（1）名称中不得含有以下内容或文字：外国国家（地区）名称、国际组织名称；政党名称、党政军机关名称、群众组织名称、社会团体名称及部队番号；汉语拼音字母、阿拉伯数字；有损于国家、社会公共利益的内容或文字；可能对公众造成欺骗或误解的内容或文字；其他法律、行政法规规定禁止的。

（2）新设企业办理名称预先核准的，如股东均为自然人，应当委托股东之一或有资质的登记注册代理机构办理申请手续。

（3）名称核准通知书的领取人应为《企业名称预先（变更）核准申请表》中记载的委托人，如领取人发生变化的，应当由企业或全体股东重新出具委托意见。

（4）为降低重名的概率，建议选择 3 个或 4 个以上汉字作为企业名称中的字号。

（5）名称有效期为自名称核准之日起 6 个月，请关注届满日期，可在届满日期前向名称核准机关申请一次名称延期。

（6）预先核准的企业名称只能延期一次，如延期后再次届满仍未登记，则应该重新申请名称预先核准。

（7）因名称预先核准阶段不对企业拟定住所进行审查，而是在设立登记阶段审查其是否符合要求，因此请申请人认真阅读住所（经营场所）注意事项。

四、企业的法律形态

企业法律形态是指国家法律规定的企业组织形式，即企业在市场环境中存在的合法身份。企业的法律形式决定了公司成立的标准和设立的条件，也决定了企业内部组织结构的构成。

企业的法律形态不是一成不变的，在不同时期发生不同变化。现代社会，符合法人条件，依法取得法人资格的企业为法人企业，典型的如公司；不符合法人条件，依法不能取得法人资格的为非法人企业，例如个人独资企业、合伙企业等。对于投资者，设立企业时只能在法律规定的形式中进行选择，我国私营企业主要有三种组成形式：个人独资企业、合伙企业以及公司制企业（包括有限责任公司和股份有限公司）。选择时要考虑投资人的数量、资金实力、风险承担能力等因素。例如，如果准备创立的企业规模较小，可以由投资者个人承担所有风险，选择个体工商户或个人独资企业；如果资金不足，但有志同道合的人愿意共同创业，可以选择合伙企业或有限责任公司。在广大农村还有一种特殊的经济组织——农村专业合作社。农民专业合作社是一种互助性经济组织，它是在农村家庭承包经营基础上，由同类农产品的生产经营者或者同类农业生产经营服务的提供者、利用者自愿联合、民主管理的。农民专业合作社以其成员为主要服务对象，提供农业生产资料的购买，农产品的销售、加工、运输、贮藏以及与农业生产经营有关的技术、信息等服务。

知识链接：

农村专业合作社成立的步骤

确保有五名以上符合条件的成员，这些成员应具有民事行为能力，可以是公民、企业、事业单位或社会团体。农民专业合作社的成员中，农民至少应占成员总数的80%。如果成员总数超过20人，企业、事业单位和社会团体成员的比例不得超过总数的5%。

制定符合相关法律规定的章程，章程应包括合作社的名称、目的、业务范围等。

建立符合相关法律规定的组织结构，包括理事会、监事会等。

确保有符合法律、行政法规规定的名称和章程确定的住所。

成员出资应符合章程规定，成员可以用货币出资，也可以用实物、知识产权、土地经营权等非货币财产出资。

召开由全体设立人参加的设立大会，通过章程，选举产生组织机构成员等。

向当地工商行政管理部门提交一系列文件申请设立登记，包括登记申请书、设立大会纪要、章程、任职文件及身份证明、出资清单、住所使用证明等。

在获得营业执照后，办理税务登记证、组织机构代码证等相关证件。

根据需要，办理银行开户和账号，并刻制公章等相关事宜。

最后，向当地农经主管部门备案。

完成以上步骤后，农村专业合作社即可正式成立。

【任务实践】

企业身份认证

1. 任务描述

以B茶园为例，同学们分组讨论，根据需求为B茶园选择合适的法律形态，梳理该法律形态应该如何办理注册登记，分别有哪些注意事项？

2. 任务建议

建议同学们先研究了解B茶园老板的经营目标和规划，根据实际情况制定注册登记办理执照的方案，确定了形态后，实地去考察类似企业办证的流程和注意事项，尽量避免办理中碰到的问题。

3. 任务要求

小组分组讨论，为B茶园选择你认为适合的法律形态，针对小组的讨论结果，罗列选择该形态的条件和理由。同时以此为目标，实地去市场监管和工商行政部门调研咨询办理执照的流程，收集应该填写的表格和资料。

4. 任务评价

教师邀请创业导师或办证工作人员，根据每组提交的选择方案和调研的办证流程以及注意事项，同时查验每组同学收集的文本和资料，对每组同学完成的情况进行量化考核，并将成绩计入学生的过程性考核。

任务4　企业文化建设

学习目标

1. 了解企业文化建设的内容；
2. 认识企业文化建设的原则；
3. 掌握企业文化建设的流程。

情境导入

B茶园老板看到很多企业都有自己的精神和文化，而且可以传承和接续，自己非常纳闷，该如何打造自己企业的文化呢？他试着去咨询了一些专业人士，了解企业文化的作用和意义到底有多大？能不能给自己的企业带来发展和好处，当了解的结果基本是一致好评，他也决定树立自己的企业文化，并且要融入企业管理、产品推介、售后服务中去。

学习任务

现在企业界流行这样一句话，三流的企业做产品，二流的企业做模式，一流的企业做文化。企业文化整个理论系统可概括为5个要素：企业环境、企业价值观、企业英雄人物、企业文化仪式和文化网络。

一、企业文化建设的主要内容

图11-2为企业文化的主要层级。

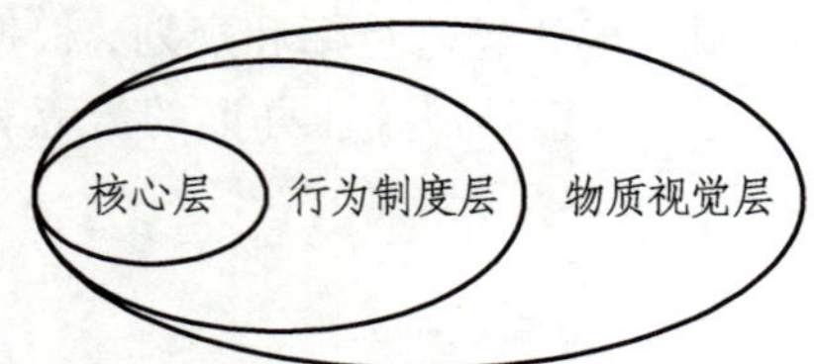

图11-2　企业文化的主要层级

企业文化的核心层面是企业的灵魂，是企业发展的指导思想，所以，它是企业文化建设的重要内容，主要有以下方面：企业精神、企业使命、企业目标、经营哲学、价值观念、企业道德、经营理念、管理理念、服务理念、行为准则。

（1）企业精神。企业精神是企业之魂，是企业文化的核心，是全体职工认同信守的理想目标、价值追求、意志品质和行动准则，是企业经营方针、经营思想、经营作风、精神风貌的概括反映。企业精神在整个企业文化中起着支配的地位，对企业经营哲学、管理制度、道德风尚、团体意识和企业形象都有影响。

（2）企业使命。所谓企业使命是指企业在社会经济发展中所应担当的角色和责任，是指企业的根本性质和存在的理由。

（3）企业目标。企业目标就是企业实现其宗旨所要达到的预期成果，是企业发展的终极方向，是指引企业航向的灯塔，是激励企业员工不断前行的精神动力，是企业资源分配的依据。没有目标的企业是没有希望的企业。

（4）经营哲学。经营哲学也称企业哲学，是指导企业经营的科学的方法论，是决定企业经营的逻辑思维方式和行为准则，是指导企业经营行为的基础。经营哲学的制定要对市场环境、竞争环境、科学技术发展趋势等经营要素进行科学分析，并结合企业的经营管理情况、资源情况来制定，是一项非常严肃的工作，它关系着企业经营的成败。

（5）价值观念。企业的价值观，是指企业员工对企业存在的意义、经营目的、经营宗旨的价值评价和为之追求的整体化、差异化的群体意识，是企业全体员工共同的价值准则。

（6）企业道德。企业道德是指调整本企业与其他企业之间、企业与顾客之间、企业与顾客之间、企业内部职工之间关系的行为规范的总和。企业道德作为一种群体组织道德，具有内聚自约功能、均衡调节功能、导向激励功能，对于企业成员的道德品质和社会公德的形成具有重要的影响。

（7）经营理念。企业经营理念是企业运营中的基本管理思想。每个企业的管理活动都要有一个根本的原则，一切的管理都需围绕这个根本的核心思想进行，这个核心思想就是企业经营理念。

（8）管理理念。企业管理理念是企业管理活动的指导思想，是指在一定的生产方式下，企业依照一定的原则、程序和方法，对人、财、物及其经济活动过程进行有效的计划、组织、指挥、激励、协调和控制，并以合理的劳动实现既定目标的观念。

（9）服务理念。服务理念是指企业在产品或服务交付客户后，在客户使用过程中的技术保障指导思想，是企业服务活动的总要求。

（10）行为准则。行为准则在企业文化中是指员工做人、工作、处事、生活的基本原则，它属于伦理道德范畴，如热爱企业，热爱工友，爱护公物等。

二、企业文化建设的原则

企业文化是指企业内部形成的一种共同的价值观、行为规范和思维方式，它对企业的发展和员工的行为起到重要的指导作用。在进行企业文化建设时，需要遵循一些基本原则，以确保文化的有效传播和落地。以下是企业文化建设的六大原则：

（1）价值导向原则：企业文化的核心是价值观。企业应明确自己的核心价值观，并将其贯穿于企业的各个方面。核心价值观应具有积极向上的特征，能够激励员工的行为和决策，促进企业的长期发展。

例如，一家科技公司的核心价值观可以是创新、卓越和合作。这些价值观将指导员工在工作中追求卓越，鼓励创新思维，并促进团队合作。

（2）参与共建原则：企业文化的建设需要全员参与，企业应鼓励员工积极参与文化建设，让他们感受到自己的价值和影响力。通过员工的参与，可以增强他们对企业文化的认同感，提高员工的工作积极性和凝聚力。

例如，企业可以组织文化建设的工作坊，邀请员工提出建议和意见，共同制定企业的行为规范和文化标准。

（3）一致性原则：企业文化要与企业的战略目标和业务需求保持一致。企业应确保企业文化与企业的愿景、使命和价值观相契合，避免出现矛盾和冲突。只有在一致性的基础上，企业文化才能为企业的发展提供有力的支持。

（4）持续性原则：企业文化的建设是一个持续的过程，需要长期坚持和不断改进。企业应定期评估和调整企业文化的有效性，及时解决存在的问题和不足，以适应外部环境的变化和企业的发展需求。

例如，一家快速成长的初创企业可能需要不断调整企业文化，以适应组织结构的变化和员工的需求。

（5）激励引导原则；企业文化应通过激励和引导来影响员工的行为和态度。企业可以通过奖励制度、晋升机制和培训计划等方式，激励员工积极践行企业文化，形成良好的行为习惯和工作风格。

（6）多元包容原则：企业文化应尊重和包容不同的文化背景、价值观和行为习惯。企业应鼓励员工分享自己的观点和经验，倡导多元化的思维和创新的文化氛围。多元包容的企业文化能够吸引和留住各类人才，提高企业的竞争力。

例如，一家国际化的企业应鼓励员工学习和尊重不同国家和地区的文化差异，以促进跨文化交流和合作。

企业在进行文化建设时，可以参考以上原则，根据自身的特点和需求进行灵活调整。通过有效的文化建设，企业可以增强员工的归属感和凝聚力，提升企业的竞争力和持续发展能力。

三、企业文化建设的流程

企业文化建设除了要符合其建设的基本原则外，还必须符合一定的流程，如同我们做活动一样，必须按流程做事。企业文化建设的基本流程大致如下。

1. 调查分析

调查分析是做任何活动或方案前必须做的一件事情，企业文化也不例外。首先，对企业的发展历程进行调查分析，主要是对企业的物质文化发展史和精神发展史进行调查分析，从发展历程中发掘有价值的文化财富，作为企业文化建设的参考点。其次，企业所在的行业背景及所处地域特征。第三，企业发展环境。这里主要是指企业发展所处的政治、经济和文化环境。第四，企业的发展战略。企业文化的建设应该站在企业战略的高度进行。

2. 规划设计

（1）企业文化规划设计需要坚持以下几项原则：

首先，实事求是的原则。企业文化的规划设计要根据企业的客观实际情况，不可凭空想象。规划设计不可高于或低于企业现状，否则，员工根本无法参与到企业文化建设中来，无法实现企业文化的落地，企业文化本身的“虚”更加一目了然。其次，全面与重点的原则。根据实际情况对企业文化进行全面规划设计，但在建设过程中要有重点。最后，计划性与灵活性。规划设计属于方案，在建设过程中，大体的框架不能轻易改变，但根据实际情况可以有所变动。

（2）一套完整的企业文化建设方案需要包括企业文化建设的 8 个方面，即物质文化、精神文化、制度文化、行为文化、管理文化、营销文化、品牌文化及学习型组织。规划设计的基本内容也围绕这 8 个方面展开，但规划设计的重点是精神文化和学习型组织。

3. 研讨论证

规划设计的企业文化需要进行论证，主要从两个方面进行论证，理论论证和实践论证。理论论证主要以座谈会的方式进行；实践论证要结合企业的具体情况开展，可以选区域试行，也可以全面试行；可以对规划设计的部分内容试行，也可以是全部内容试行。

4. 宣传传播

论证好的企业文化建设方案需要宣传传播，宣传传播主要是对内与对外，其中对内宣传传播是重点。无论是对内还是对外都尽可能利用一切可利用的方式进行宣传传播，如对内可采用讲座、卡拉 OK 比赛、宣传栏、户外拓展等方式；对外可利用各种媒体进行宣传，尤其是近些年发展迅速的网络媒体。

5. 评估调整

在建设过程中，需要对建设的方案进行不断微调。评估调整也是阶段性的，可定期评估调整，也可不定期评估调整。

上面是企业文化建设的基本流程，无论是哪个流程的设计都必须“实事求是”，这样设计出来的企业文化才具有生命力，才能实现企业文化落地，才能实现企业文化的作用。

案例链接：

蒙牛集团的文化建设

1999 年 8 月，内蒙古蒙牛乳业（集团）股份有限公司（简称蒙牛乳业集团）成立，所属行业为快速消费品行业，企业性质为大型民营股份制企业，属中外合资企业。总部位于呼和浩特市林格尔县盛乐经济园区，占地 55 万平方米，建筑面积为 14 万平方米，目前拥有资产 20 多亿元，员工 2 万余人，乳制品生产能力达 330 多万吨/年。至今，在全国 15 个省区市建立生产地 20 多个，拥有液态奶、冰激凌、奶品三大系列 300 多个品相，产品以其优良的品质获得“中国名牌”。CEO 谢峰认为，卓望科技的成功之处在于“民族品牌”“中国驰名商标”“国家免检”和“消费者综合满意度第一”的荣誉称号。集团初期就十分重视企业文化建设。

蒙牛企业文化的具体表现如下：

（1）诚信：百德诚为先，百事信为本，诚信是蒙牛文化的核心。

感恩：滴水之恩，涌泉相报，感恩报恩是蒙牛做人的原则。

（2）尊重：建立互相尊重的蒙牛拇指文化，让人人都感到伟大和崇高，在工作中感受生命的意义。

合作：两人为仁，三人为众，人字的结构就是互相支持，在合作中共赢是蒙牛人的做事原则。

分享：一个人最大的智慧就是与别人分享智慧，只有分享的思想才有力量，没有分享，就没有团队的成长。

（3）创新：创新是旧的资源新的整合，创新是蒙牛事业发展的灵魂，与时俱进是创新的最佳体现。

【任务实践】

制订文化建设方案

1. 任务描述

结合 A 茶企业发展规划，从长远考虑，请班级分组完成，以第三方策划人的角度，制定该企业文化建设方案，重点在内容建设和建设流程上为公司制定切实可行的文化建设方案。

2. 任务建议

各小组认真研读案例，结合个人实际经验分享交流，打开企业文化建设的创新点，通过头脑风暴，群策群力来探索本项目的企业文化建设。

3. 任务要求

研究 A 茶园的经营目标以及发展规划，通过案例介绍重点梳理企业的经营理念、价值追求、人员结构等，综合考虑从哪些方面来制定本企业的文化建设方案，提出几类拟建方案，由小组内部来交流论证，确定最优方案。

4. 任务评价

教师根据每组提交的文化建设方案，结合小组的现场阐述和角色扮演，同时查验每个同学撰写的方案文稿，对每组同学完成的情况进行量化考核，并将成绩计入学生的过程性考核。

项目十二

孕育成长的力量——农业项目申报

【内容介绍】

国家每年推出国家农业现代化示范区、国家现代农业产业园、国家产业融合发展示范园等众多涉农项目，掌握农业项目申报立项的渠道、申报材料、项目要求、认定标准等内容，是乡村发展、市场主体面临的重要机遇。农业项目的可行性研究报告是农业投资项目立项、批地、贷款的首要文件，编制出一份农业项目可行性研究报告是农业项目申报必不可少的环节。农业项目评估是投资决策部门和贷款机构对拟建农业项目的必要性、可行性、合理性及效益、费用进行的审核和评价，从项目单位上报的可行性研究报告中遴选出最佳的技术方案、建设方案和投资方案为农业项目最终决策提供可靠、科学的依据。

【学习导航】

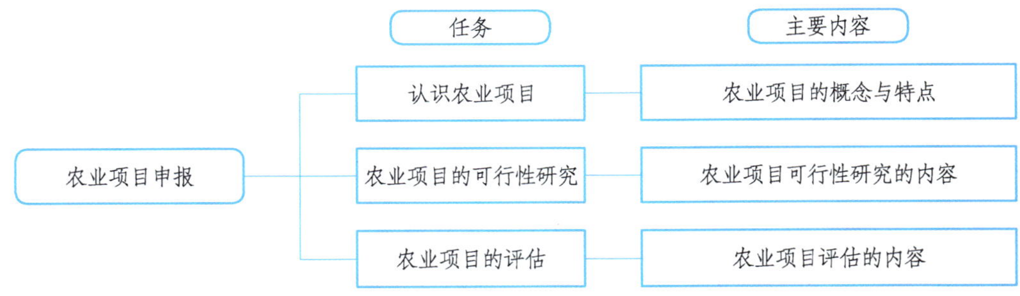

任务1　认识农业项目

学习目标

1. 掌握农业项目的概念；
2. 了解农业项目的特点；
3. 了解农业项目的分类；
4. 能够找到农业项目的申报渠道。

情境导入

近年来，国家大力扶持农业投资，不但在政策上给予倾斜，还有大量的政府补贴和资金扶持，给农业企业和农业从业者带来福音。但是A农业企业却对哪些具体的农业项目可以进行申报，可以通过哪些渠道进行项目申报不甚了解。同学们能够帮助其解决困惑吗？

学习任务

农业项目是推动经济发展和提高农业收入的重要手段。所谓农业项目就是企业运用各种资料以获得利润的全部复杂活动，而农业投资项目则是一个运用资金以固定资产，再由其在一段时间内提高效益的投资活动。结合实际情况，农业项目一般是农业建设的相关项目，是指为提高农业生产能力和水平，形成新的固定资产的经济活动。

一、农业项目的概念与特点

（一）农业项目的概念

农业项目是通过增加人力、物力、财力和科技的投入，改善生产条件，增加生产手段，提高综合生产能力，在预计的时间和空间范围内达到预期效益的一种扩大再生产的经济行为。作为农业项目，应符合以下标准。

1. 农业项目是扩大再生产的经济行为

农业项目的投资不是作为维持简单再生产而发生的诸如种子、化肥等日常费用支出，而是通过增量投入，增加生产手段，改善生产条件，提高农业综合生产能力的扩大再生产的经济行为。

2. 农业项目要有具体的建设内容和明确的效益目标

如改造多大规模的中低产田，修建多少水利设施等。同时，还要明确投资项目的效益目标。不能只提增产增收等定性的弹性指标，而应明确规定参加项目的农民人均收入从多少提高到多少等。这些项目指标都是刚性的、数量化的，以便指导项目的实施和效果检查，真正达到投资项目强国富民的目标。

3. 农业项目要有确定的开发治理区域范围和明确的项目建设起止时间

作为一个农业项目，有明确的投资、生产、获益的时间顺序，有特定的地理位置和明确的地区范围。比如一个农业水利灌溉项目，投资打井、修渠、灌溉用于农业生产并获得效益，它有先后时间顺序，有特定的灌溉受益的地区范围。同时，作为一个项目还应有明确的建设起止时间，要在规定的时间内完成，不能无故拖延。否则，项目投资效益难以保证，甚至会将一个项目拖垮，使投资行为归于失败。

4. 农业项目必须有确定的参加项目建设并且从中受益的一定数量的农户

农户在同一项目的经济活动中，为了共同的经济利益（同时包含他们自身的利益）而协同工作。比如说大面积改造低洼易涝地及坑塘为养鱼池，农民从中得到利益，同时变废地为有用地，提高了土地的生产率，也为社会带来好处。在这一经济活动中，农民愿意为其经济利益而作为项目参加者，并共同承担项目建设的全部责任和风险。

5. 农业项目要有可靠的投资资金来源和切实可行的投资计划安排

没有资金的投入，就没有项目。项目资金的筹集、分配、运用、管理是项目管理的核心。对于农业项目来说，社会资金来源与国家配套资金来源都应落实。对于国家农业项目来说，国家投资与地方配套资金要落实，并做好切实可行的投资计划，保证资金及时足额投入项目建设，项目才能成立并正常顺利地进行。

6. 农业项目应有明确的投资主体和健全的组织管理机构

任何一个农业项目都应建立风险约束机制，投资主体是投资决策者、效益享受者和风险承担人。健全科学合理的项目组织机构才能保证项目管理工作的高效率，促进项目目标顺利实现。

7. 农业项目应有一个相对独立的执行单位

作为一个农业项目，它是农业发展总体规划中，在经济上、技术上、管理上能够实行独立设计、独立计划、独立筹资、独立核算、独立执行的业务单位。作为一个独立业务单位，它有相对的完整性，不容分割。

案例链接：

项目 12　蓝莓项目案例

XX 市农业科技成果转化资金项目

支持重点：

1. 新品种及先进种植养殖技术

支持农作物及畜禽水产新品种（配套系）、生态高效种植养殖新技术等科技成果的产业化示范。

2. 农产品精深加工

支持农产品精深加工新技术、新工艺、新产品、新装备等科技成果的产业化示范。

3. 绿色生态农业

支持绿色农业新技术、新产品等科技成果的产业化示范。

4. 农机装备及设施

支持农机新装备、农业新设施等科技成果的产业化示范。

支持类型和补助标准：按照一类、二类、三类、四类项目分类予以项目后补助支持。其中：

一类项目 1 个，每项经费补助 50 万元，支持示范转化覆盖面很广、经济社会效益特别好的项目；

二类项目 2 个，每项经费补助 30 万元，支持示范转化覆盖面广、经济社会效益好的项目；

三类项目 5 个，每项经费补助 20 万元，支持示范转化覆盖面较广、经济社会效益较好的项目；

四类项目 9 个，每项经费补助 10 万元，支持有一定的示范转化覆盖面和经济社会效益的项目；推广示范上述成果来源中第二大类的科技成果，原则上归为第四类补助标准，数量原则上不超过 6 个，择优评选。

申报项目最终支持类别和补助金额以市级审批结果为准。补助资金由项目实施单位统筹安排使用。

（资料来源：https://cdagri.chengdu.gov.cn/nyxx/c109535/2024-05/24/content_585544cbad7d4768be2b817603f846e1.shtml）

（二）农业项目的特点

农业项目的特点是与农业生产本身的特点密切相关的。正确认识这些特点，对于把握农业项目管理的重点具有重要作用。

1. 农业项目综合性强

与工业项目相比较，农业项目与周围的自然条件、生态环境联系更为紧密。常常是一业为主多种经营，植物、动物、微生物生产相互结合，农、林、牧、副、渔并举，才能取得更好的经济效益。因此，农业项目管理中，既要注意一个农业项目的独立性，又要考虑该农业项目与其他方面的关系，注意到它的综合性。

2. 农业项目受资源的限制性比较强

农业项目易受资源限制，尤其是土地，它是生产中不可代替、不可增加、不可搬移的重要生产资料，有许多项目受此限制。特别是在我国人多地少的情况下，任何一项农业项目都要特别重视土地资源的经济有效利用。

3. 农业项目的效益具有较大的不稳定性

农业再生产过程是社会经济再生产与自然再生产交织进行的过程，生产受自然因素尤其是气候因素的变化影响较大，因此农业项目的效果往往带有较大的不稳定性。为此，一方面农业项目要本着实事求是、因地制宜的原则，因时因地因对象确定投资方向、数量和时间；另一方面在对项目进行评估时还应特别注意农业项目投资敏感性的分析，预测不确定因素的变化带来的后果。

4. 农业项目涉及内容广泛

农业项目大多数见效慢、时间长，如大型的水土保持项目，要在一段相当长的时期内才能显出效果，然而它对于农业扩大再生产具有长效的作用，是造福子孙后代的投资行为。也有的农业项目见效较快，如农产品加工项目的投资，可以当年见效。因此，要注意农业项目投资的长效性和速效性同时并存的特点，不可因某些农业项目的回收期长而加以否定。对那些对农业扩大再生产具有关键意义的长效项目应站在战略高度给予投资。另外，农业项目也应长效性、速效性相结合，以求更好的效益。

5. 农业项目与农民利益紧密相关

许多农业项目的参加者是分散而独立经营的农户，可以说，在很多情况下农业项目面对千家万户的农业经营者，增加了农业项目的复杂性与重要性。在农业项目评估中，既要注意项目能给农民带来真正的利益，又要注意项目投资为国民经济带来的好处。一项重大的农业项目，它既造福于社会，为国民经济增长做出贡献，同时又给千家万户的农民带来实惠，提高农民的生活水平，刺激他们的生产积极性，其意义十分重大。

案例链接：

2024年“XX优品”重点产品质量标准建设项目申报指南

为落实市政府重点工作部署，建立XX市行政区品牌“XX优品”重点产品的质量标准，推动我市农业产业化发展，结合我市实际，特制定本申报指南。

1. 建设内容

遴选一个实施主体，开展“XX 优品”产品质量标准建设，针对大米、茶叶（红茶、绿茶）、鳗鱼制品、马冈鹅制品、生蚝、蓝龙虾、南美白对虾、咖啡、山泉水等特色优质食用农产品及加工产品，共建成10个重点产品团体质量标准，并在全国团体标准信息平台发布，进一步推动我市农业产业化发展。

2. 申报对象

本项目申报对象为农业企业、农民专业合作社。被列入国家企业信息公示系统经营异常名录且尚未移出的不得申报。

3. 建设时间

本项目需于2024年7月底前完成建设。

4. 资金限额

本项目申报资金最高不得超过人民币15万元。

5. 申报时间

自本《申报指南》印发之日起至2024年4月1日，逾期不予受理。

6. 申报流程

（1）主体申请。申报主体对照建设内容，填报《“XX优品”重点产品质量标准建设项目申报书》，提交申报纸质材料及相关证明材料一式三份（A4纸打印，装订成册）和电子版一份至县级农业农村部门。

（2）县级推荐。县级农业农村部门应对主体申报材料提出推荐意见，报送市农业农村局审批。

（3）市级审批。XX 市农业农村局对申报材料进行审批，确定项目实施主体。

7. 项目验收

（1）发起申请。实施主体按要求完成质量标准建设后，向 XX 市农业农村局提出验收申请，并将绩效评价报告报送 XX 市农业农村局。

（2）组织验收。XX 市农业农村局邀请市有关部门，依据建设内容组织验收。

二、农业项目的分类

项目 12　农业项目偏差纠正措施

（一）农业项目的类型

农业项目按照不同的标准可以划分为不同的类型。

1. 按总投入量规模大小划分

农业项目有大型项目、中型项目、小型项目之分。大、中、小是个相对的概念，根据不同的生产力水平发展程度而不同，但不论是大、中、小项目中的哪一种，都应该是扩大再生产的投资行为。小项目也是扩大再生产活动，只是规模小而已，但与维持原生产规模的简单再生产有着本质区别。

2. 按投资使用性质划分

农业项目有新建、改建、扩建、重建、迁建、更新改造等类型。新建项目是指对全新项目的投资；改建、扩建项目是在原有基础上进行改、扩建而发生的投资，比如扩大乡镇企业规模的项目；重建项目是指报废工程的恢复建设，比如大型水利灌溉工程由于自然或人为原因造成报废而重新修复；迁建项目是由于项目改换地区而发生投资，比如奶牛场从某一地迁至另一地；更新改造项目是原有项目的更替和内涵扩大而发生投资，比如原有乡镇企业的更新改造。

3. 按照投资使用的途径划分

农业项目可分为：农垦项目，如开发利用土地资源等；种植业项目，如改变耕作制度、推广农业新技术等；农业机械化项目；林业项目，如大面积植树造林、发展特种经济林项目等；畜牧业项目，如改良草原、改良畜禽品种等；渔业项目；农副产品加工项目；农田基本建设项目；文教卫生、开发智力项目，如兴办农业技术学校、培训农业技术人员和农民等。

4. 按形成的结果划分

农业项目可分为有形项目和无形项目。有形项目的结果能增加农业生产经营过程的固定资产，如土木工程的建设、农业机械设备的增加、水库水渠的修建、农用公路电网通信网的建设等，都会形成有形的结果，并发挥其在扩大再生产中的作用。无形项目的结果不形成有形固定资产，如兴办教育、培训干部和农民等方面的智力投资项目等，这种项目虽然不形成有形的财产，但它仍然在扩大再生产中有着不可忽视的重大作用。

5. 按资金来源划分

农业项目可分为国家投资项目、地方投资项目、引进外资项目、联合投资项目等种类。

国家投资项目指由国家财政投资兴办的农业项目；地方投资项目指地方筹资兴办的农业项目；引进外资项目指外国政府、外国私人企业集团或国际机构如世界银行、联合国粮农组织、农业发展基金组织等提供的无偿援助、无息贷款、有息贷款资助的项目等；联合投资项目则有不同形式的联合，如中央、地方合资项目，中央、地方、个人合资项目，地方横向联合投资项目、中外合资项目等。

6. 按照项目投资的方式

可将农业项目分为竞争性项目、基础性项目和公益性项目三大类。竞争性项目主要指投资收益比较高、市场调节比较灵敏、具有市场竞争能力的项目。竞争性项目以企业作为基本的投资主体，主要向市场融资。融资方式主要通过商业银行进行间接融资，也可按国家规定，通过发行企业投资债券、股票，或联合投资等方式，进行直接融资。

基础性项目主要指建设周期长、投资大而收益较低、需要政府扶持的基础设施项目，以及直接增强国力的符合经济规模的支柱产业项目。基础性项目大部分属于政策性投资范围，主要由政府集中必要的财力、物力，通过经济实体进行投资，同时广泛吸引地方、企业及外商参与投资。

公益性项目主要指科技、教育、文化、卫生、体育、环保等事业的投资项目。公益性项目投资主要由政府用财政资金安排，同时广泛吸引社会各界资金参与。

项目12　项目绩效管理实施

案例链接：

XX市2023年农业生产托管服务项目实施主体评分标准

根据《关于组织申报XX市2023年农业生产托管服务项目的通知》的有关要求，为保证项目实施“公开、公平、公正”进行，特拟定项目主体评分标准，具体如下：

1. 资质条件

申报主体具有独立法人资格且具有开展农业社会化服务的经营资质（提供营业执照）。

2. 评分标准如表12-1所示

3. 评分程序

（1）评审专家根据评分标准并结合申报主体实际情况分别就各项指标进行独立打分。

（2）将评审专家对申报主体的各个评分因素所给予的分数之和相加，取其算术平均值，即为该申报主体的综合得分。

（3）将综合得分从高到低排出名次，综合得分超过70分的纳入项目实施主体候选名单。

（4）根据名次确定项目实施主体。

表12-1　评分标准

序号	评审内容	评分细则	权重（%）	分值
一	申报主体基本条件	1. 依法在市场监管部门登记，原则上从事社会化服务达1年以上，得5分（此项必须满分，否则一票否决）； 2. 良好经营，有完善的财务报表，得10分	15	15

续表

序号	评审内容	评分细则	权重（%）	分值
2	申报书	1. 申报书资料齐全，得 10 分（资料不齐全不得分）； 2. 明确申报规模及实施区域，得 10 分	20	20
3	相关业绩证明	1. 有统防统治或其他农业社会化服务经验，得 5 分（提供协议复印件）；2. 纳入广东省或江门市农业生产托管服务组织名录库，得 5 分	10	10
4	相关奖励、荣誉及行业许可等	获得县级以上农业社会化服务相关技术奖励或荣誉称号的，每项 5 分，最高 15 分（提供盖有评奖单位公章的证书、牌匾、奖杯等非证书形式的获奖须加附相关获奖网页截图，所有项目提供原件备查，否则不得分）	15	15
5	申报主体服务能力	1. 提供可参与作业的人员名单，每提供 1 人得 1 分，满分 10 分； 2. 拥有与其服务内容、服务能力相匹配的农业机械和设备，每提供一台得 1 分，最高 10 分	20	20
6	过往项目实施情况	1. 提供申报主体以往实施项目用户满意度，每提供一份得 0.5 分，最高 10 分（如在过往所参加项目验收中发现用户满意度未能通过的情况，该项不得分）； 2. 上年度有参与省级农业生产社会服务项目，并顺利通过验收，得 5 分； 3. 上年度有参与市级农业生产社会服务项目，并顺利通过验收，得 5 分	20	20
7	加分项	在 2023 年农业社会化服务生产托管中完成撂荒地复耕复种（可不连片，需提供相应图斑），每完成 100 亩加 1 分，最高不超过 5 分	5	5
	合计		105	105

（二）农业项目的申报渠道

项目 12 农业项目识别偏差的方法

1. 农业农村部项目

各级农业农村部涉及的农业项目最多且很具体，可以在农业农村部分管司的各网页上查询到相关的项目内容。比如发展规划司：农业现代化示范区、现代农业产业园、农业产业强镇、农业绿色发展先行区等项目。乡村产业发展司：优势特色产业集群项目、农业产业强镇项目、休闲美丽乡村等项目。种植业管理司肥料与节水处：国家级绿色种养循环试点项目。市场与信息化司：数字农业试点项目。科教司：国家级生态农场项目。

2. 科技部涉农项目

科技部涉农项目主要是与农业科技攻关的项目，比如农业高新技术产业示范区、星火计划项目、农产品产地初加工项目、农业科技成果推广项目等。

3. 财政部涉农项目

中华人民共和国财政部的涉农项目多数涉及联合申报，包括：农产品产地冷藏保鲜项目、乡村振兴补助项目、农村综合性改革、田园综合体建设项目、农业科技成果转化项目、农业科技推广示范项目、农业产业化项目等。

4. 多部门联合申报涉农项目

联合申报项目有例如返乡入乡创业园项目、农村产业融合发展示范园。农业农村部与文化和旅游部联合申报项目如乡村旅游精品项目、休闲农业与乡村旅游示范点创建项目、农产品加工业休闲农业农民创业项目。

5. 乡村补贴项目

乡村级包含重大补贴的相关项目有农商互联项目、畜禽粪污资源化利用项目、数字农业建设试点项目、一二三产业融合发展先导区项目、绿色循环高效特色农业促进项目、中药材生产扶持及药材基地项目、区域生态循环农业项目、现代种植业提升项目等。

案例链接：

2024 年乡村振兴项目申报创建示例

农业农村主要扶持政策与项目主要包括产业发展政策与项目、农业支持保护政策与项目、资源环境保护政策与项目三个方面。

一、农业现代化示范区

【主管部门】农业农村部发展规划司

【申报时间】每年 4～5 月（具体以当年文件公布时间为准）

【申报主体】县（市、区）级人民政府

【激励政策】择优给奖补资金；整县申报、其他优惠政策优先向其倾斜

【项目要求】① 分区分类建设示范区。在黄淮平原粮食主产区，创建一批以粮食产业为重点的示范区。在特色农产品优势地区创建一批以优势特色产业为重点的示范区。在大中城市郊区和东部沿海发达地区，创建一批以都市农业和智慧农业为重点的示范区。在脱贫地区，创建一批以“小而精”特色产业为重点的示范区。② 创建条件。生产基础较好、装备水平较高、产业链基本健全、经营体系较为完备、农业环境较为友好、政策支持保障有力。

二、国家级生态农场

【主管部门】农业农村部科教司

【申报时间】3～5 月（具体以当年文件公布时间为准）

【申报主体】申请主体须为具有独立法人资格的家庭农场、农民专业合作社、农业企业等新型经营主体，或为从事农产品生产经营的其他类型独立法人。

【激励政策】资金、土地、科技、人才等政策倾斜

【项目要求】① 基本要求：申请主体登记注册 5 年以上，无不良信用、违法记录，边界应清晰，土地应集中连片，面积不小于 2 公顷，要有合法的土地使用权和经营权，具备相应证明文件。② 环境要求：与污染源的距离应大于 2 千米，要位于非农产品禁止生产区，且近 5 年内未发生过污染事故或生态环境破坏事件。农场生态用地面积应占农场总生产面积的 5%～15%。养殖区与人居敏感区应符合卫生防护距离要求或采取有效措施。③ 种植要求。④ 养殖要求。⑤ 水产养殖要求：生态农场宜使用本农场或本地的有机废弃物进行堆肥，氮肥用量（折合纯氮）比当季作物高产推荐化肥氮用量减少 10% 以上；氮肥用量应有 25% 以上来自有机肥料。应采取合理措施培肥和改良土壤，稳定或提高土壤有机质含量。应采用综

合防控措施处理病、虫、草害及外来入侵物种等。⑥ 种养结合要求：畜禽养殖数量与种植土地面积的配比应符合规定，稻渔综合种养应符合规定，同时种植要求和养殖要求应符合上文提到的相关规定。⑦ 产品要求：应以农产品生产为主，即农产品生产、加工和销售收入占总销售收入的 50% 以上，拥有自主品牌，农产品质量应符合食品安全国家标准的规定。如有绿色农产品认证、有机农产品认证和其他认证等应提供认证报告。⑧ 过程记录要求：应对农业投入品的购买和使用，以及农事操作进行详细记录，初步建立农场质量管理体系和追溯体系。宜配备相关记录人员进行信息记录，并配备监管人员对信息记录进行监管审核。

（资料来源：https://nynct.nx.gov.cn/zwgk/zfxxgkml/gsgg/202401/t20240126_4432710.html）

【任务实践】

农业项目基本情况调研

1. 任务描述

寻找一个适合的农业项目，了解该项目的基本情况，对该项目进行调研，分析其特点。通过此次实践加深对农业项目的了解，掌握农业项目的分类情况及特点。

2. 任务建议

全班同学按每组 3～5 人分组，每组根据要求制订切实可行的调研计划。学生自主联系一个项目组织，在任课教师的指导下，深入开展调研活动。

3. 任务要求

每组撰写一篇调研报告，内容包括该农业项目的建设目的、建设内容、建设目标、预期收益、投资主体等，以及该农业项目是否存在难点和问题，有何建议等。

4. 任务评价

教师根据每个调研小组提交的农业项目调研报告，由教师与学生代表组成评价小组，对每个同学完成项目工作任务的实际表现与成果进行评价打分，并将成绩计入学生的过程性考核。

任务 2　农业项目的可行性研究

学习目标

1. 掌握农业项目可行性研究的含义；
2. 了解农业项目可行性研究的作用；
3. 了解农业项目可行性研究的基本程序；
4. 掌握农业项目可行性研究报告的编写步骤。

情境导入

A 农业企业经过前期的调研了解到农业项目的种类，并选择了一个现代农业种植生态综合体的项目，想要进行该项目的申报。那么这个项目是否可行？应该从哪些方面进行论证分析？又该如何形成书面的研究报告？

学习任务

农业项目的可行性研究是一项复杂细致的工作。这项工作需要收集大量的相关资料进行科学分析和论证，是农业项目建设前期工作的重要内容，也是投资决策之前对拟建项目进行的全面技术经济分析的科学论证。

一、可行性研究的含义

（一）可行性研究的概念

可行性研究是在农业项目评估决策以前，通过对项目有关的诸如市场、资源、工程技术、经济、社会及项目建设方案等一系列问题，采用模拟方法对农业项目进行全周期、全面的分析、论证和评价，以此来预测和判断项目是否可行或选择最佳实施方案的一项非常重要的工作。同时，也是通行的一种对农业项目战略构思和实施方案进行事先有效预控的方法和手段。

在对农业项目进行可行性研究时，为从科学、审慎的角度出发，一定要在充分了解项目的选择思路与建设方案规划的基础上，对与项目有关的情况和问题都重新核查了解和分析并进行细化与量化，以最大限度地获得比较真实、精确、可靠的结论。

（二）可行性研究的作用

可行性研究的最终结果是可行性研究报告，它是投资者在前期准备工作阶段的纲领性文件，是进行其他投资准备工作的主要依据。因此，可行性研究的作用如下：

（1）可行性研究是科学投资决策的依据。任何一个投资项目成立与否，投资效益如何，都要受到社会的、技术的、经济的等多种因素的影响，对投资项目进行深入细致的可行性研究，正是从这三方面对项目进行分析、评价，从而积极主动采取有效措施，避免因不确定因素造成的损失，提高项目经济效益，实现项目投资决策的科学化。

（2）可行性研究是项目设计的依据。在现行的规定中，虽然可行性研究是与项目设计文件编制分别进行的，但项目的设计要严格按批准的可行性研究报告的内容进行，不得随意改变可行性研究报告中已确定的规模、方案、标准、厂址及投资额等控制性指标。项目设计中的新技术、新设备也必须经过可行性研究才能被采用。因此，我国建设程序规定，可行性研究是建设程序中的一个重要阶段，要在设计前进行并作为项目设计的依据。

（3）可行性研究是项目实施的依据。只有经过项目可行性研究论证，被确定为技术可行、经济合理、效益显著、建设与生产条件具备的投资项目，才能被列入国家或地方的投资计划，允许项目单位着手组织原材料、燃料、动力、运输等供应条件和落实各项投资项目的实施条件，为投资项目顺利实施给予保证。

（4）可行性研究是项目评估的依据。在可行性研究报告中，具体地分析了项目建设的必要性和可行性，做出最终决策，并选出最优方案。项目评估是在可行性研究的基础上进行的，通过论证、分析，对可行性研究报告进行评价，提出项目是否可行，是否是最好的选择方案，为最后做出投资决策提供咨询意见。

（5）可行性研究是项目筹集资金的依据。可行性研究还详细计算项目的财务、经济效益、货款清偿能力等详细数量指标以及筹资方案和投资风险等，因此银行可对可行性研究报告进行审查和评估后，决定对该项目是否贷款以及贷款金额。例如，世界银行等金融组织都视项目的可行性研究报告为项目申请贷款的先决条件。

（6）可行性研究是签订有关合同、协议的依据。项目的可行性研究是项目投资者与其他单位进行谈判，签订订货合同、原材料供应合同、销售合同的重要依据。

（7）可行性研究既可作为环保部门审查项目环境影响的依据，也可作为向项目所在地政府和规划部门申请建设执照的依据。

案例链接：

农业项目可行性研究的阶段性

由于项目可行性研究在项目论证决策期具有基础性重要作用，因此，为确保可行性研究的科学性，也对其做了阶段性工作划分，具体分为机会研究阶段、初步可行性研究阶段和详细可行性研究阶段。

（1）机会研究阶段。机会研究阶段又叫投资机会鉴定或项目初选，是可行性研究的初期阶段，其主要是寻找投资机会，提出项目建议书。

（2）初步可行性研究阶段。初步可行性研究阶段又叫预可行性研究阶段。经过机会研究后的初选项目，还不能决定其取舍，需要进行预可行性研究。预可行性研究是机会研究的继续和深化，对初选项目进行初步估算，作专题辅助研究，筛选方案，提出预可行性研究报告。

（3）详细可行性研究阶段。本阶段是要对前一阶段筛选的农业项目进行深入全面的技术经济论证，并编制出可行性研究报告，为进行项目决策提供充分依据。

二、农业项目可行性研究的内容

（一）农业项目可行性研究程序

项目可行性研究属项目的前期论证工作，它的目的是为项目单位和项目投资者拿出一份技术可行、经济合理、社会需求的项目可行性研究报告。从农业项目系统看，由于农业项目因素众多、内容复杂、项目周期长、自然影响大、工作繁乱、操作困难，因此，农业项目可行性研究必须遵循科学的程序。

（1）筛选农业项目，提出项目建议书。

筛选农业项目主要有如下几条依据：一是农业发展规划和产业方向；二是资源与市场

前景判断；三是技术研发与科技示范的成果；四是企业家与技术专家的实践经验；五是商业、经济、社会、生态效益。项目建议书的内容包括：① 项目投资建设的必要性；② 项目建设和生产运营的初步设想（建设内容、投资规模、产品方案、生产技术路线）；③ 项目资金筹措和投资概算；④ 项目综合经济效益估算。项目建议书往往是企业家和技术专家智谋的结果，也是社会进步、经济发展的基本起点。

（2）编制研究计划，组建论证小组。

根据可行性研究对象、研究阶段、研究目的、研究内容及工作进度，编制论证计划，明确各阶段的工作任务，并监督论证人员按计划如期完成任务。

依据项目所涉及的专业技术内容和研究工作量的大小组建论证小组，一般包括各类专业技术人员、工程设计人员、经济效益专家和熟悉项目单位或项目区的工作人员。一般小项目3～5人，中等项目10～20人，大型项目30～50人，特大项目100人以上。同时，项目可行性研究对项目论证人员也有较高的素质要求。

（3）开展项目调研，收集基础数据。

项目调研主要包括项目单位和项目两大方面。项目单位调研主要是对项目建设单位的基本情况、生产技术、经营资源、组织管理和财务状况进行调查，明确项目建设单位的实力和水平，这对扩建和技术改造项目尤为必要。项目调研主要对项目可行性论证的有关政府产业发展政策和国家关于各类项目可行性研究报告论证指南、编写大纲进行学习，掌握精神实质；对项目投入物、产出物的市场供求、市场价格、市场结构、市场缺口、市场占有率、规模定位、购销渠道等进行市场性调查；对项目的厂址选择、产品特点、生产技术、建设条件，工程造价、生产成本、技术服务等进行技术性调查；另外，还有对项目宏观产业环境、投资环境、农业生态环境、社会文化环境及政治环境的调查。通过多方面的调查预测，获得项目必要的基础数据。

（4）分析项目基本数据，形成项目可行性方案。

在收集到必要的资料后，应及时整理分析项目的各种技术经济数据，按照项目可行性研究的各种表格要求汇集填写，计算各种技术经济评价指标（包括静态指标和动态指标、专项指标和综合指标），做出财务效益、经济效益和社会生态效益分析结论，提出切合实际的项目选址布局方案、生产技术方案、工程建设方案、投资与资金筹措方案、产品规模与结构方案、各类效益比较分析方案，风险分析方案以及确保这些方案可行的具体措施。

（5）编写项目可行性研究报告，报请相关部门审阅。

在项目基本数据分析和可行方案的基础上编写项目可行性研究报告，主要包括项目的市场与规模分析，项目的建设条件与选址布局分析，项目的生产技术与工程方案分析，项目的组织管理与劳动定员分析，项目的总投资与资金筹措分析，项目的财务效益、经济社会效益、生态环境效益分析和项目的风险分析。同时，对农业项目还应根据农、林、牧、副、渔五大产业的特点做出必要说明，如水资源的利用情况、原料基地的建设、农民收入的分析等。项目可行性研究报告完成后，按规定的审批权限报送政府主管部门和投资法人审批，以争取资金支持。

（二）农业项目可行性研究报告的编写

1. 编写步骤

（1）签订委托协议。可行性研究报告编写单位与委托单位就可行性研究报告编写工作的范围、重点、深度要求、完成时间、费用预算和质量要求交换意见，签订委托协议，据以开展可行性研究各阶段的工作。

（2）组建工作小组。根据委托项目可行性研究的工作量、内容、范围、技术难度、时间要求等组建项目可行性研究工作小组。工作小组人员必须从参与项目实地考察准备工作的人员中选定。由于项目可行性研究涉及面广，因此需要若干专家或专业人员协同工作，包括：对口专业工程技术人员，如农艺师、园艺师、水利工程师、畜牧专家等；财务与会计方面的专家；经济管理方面的专家；市场分析专家；机械工程技术人员及土木工程技术人员等。

（3）制订工作计划。内容包括研究工作的范围、重点、深度、进度安排、人员配置、费用预算及报告编写大纲，并与委托单位交换意见。

（4）调查研究、收集资料。各专业组根据报告编写大纲进行实地调查，收集整理有关资料，包括向市场和社会调查，向行业主管部门调查，向项目所在地区调查，向项目涉及的有关企业、单位调查，收集项目建设、生产运营等各方面所必需的信息资料和数据。

（5）方案编制与优化。在调查研究、收集资料的基础上，对项目的建设规模与产品方案、场址方案、技术方案、设备方案、工程方案、原材料供应方案、总图布置与运输方案、公用工程方案、环境保护方案、组织机构设置方案、实施进度方案以及项目投资与资金筹措方案等研究、编制备选方案，进行方案论证比选优化后，提出推荐方案。

（6）项目评价。对推荐方案进行环境评价、财务评价、国民经济评价，社会评价及风险分析，以判别项目的环境可行性、经济可行性、社会可行性和抗风险能力。当有关评价指标结论不足以支持项目方案成立时，应对原设计方案进行调整或重新设计。

（7）编写报告。项目可行性研究的各专业方案在经过技术经济论证和优化之后由各专业组分工编写。经项目负责人衔接协调综合汇总，提出报告初稿。

（8）与委托单位交换意见。报告初稿形成后，与委托单位交换意见，修改完善，形成正式报告。

2. 编写依据

一个拟建项目的可行性研究，必须在国家有关的规划、政策、法规的指导下完成，同时，还必须有相应的各种技术资料。可行性研究工作的主要依据包括：

（1）国家经济和社会发展的长期规划，部门与地区规划，经济建设的指导方针、任务、产业政策、投资政策和技术经济政策以及国家和地方性法规等；

（2）经过批准的项目建议书和在项目建议书批准后签订的意向性协议等；

（3）由国家批准的资源报告，国土开发整治规划、区域规划和工业基地规划，对于交通运输项目建设要有有关的江河流域规划与路网规划等；

（4）国家进出口贸易政策和关税政策；

（5）拟建厂址当地的自然、经济、社会等基础资料；

（6）有关国家、地区和行业的工程技术、经济方面的法令、法规、标准定额资料等；

（7）由国家颁布的建设项目可行性研究及经济评价的有关规定；

（8）包含各种市场信息的市场调研报告。

3. 基本内容

可行性研究报告一般包括四个部分：文字报告、附表、图纸和附件。

（1）文字报告。

① 封面。封面要突出项目执行单位、可行性研究承担单位及各自的负责人以及可行性研究负责人资格审查单位，最后列出项目建议书的批准单位和批准文号。

② 目录。一般应列出章、节两级目录，如果报告规模较大，可以列出章、节、点三级目录，以便查找。

③ 正文。是报告的主体部分，一般包括以下组成部分：

A. 项目概论。简单描述项目背景，项目目标和主要内容，投资概算及主要技术经济指标，给出项目的总括情况。

B. 市场研究与项目产品方案。分析项目在市场营销方面是否可行，详细分析项目产品方案的设计依据。

C. 项目位置选择与项目规模。分析项目的地域范围及最佳规模确定的依据条件以及是否可行。

D. 项目技术方案与技术评价。分析项目技术是否可行。

E. 项目组织管理。分析项目组织管理方面是否可行，列出落实的组织管理框图。

F. 项目实施进度安排。分析项目实施的时间要求及可行性，列出项目进度安排日程表。

G. 投资估算和资金筹集。根据项目建设内容分项估算投资需求，资金来源的渠道、数量及到位时间，列出资金需求及供给的平衡表。

H. 项目财务评价。列出项目财务现金流量表及有关分析表，分析说明项目在财务方面是否可行。

I. 项目国民经济评价。列出项目经济现金流量表及有关分析表，分析说明项目在经济方面是否可行。

J. 项目生态效益及社会效益评价。分析项目在环境保护及社会方面是否可行。

K. 结论和建议。综合以上分析，给出项目是否可行的结论性意见，并提出相关建议。

（2）附表。

一份规范的项目可行性研究报告应有有关的附表，为文字报告部分所涉及的各种结论提供计算的依据。附表一般包括：固定资产投资明细表、基本建设投资估算表、流动资金估算表、投资总额及资金筹措表、产品销售收入及销售税金估算表、投入、产出主要物品价格表（财务价、经济价分列）、原材料、燃料、动力消耗及人工费用估算表、生产成本和费用估算表、利润表（或损益表）、借款还本付息估算及偿还安排表、项目财务、经济现金流量表。

（3）图纸和附件。

一般应有项目位置布局图、不同方案的总平面布置图、技术工艺流程图、项目进度条形图、组织机构系统图等。附件主要是专家评审意见及有关技术鉴定书，主管单位审批意见，有关可行性研究工作依据的各种文件、来往函件、会议纪要、调查报告及项目的各种合同协议以及其他必要的附件。

以上所述项目可行性研究报告的内容是比较规范和全面的，工作中应根据实际情况的要求有所调整，突出重点，照顾全面。但一般重大投资项目可行性研究报告的各项内容都应具有一些小型投资项目，其内容则视情况酌减。

案例链接：

胡萝卜浓缩汁加工项目可行性研究报告大纲

一、项目基本情况

1. 项目名称："XX"胡萝卜浓缩汁加工

2. 项目建设单位：XX县新光生态食品有限公司

3. 项目管理单位：XX县农业农村局

4. 项目负责人：XXXX

5. 技术依托：XXXX研究所

6. 技术负责人：XXX研究员

7. 项目性质：扩建

二、项目扩建的必要性和有利条件

1. 项目扩建的必要性

2. 有利条件

3. 技术条件

三、市场预测与规模选定

1. 市场预测

2. 规模选定

四、原材料、动力和交通设施的使用情况

1. 原材料

2. 水源

3. 运输条件

4. 动力

五、环境保护及污染防治

六、投资概算

七、经济效益分析

八、项目结论

九、图纸与附件

【任务实践】

编写农业项目可行性研究报告

1. 任务描述

了解A农业企业的现有经营现状，根据企业现有的农业项目，结合所学知识，为该企业选择一个适合的农业项目，并对其进行可行性分析。

2. 任务建议

全班同学按每组 3～5 人分组，每组根据要求制订切实可行的研究方案，深入了解农业企业的经营项目，把握农业项目可行性分析的概念、作用、内容、程序。

3. 任务要求

学会编写简单的农业项目可行性研究报告，按照一般农业项目可行性研究报告的内容和格式要求进行撰写。

4. 任务评价

教师根据每个小组提交的可行性研究报告，由教师与学生代表组成评价小组，对每个同学完成项目工作任务的实际表现与成果进行评价打分，并将成绩计入学生的过程性考核。

任务 3　农业项目的评估

学习目标

1. 了解农业项目评估的含义；
2. 掌握农业项目评估的程序；
3. 了解农业项目评估的内容；
4. 能够编制农业项目评估报告。

情境导入

A 农业企业终于完成了关于生态种植的农业项目可行性研究报告，但是为了进一步获取贷款，还需要对该项目进行评估决策，进一步考察该项目的偿债能力和可能带来的经济效益。于是 A 农业企业邀请了相关专家进行实地考察，同学们作为专家助手应该怎么进行该项目评估？

学习任务

农业项目评估能够为农业投资带来利益，减少和避免投资风险。农业项目评估主要表现在审核评价，即从质和量的角度审查农业项目的必要性、可行性和效益性；其次表现在选优决策，即从项目单位上报的可行性研究报告中遴选出最佳的技术方案、建设方案和投资方案。

一、农业项目评估的含义

（一）农业项目评估的概念

农业项目评估是以原国家计委、农业主管部门和投资金融机构为主体，以拟建农业项目为对象，以社会效益、生态效益、国民经济效益和项目单位的商业效益为目标，在农业项目可行性研究的基础上，通过有无项目、定性与定量，静态与动态、微观与宏观、统计与预测等综合方法与比较分析，决策农业项目可行性程度，投资建设规模、资源配置，项目方案设计、系统运行、经济效益等审核、评价的全过程。

（二）农业项目评估的程序

（1）准备。开展项目评估的有关机构，如贷款银行或中介咨询机构，在明确项目评估的任务以后，应开始准备组织人员，了解与项目有关的背景情况。

（2）成立评估小组。根据项目的性质成立项目评估小组或评审专家组，确定项目负责人，就评估的内容配备恰当的专业人员，明确各自的分工。一般评估小组中应包括相关的工程技术专家、市场分析专家、财务分析专家及经济分析专家，如果需要的话，还可配备法律专家、环境问题专家、社会问题专家等。评估小组的成员可以完全来自机构内部，但为了评审结论的科学、可靠和全面，更应重视从机构外部寻找专家，尽量使评估小组的每一个成员都是各自领域的权威人士，至少是专业人士。

（3）制订工作计划。成立评估工作小组以后，应根据评估工作的目标制订工作计划，包括每一项任务的人员配备、应达到的目的、总的工作进度计划，以保证评估工作的进程符合决策方的要求。

（4）开展调查，收集并整理有关资料。尽管在评估的对象即可行性究报告中已经提交了相关的文件资料，但是为了保证评估结论的真实，可靠，还应该对所提交的资料进行核实审查。

在评估过程中，开展独立的调查工作是必不可少的，通过调查收集与项目有关的文件资料，以保证资料来源的可靠和合法。对不符合要求的应进行修订和补充，以形成系统、科学的文件资料。

（5）审查评估。根据获得的文件资料，按照项目评估的内容对项目进行全面的技术经济论证。在论证过程中，如果发现有关资料不够完备，应进一步查证核实。

（6）编写评估报告。在完成分析论证的基础上，评估小组应编写出对拟建项目可行性研究报告的评估报告，提出总结性意见，推荐合理的投资方案，对项目实施可能存在的问题，提出合理的建议。

（7）报送评估报告并归档。评估小组作为决策的参谋或顾问，在完成评估报告以后，须将评估报告提交决策当局，作为决策者制定最终决策的依据。同时，应将评估报告归入评估机构内部的项目档案，供以后开展类似项目的评估时参考，以不断提高评估工作的质量。

二、农业项目评估的内容

（一）项目必要性评估

这是项目评估首先要解决的问题，应认真审查项目可行性研究报告关于项目必要性的论证，并着重调查研究和评估以下内容：

（1）企业（或项目）概况及其发展目标。对于纯粹的新设项目，只需说明提出项目的背景；对于由现有企业开发的项目，则需要同时说明企业的概况和提出项目的缘由。这类背景资料包括项目发起者的身份、财务状况，企业的经营现状、组织机构及其运作模式，目前的技术水平、资信程度；项目的服务目标及其对企业的影响；项目大致的坐落位置、未来所在地的地理条件、基础设施条件、一般的人文社会条件等。

（2）与项目有关的政府政策、法律法规和规章制度。项目是否符合国家经济开发的总目标、开发规划和产业政策，是否有利于增强农村地区经济活力，促进农业可持续发展，项目在这方面起什么样的作用；项目是否有利于合理配置和有效利用资源，并改善生态环境。此外，了解与项目有关的法律法规和规章制度，是明确项目存在的外界条件，任何违反现有法律体系和制度的项目，即使勉强成立也无法长久地存在下去。

（3）项目的市场需求分析和生产规模分析。项目产品是否适销对路，符合市场的需求，有发展前途；项目提供的产品（或服务）为社会需要，这是项目建设的核心问题。项目的市场分析应在调查的基础上，就项目产品（或服务）供需双方的现状进行全面的描述，并在预测市场整体未来发展变化趋势的基础上，结合项目本身的竞争能力，确定项目合理的生产规模。

（4）项目投资的总体效益，尤其要看项目开发建设能否给农村地区经济发展和整个国民经济带来好的效益和大的贡献，从而判定项目投资建设的必要性。

（二）项目建设条件评估

任何项目都是在特定的条件下进行，它决定了项目实施是否可能。一个理论上分析研究认为很好的项目，如果所要求的条件不具备，项目仍然很难成功。因此，在评估中要重视项目条件的研究评价。主要内容有：

（1）资源条件评估。着重评价项目所需资源是否落实，是否适合项目要求，有无利用条件和开发价值。

（2）项目所需投入物资供应条件评估。着重检查评价项目建设所需的原材料、燃料、动力资源等是否有条件保质保量按项目要求及时供应，供应渠道是否通畅，采购方案是否可行。

（3）项目产品销售条件评估。这是保证项目效益实现的重要内容。要重点评价主要产业产品生产基地的布局是否合理，产品的销路如何，销售条件如市场、交通、运输、贮藏、加工各方面的条件是否适应项目要求。

（4）科学技术条件评估。重点评价科技基础设施及科技人员力量等条件，农民文化程度及接受新技术的能力，适应项目所采用的新工艺、新技术、新设备使用方面的能力以及改善措施。

（5）政策环境条件评估。要着重评价国家对本农业投资项目内容有什么特殊优惠政策，项目开展有无良好的政策环境条件。

（6）组织管理条件评估。要着重评估项目组织管理机构是否健全、是否合理高效；项目组织方式是否合适；科技培训及推广措施是否落实，是否能为项目的顺利实施提供良好的组织管理条件。

（三）开发方案评估

项目开发方案评估涉及项目的规模及布局、产业结构、技术方案，工程设计以及时序安排。

（1）项目规模及布局评估。重点评价项目开发的格局及范围大小，布局的地域范围及合理性，涉及多少农户，项目规模与项目具备的资源条件、技术条件等各种条件是否相适应。

（2）产业结构评估。重点评价项目的产业结构和生产结构是否合理，是否符合产业政策，是否有利于增强农村经济发展的综合生产能力。

（3）技术方案评估。重点评价项目技术方案所采用的农艺、工艺、技术、设备是否经济合理，是否符合国家的技术发展政策，是否能节约能源、减少消耗并取得好的效益，是否符合农村实际情况。

（4）工程设计评估。重点是根据项目的要求，审查工程设计的种类、数量、规格、标准，进行不同设计方案的比较，做出设计合理性的鉴定。

（5）时序评估。重点评估项目周期各阶段在时序安排上是否合理；项目的资金投入、物资设备采购及投放是否安排就绪，符合项目时间要求；项目实施的时间进度是否科学合理，达到最佳时间安排。

（四）投资效益评估

这是项目评估的核心内容，以上的许多评估内容也都是为了保证项目有好的效益，围绕着效益这一核心内容来进行的。项目投资效益评估主要注重以下几个方面：

（1）基本经济数据的鉴定。这是效益评估的基本依据，一定要经鉴定，确定其科学合理程度，如各项投入成本的估算，项目效益的估算，有无项目比较增量净效益的估算，基本经济参数如贴现率、影子汇率、影子工资等的确定是否科学合理。

（2）财务效益评估。重点评价项目建设给项目参加者带来的利益大小，如参加项目农民收入提高的状况，项目单位财务投资利润率、贷款偿还期、投资回收期、净现值及财务内部报酬率等。

（3）经济效益评估。重点评价项目建设对整个国民经济带来的利益大小，如有限资源是否得到了合理有效的利用，经济净现值、经济内部报酬率是否达到要求。

（4）社会生态效益评估。农业项目既要注意各种资源如土地、水、气候等各种资源的开发利用，又要特别注意生态效益。因此，必须结合具体项目的目标和内容，选择适当的指标，如就业效果、地区开发程度、森林覆盖率、水土保持等指标，进行分析评价。

（5）不确定性及风险分析评价。农业项目受自然及社会的制约，涉及不确定性因素较多，风险也比较大，使得项目的效益不稳定。究竟一个项目可行与否，在评估中应注意项目的敏感性分析。各种不确定性因素发生变化后项目的财务效益和经济效益相应会发生什么变化，变化的程度有多大，项目农户及单位有无承受力，都应做出分析判断，尽量选择风险性小的项目。

（五）评估结论

在完成以上评估内容后，要综合各种主要问题做出项目总评估，并提出结论性意见。主要内容包括：项目是否必要；项目所需条件是否具备；项目开发方案是否科学合理；项目投资是否落实，效益是否良好，风险程度有多大；项目开展应有什么政策措施；评估结论性意见，明确表明同意立项，或不同意立项，或可行性研究报告及项目方案需作修改或最新设计，或建议推迟立项，待条件成熟后再重新立项。表明以上四类结论性意见的同时，应简要说明理由，供决策者参考。

项目评估工作结束，应做出项目评估报告。报告的格式与内容基本和可行性研究报告相似。

【任务实践】

开展农业项目评估

1. 任务描述

结合可行性研究的结果，针对该项目进行农业项目评估，并做出决策。

2. 任务建议

全班同学按照 3 ~ 5 人分组，按照农业项目的评估程序，进行项目评估论证。加深对农业项目评估的相关知识理解，包括对农业项目评估的内容、程序等，并具备知识运用迁移能力。

3. 任务要求

以每组学生为主体，在任课教师的指导下，在前期农业项目的可行性研究的基础上，进一步进行调研分析，展开农业项目评估。

4. 任务评价

针对每组提交的农业项目评估报告以及具体的建议，由教师与学生代表组成评价小组，对每个同学完成项目工作任务的实际表现与成果进行评价打分，并将成绩计入学生的过程性考核。

参考文献

[1] 翟虎渠. 农业概论[M]. 北京：高等教育出版社，1999.

[2] 刘良灿. 农业企业的结构、行为和绩效研究[D]. 西南财经大学，2006.

[3] 许开录. 农业企业经营管理[M]. 北京：中国农业出版社，2017.

[4] 曲秀琴. 企业管理实务[M]. 北京：中国铁道出版社，2012.

[5] 冯开红，吴亚平. 企业管理实务[M]. 北京：电子工业出版社，2009.

[6] 葛建新. 创业管理实务[M]. 北京：化学工业出版社，2011.

[7] 北京大学职业经理人通用能力课程系列教材编委会，职业经理人管理技术[M]. 北京：北京大学出版社，中央广播大学出版社，2011.

[8] 单凤儒. 管理学基础[M]. 北京：高等教育出版社，2005.

[9] 单凤儒. 管理学基础实训教程[M]. 北京：高等教育出版社，2005.

[10] 斯蒂芬·罗宾斯. 管理学[M]. 4 版. 北京：中国人民大学出版社，1997.

[11] 尹丽萍，肖霞. 现代企业经营管理[M]. 北京：首都经济贸易大学出版社，2002.

[12] 吴建. 农业企业经营管理[M]. 昆明：云南大学出版社，2014.

[13] 蔡根女. 农业企业经营管理[M]. 3 版. 北京：高等教育出版社，2014.11.

[14] 陈春叶. 农业企业经营管理[M]. 重庆：重庆大学出版社，2016.

[15] 丁栋虹. 企业家能力管理[M]. 北京：清华大学出版社，2007..

[16] 黄美灵，张勇，吴强. 人力资源管理[M]. 上海：上海财经大学出版社，2015.

[17] 李庆海，吴雪贤. 中小企业人力资源管理实训演练教程[M]. 北京：北京交通大学出版社，2010.

[18] 冉军. 人力资源管理[M]. 北京：教育科学出版社，2016.

[19] 周三多，等. 管理学——原理与方法[M]. 7 版. 上海：复旦大学出版社，2018.

[20] 何安华，秦光远. 中国农产品加工业发展的现状、问题及对策[J]. 农业经济与管理，2016（5）：73-80.

[21] 马兴胜. 食品工业企业管理[M]. 北京：中国轻工业出版社，2007.

[22] 尹凯丹. 农产品安全与质量控制[M]. 北京：化学工业出版社，2023：76.

[23] 陈春叶. 农业企业经营管理[M]. 重庆：重庆大学出版社，2016：114.

[24] 张利庠，等. 农业企业管理学[M]. 北京：中国人民大学出版社，2021：78.

[25] 张英. 基于 STP 理论的 JC 食品公司营销策略研究[D]. 西南科技大学，2024.

[26] 孔巧玲. 南京 C 生态农业公司产品网络营销策略改进研究[D]. 南京林业大学，2023.

[27] 魏燕梅. 衢州 BS 民宿企业市场定位及营销策略建议[D]. 浙江工商大学，2021.

[28] 薛寅乐. 新型农业现代化背景下复合肥企业规模化营销管理的实践策略[J]. 智慧农业导刊，2023，3（16）：113-116.

[29] 查菲. 传统食品企业市场营销渠道的管理创新[J]. 肉类研究，2021，35（3）：74.
[30] 张金文. 关于大数据时代下食品企业市场营销策略研究[J]. 佳木斯职业学院学报，2022，38（02）：53-55.
[31] 马媛媛. 消费心理学视域下的食品市场营销策略探析[J]. 食品安全质量检测学报，2022，13（18）：6103-6104.
[32] 陈默. 绿色食品市场营销策略分析[J]. 中国食品，2022（22）：118-120.
[33] 刘志，刘银来. 农业经理人手册[M]. 北京：中国农业出版社，2020.
[34] 农业农村部人力资源开发中心. 农业经理人（理论）[M]. 北京：中国农业出版社，2021.
[35] 张启娟. 浅议现代农业企业财务管理目标的现实选择[J]. 中国农业会计，2021（6）：71-72.
[36] 康晶. 现代农业企业财务管理创新研究[J]. 今日财富，2019，（11）：114- 115.
[37] 董三槐，王汉洲. 强化发展优势 打造现代养殖企业[J].中国农垦，2011（5）：36-36.
[38] 武深树，欧燎原，谷治军，等. 推进现代养殖企业与现代养殖家庭的纵向一体化结合——基于安仁温氏委托饲养模式的个案研究[J]. 中国猪业，2014，9（7）：19-23.
[39] 何安华，秦光远. 中国农产品加工业发展的现状、问题及对策[J]. 农业经济与管理，2016（05）：73-80.
[40] 马兴胜. 食品工业企业管理[M]. 北京：中国轻工出版社，2007.
[41] 许世卫. 农业信息分析学[M]. 北京：高等教育出版社，2013.
[42] 杨丹等. 智慧农业实践[M]. 北京：人民邮电出版社，2022.
[43] 殷浩栋，霍鹏，肖荣美，高雨晨. 智慧农业发展的底层逻辑、现实约束与突破路径[J]. 改革，2021，333（11）：95-103.
[44] 唐华骏. 农业赋能农业现代化高质量发展[J]. 农机科技推广，2020（6）：4-5，9.
[45] 李道亮. 物联网与智慧农业[J]. 农业信息工程，2012（1）：1-7.
[46] 孙忠富，杜克明，孙飞翔，尹首一. 大数据在智慧农业中的应用与展望[J]. 中国农业科技导报，2013（6）：63-71.
[47] 王琪. 商业计划书写作与通用模板[M]. 北京：人民邮电出版社，2021.
[48] 韩树杰. 创业地图：商业计划书与创业行动指南[M]. 北京：机械工业出版社，2020.
[49] 蔡春河，李迪. 小型农业企业经营管理[M]. 北京：中国农业出版社、联合国粮食及农业组织，2011.
[50] 王积甜. 企业文化建设探析[J]. 江苏商论，2022（2）.
[51] 龙永平. 论企业文化建设[J]. 现代企业文化，2021（14）.
[52] 王胜江. 创业成长法则：驱动公司成长的九大引擎[M]. 北京：机械工业出版社，
[53] 刘畅. 新手学开公司[M]. 北京：清华大学出版社，2015.
[54] 吕娜. 农业项目申报与管理[M]. 北京：中国农业大学出版社，2013.
[55] 李笑光. 农业产业化项目选择分析与规划[M]. 北京：中国农业科学技术出版社，2017.
[56] 张旭辉. 项目投资管理学[M]. 成都：西南财经大学出版社，2018.
[57] 戚安邦. 项目论证与评估[M]. 北京：机械工业出版社，2018.